军品质量检验理论与方法

Junpin zhiliang jianyan lilun yu fangfa

徐吉辉　和麦成等　编著

国防科技大学出版社

图书在版编目（CIP）数据

军品质量检验理论与方法 / 徐吉辉　和麦成　编著. —长沙：国防科技大学
出版社，2011.6

ISBN 978-7-81099-877-2

Ⅰ.①军… Ⅱ.①徐…②和… Ⅲ.①军事工业—工业产品—质量检验　Ⅳ.①
F407.486.3

中国版本图书馆 CIP 数据核字（2011）第 098619 号

书　名：军品质量检验理论与方法

作　者：徐吉辉　和麦成　编著

责任编辑、责任校对：徐　飞　贾玉芳

出版发行：国防科技大学出版社

社址：长沙市明德路 421 号　　　　　邮编：130021

发行部电话：0431—88499826

网址：http://www.jlup.com.cn　　E-mail:jlup@mail.jlu.edu.cn

印　　刷：洛阳市报人印刷厂

开　　本：700×1000　1/16

印　　张：23

字　　数：305 千

版　　次：2011 年 6 月第 1 版

印　　次：2011 年 6 月第 1 次印刷

书　　号：ISBN 978-7-81099-877-2

定　　价：38.00 元

前　言

　　军品质量保证离不开检验，而检验技术的优劣则是检验有效性能否得以保证的关键。20 世纪 80 年代以来，新材料、新工艺、新产品不断出现，高新技术不断采用，检验工作亦由生产制造阶段向装备的全系统全寿命过程拓展，这些都促进了质量检验技术的向前发展，军品质量检验理论与方法得到不断丰富和完善。为便于工程技术人员深入系统地了解军品质量检验理论的发展，增强军品质量检验特殊性的认识，掌握先进的质量检验技术方法，作者结合我国、我军的实际，编著《军品质量检验理论与方法》一书，期望对深化军品质量检验理论研究、提高军品质量检验水平和提升军工产品质量有所帮助。

　　本书主要内容有：军品质量检验的概念、种类、内容、要求，质量检验的范围、形式，质量检验的组织与管理，检验验收的程序与方法，五种质量检验统计分析工具（直方图、因果分析图、帕累托图、控制图和散布图），统计抽样检验基本原理，计数标准型和调整型抽样检验，计量抽样检验，典型环境应力筛选试验，可靠性验证试验，可靠性增长试验，维修性试验和评定技术，测试性验证，保障性试验与评价，故障数据的处理与表达方法，质量评估指标体系构建，质量检验文书编写等。

　　对于传统质量检验所涉及的几何性能检测、振动检测、热学性能检测、力学性能检测、电学性能检测、理化性能分析、寿命试验、环境试验等技术方法，目前这方面已有大量出版物，本书不再赘述，读者可参考有关方面的著作。

　　本书由徐吉辉、和麦成主持编著，编著人员有徐吉辉（第一、二、四、五、六、七、八、九、十一章）、和麦成（第三、七、十、十二章）、李峰（第四、十一章）、张亮（第五、九章）、付彤（第七、十二章）、王育辉（第三、十三章）、

1

姜帆（第十三章）。全书由徐吉辉负责统稿，王育辉、姜帆负责校对。

　　本书在编写过程中，参考和吸收借鉴了国内外专家学者的相关研究成果，在此，作者一并表示衷心的感谢。限于编著人员水平，错误之处诚恳希望同行专家和读者批评指正。

编著者

2011 年 3 月

目　录

第一章 绪 论

军品质量的优劣，直接关系到战争的胜败和国家、民族的安危。由于这种特殊的重要性，我们党和国家很早就把"军工产品质量第一"作为一项长期的重大方针提出来了。军队为了获得性能先进、质量优良、价格合理、配套齐全、满足使用要求的武器装备，向武器装备承制单位派出军事代表。军品质量检验是军事代表保证军队获得质量优良的武器装备，防止不合格产品交付部队的主要工作任务，也是武器装备承制单位质量管理中的一项重要工作，是全面质量管理不可缺少的组成部分。

第一节 质量检验的基本概念

一、军品质量

军品是用于军事目的或为军事目的服务的产品，它包括武器装备和军需物资。本书所讲的军品仅指武器装备。武器装备是指实施和保障军事行动的武器、武器系统和军事技术器材的统称。军品也是商品，具有商品的所有属性。但是，军品是一种特殊的商品，它的使用价值和使用范围与一般商品不同。军品的使用价值在于维护国家的主权，保证国家的安全与稳定。军品主要供军队使用，军品的使用范围主要包括军队的训练、作战以及武器装备的储备。军品的特殊商品属性决定了它的质量特征也具有特殊性。武器装备出现重大质量问题，在平时，可能影响国家的威慑力量；在战时，则可能造成战斗失利，甚至战争失败。军品的质量关系到国家的主权和安全，关系到民族的荣辱，关系到战争的胜败。军品从研制开始到装备部队形成战斗力，往往都有一个很长的周期。从保证部队保持一定的战斗力来说，也需要保持现役装备的相对稳定。因而，军品不能像民品那样通过迅速地更新换代来不断改进，不断提高质量。军品这些不同于民品的质量特征，决定了必须用特殊的手段控制军品质量。向军品承制单位派出军事代表，开展质量监督和检验验收工作，就是国家和军队控制军品质量的特殊手段。

二、质量检验

质量检验源于对质量的监督和验收，随质量管理发展而发展。目前，对质量检验这一概念主要有以下几种定义方式：

美国质量管理专家朱兰对"质量检验"的定义是："所谓检验，就是这样的业务活动，决定产品是否在下道工序使用时适合要求，或是在出厂检验场合，决定能否向消费者提供。"

国际标准化组织 ISO 在《ISO/IEC 指南2 标准化及有关的活动——通用词汇》中，对"检验"的定义是："通过观察和判断，适当时结合测量、试验所进行的符合性评价。"

GJBz20357-97《武器装备订购与质量监督术语》中，对"检验"的定义是："对实体的一个或多个特性进行的诸如测量、检查、试验、度量并将结果与规定要求进行比较以确定每项特性合格情况所进行的活动。"

借鉴上述几种定义，本书在这里将"质量检验"理解为："质量检验是指借助于某种手段或方法，测定产品的质量特性，然后把测得的结果同规定的产品质量标准进行比较，从而对产品做出合格或不合格的判断。凡是符合标准的，称为合格品，检查后予以通过；凡是不符合标准的，称为不合格品或不良品，检查后予以返修、报废或降级使用处理。"

军品质量检验指的是依据军品订货合同，按照有关标准、技术条件和检验程序，对军品进行检查、测试和试验，根据其结果确定是否接收的过程。概括起来，主要包括以下四项具体工作：

1．度量：包括测量与测试，可借助一般量具，或使用机械、电子仪器设备；

2．比较：把度量结果同质量标准进行对比，确定质量特性是否符合要求；

3．判断：根据比较结果，判定被检产品是否合格，或者一批产品是否符合规定的质量标准；

4．处理：决定产品是否可以流入下道工序，或产品是否准予出厂。

进行检验工作必须具备的条件是：

1．要有足够数量的、符合要求的检测人员；

2．要有可靠而完善的检测手段；

3．要有明确而清楚的检验标准。

以上三条可以称为检验工作的"三大要素"。只有具备这三大要素，才能达到检验工作的要求。

第二节　质量检验的工作内容

一、质量检验的主要工作

质量检验工作主要包括以下四个方面的内容。

（一）检验工作准备

其工作内容有：制定检验计划；正确选用检测设备或工具；检验指导书的制定；检测人员的配备与培训；检验方案的设计等。

（二）技术规定补充说明

对于图纸、工艺规程、合同等文件上有关质量特性不清楚之处，应通过分析加以补充，使其明确起来。如技术规定中有的质量特性含糊不清或规定不明确，容易使检验人员理解和执行不一，必须提供补充资料，以免引起混乱。

对于使用文字表达的质量特性，应建立比较适用的实物标准。如铸件的外观、油漆的光泽、毛织物的手感等，如用文字表述比较含糊，就应建立实物标准，易于比较。对有些定性的技术规格，应该实行定量化。例如，旋转转钮或搬动手柄，如果只规定"灵活"、"轻松"、"平滑"，就难以掌握和判断，而应规定具体的扭矩等。此外，对某些缺陷的含义，还应根据具体情况加以区分，或限定其内容，以示区别。例如，描述产品外表毛病的"划伤"这一缺陷，对不同场合，影响很不一样。如光学仪器镜面上的"划痕"会影响产品的适用性；

有些产品的表面"划伤",并不影响产品的功能,但能影响美观而使顾客不愿购买;此外,还有些"划伤",既不影响功能,也不影响美观,而且难于发现。因此,对"划伤"的检验,就应有不同的要求,不能笼统地规定。

实际上,技术规定的补充说明,也是属于正式检验前的准备工作。

(三)正式检验工作

正式的检验工作,就是要度量质量的特性值,并同标准比较后做出判断和处理。质量特性值可以分为三类:

1. 计量值。就是能够测得的连续的质量特性值,如直径、长度、强度或某种成分的含量等。

2. 计件值。就是不能测得质量特性的具体数值,而只能区分为合格与不合格。如机械产品在大批量生产中,使用过端与不过端的卡规进行检验时,就只能区分合格品与不合格品。对产品外形等所谓"官能检验量",往往也是如此。

3. 计点值。如布匹的疵点、铸件的砂眼、每100m电缆上高压试验时的被击穿点数等,就是属于计点值。

度量质量特性的关键,在于取得质量特性的真值。只有取得质量特性的真值,才能做出正确的判断,获得有用的质量信息。为此,除了要合理地选择和正确地使用测量工具以外,还必须有一个符合要求的检测工作环境,以及良好的检验人员素质和检验技术水平。

(四)记录、分析和统计报告工作

产品的检验结果,不能只限于同标准进行比较,还必须要做好记录,并把记录的数据,加以统计分析,寻找和发现质量变异的规律,这是质量改进的重要依据。分析结果要分别反馈到有关质量的责任部门,以便采取改进的措施。

二、质量检验的依据标准

质量检验是通过检验,将其结果同质量标准进行对比,以便做出合理的判断。因此,质量标准就是质量检验的主要判据。同样的检验结果,对于不同的质量标准来说,可能做出不同的判断,例如,对一种标准而言,可能判为合格品,而对于另一标准而言,则可能判为不合格品。离开标准谈质量检验是毫无意义的。因此，从某种意义上说，质量检验过程就是质量标准的执行过程。

质量检验所依据的标准主要有以下几类。

1．技术标准。主要包括：

（1）产品标准：即对产品结构、规格、质量和检验方法所做的技术规定。它是一定时期和一定范围内具有约束力的技术准则，不仅包括了产品结构、性能、质量方面的要求，而且包括了生产过程有关检验、试验、包装、储存和运输等方面的要求。因而它也是生产、检验、验收、维护使用和订购产品的技术依据。

（2）基础标准：包括技术文件、图纸等所用术语和符号等；产品的互换性要求、公差配合和计量标准等。

（3）其他有关标准：如安全和环境保护方面的标准，以及在合同书中所规定的特殊要求。

2．检验标准。主要包括检验指导书或检验卡；抽样标准，如 AQL 的制定及其抽检的方法与程序；产品的验收制度等。

3．管理标准。管理标准就是军品承制单位为了保证和提高产品质量，达到规定的质量目标，完成质量计划，规定从事生产、管理人员（包括检查人员）在工作中应共同遵守的准则。其中与质量检验密切相关的有：

（1）检验工作中有关的规章制度；

（2）质量手册或检验人员工作守则；

（3）检测设备的使用、维护和保管制度；

（4）控制图的使用、工序管理点的管理标准；

（5）不合格品的处理制度；

（6）检验数据的记录、分析、反馈和报告制度等。

第三节　质量检验的基本要求

一、原则性

原则性是做好质量检验工作的一个重要要求。所谓原则性，就是检验人员要严格执行技术标准，严格执行检验制度，严格执行订货合同，严格执行质量责任制；是非要清楚，奖罚要分明；要有法必依，执法必严，一切按原则办事。

毫无疑问，质量检验必须要坚持原则，但检验工作也应有一定的灵活性。例如，一个零件在某些不影响使用性能的质量检验项目中，没有完全达到要求，是否一定要予以报废才算有原则性呢？当然并不完全如此，因为这样做，一方面可能完不成计划，影响交货期；另一方面又造成经济损失，浪费社会财富。这时就不能简单地做出报废的决定，也不能随意决定通过采用，而是应该按照规定的程序进行处理，必要时提交设计部门会同有关人员进行分析计算，甚至经过试验，然后做出使用、返修或报废的决策。同样。对有些成品质量检验，如果发现部分项目不符合要求，但还不至于影响实际使用，这时也不能简单地予以报废，而是应按上述方法进行处理，但必须把情况如实告诉用户，而不能以次充好，欺骗用户。这样的灵活性是允许的，与原则性并不矛盾。

二、公正性

公正性就是当产品质量发生争议时，检验部门必须以第三者的公正立场提供准确、可靠的检验数据和提出处理意见，进行合理的仲裁，保护用户的利益，保护企业的信誉。

质量的争议是经常发生的，国际贸易中、企业与用户之间、车间与车间之间、工段小组之间、前后工序之间、检验工人与生产工人之间，经常可能对同一产品的质量有不同的评价和看法。这些争议，由于涉及双方的利益，小则争吵不休，大则诉诸法律，但争议的解决最终必须依靠第三者的仲裁和判决。而第三者能否做出正确的仲裁和判决，往往要通过检验提供充分而有效的数据。所以检验工作的公正性就具有特别重要的意义。

要做到检验的公正性，首先检验人员要有良好的思想素质，要有实事求是、不偏不倚的态度，能够站在客观的立场评价问题，不受各种舆论的干扰，严格做到在技术标准和检验事实面前人人平等；其次，还必须保证检验结果的正确性，既要有科学的检验方法、精密的检测设备，还要有较高的检验技术水平，使检验结果和检验数据符合实际情况，能经得起考验和核查。否则，就无法实现其公正性。

除了质量争议外，我国目前还有大量的质量认证、质量认定、质量审核、产品升级评优和抽查监督工作，这类工作都离不开质量检验。在这类工作中，质量检验的公正性具有更为重要的意义，如果检验缺乏公正性，就会使这类工作的结论发生偏差，失去存在的必要性，甚至产生严重的负作用。

三、权威性

权威性是正确进行检验工作的基础，也是检验人员能够正确履行职责的前提。当前，许多企业的质检部门和检验人员缺乏必要的权威，因此检验监督工作往往未起到应有的作用。检验人员的话，工人可以不听；检验部门的决定，下面可以不执行；甚至出现生产工人与检验人员争吵的现象，这些都是十分错误和不正常的。检验人员没有一定的权威，检验监督工作就会流于形式，产品质量就无法保证。

要加强检验工作的权威性，主要应从下面三个方面解决：一是要从制度上明确规定质检部门和检验人员的权限。例如，有的企业规定，当操作工人违犯工艺操作规程时，检验人员有权停止其生产。二是企业领导，特别是厂长应该支持和尊重质检部门及其人员正确行使其规定的权力，上级不能擅自改变质检部门的决定，而是要为质检部门撑腰，事实证明，这一点具有关键的作用，没有厂长和企业领导的支持，质检部门和人员的"权限"只是一纸空文。三是质检部门和人员要以身作则，坚持原则性和公正性，决不能因人而异、因时因地而异，要实事求是，对工作、对产品质量要表现出高度认真负责的精神，用自己的行动真正树立起工作上的权威。

四、协调性

检验工作是一项十分复杂而细致的工作。要做出公正客观的判断，并不是一件简单容易的事情。比如，检验制度是否合理，技术标准是否真正反映了用户的要求，检验工具是否精确，用户的意见是否正确全面等，常常很难做出肯定的答案，甚至会碰到符合技术标准的产品，并不一定受到用户欢迎的情况。何况很多制度、标准和合同条文，并不见得对每一个细节问题和偶然现象，都能做出具体的规定和考虑。所以一个有经验、有水平的检验人员，必须具有善于"协调"的能力，这是检验人员一条较高层次的要求。所谓协调性主要表现在两个方面：一是表现在技术方面，就是检验人员必须具有较广泛的技术基础知识，包括设计、工艺、计量、检测以及产品使用方面的知识，一旦遇到了难题，能利用各种知识，全面地去协调解决实际的问题。二是表现在具有处理人际关系的协调能力，质量检验工作要处理的不只是"物"的关系，不是简单地决定一个产品是否合格，而是要正确处理人群或单位之间的经济利益问题。检验人员常常处于第三方的位置，因此，必须能够听取不同方面的意见，找出共同点，缩小分歧，使矛盾得以缓和。为此，检验人员还必须懂得一点法律（经济法）的知识，能够以理服人、以法服人，使矛盾双方都能感到理正辞严，心悦诚服，使质量争议得到公平合理的解决。

第四节　质量检验的基本职能

一、把关的职能

质量把关是质量检验最基本的职能，也可以称为质量保证的职能。这种职能是质量检验出现时就存在的。不管是过去还是现在，即使生产自动化高度发展的将来，质量检验的把关作用也不可能没有。众所周知，产品生产加工是一个复杂的过程，人、机、料、法、环等各种因素，都会引发生产过程状态的变化，各个工序不可能始终处于绝对的稳定状态，质量的波动是客观存在的，要求每个工序都生产出 100%的合格品，实际上是不可能的，无需进行工序或成品检验的理想生产，是难以实现的。随着生产技术和管理工作的完善化，可以减少检验的工作量，但不可能取消检验把关的职能。只有通过检验，实行严格把关，做到不合格的原材料不投产、不合格的半成品不转序、不合格的零部件不组装、不合格的成品不出厂，才能真正保证产品的质量。

二、预防的职能

现代质量检验与传统的质量检验有一个重要的区别，传统的质量检验是一种单纯的事后把关，而现代质量检验还要求同时具有预防的作用。检验的预防作用体现在以下几个方面：

1. 通过工序能力的测定和控制图的使用起预防作用。无论是测定工序能力还是使用控制图，都需要通过产品检验取得一批数据或一组数据，但这种检验的目的，不是为了判定这一批或一组产品是否合格，而是为了计算工序能力的大小和反映生产过程的状态。如发现工序能力不足，或通过控制图表明生产中出现了异常因素，则应及时采取有效的技术管理措施，提高工序能力或去除异常性因素，恢复生产的稳定状态，以预防不合格品的产生。这种起预防作用的检验，也称为过程检验。

2．通过工序生产时的首检与巡检起预防作用。当一个轮班或一批产品开始加工时，一般应进行首件检验，只有当首件检验合格并得到认可时，才能正式投产。此外，当设备进行了调整又开始加工时，也应进行首件检验，其目的都是为了预防成批出现不良品。正式投产后，为了及时发现生产过程是否发生了变化，还要定期或不定期到现场进行巡回抽查，一旦发现问题，应及时采取措施予以纠正。

3．广义的预防作用。实际上对原材料和外购件的入厂检验，对半成品转序或入库前的验收检验，既起把关作用，又起预防作用。前工序的把关，对后工序就是预防，特别是应用数理统计方法对检验数据进行分析，就能找到或发现质量变异的特征和规律。利用这些特征和规律就能采取有效措施，提高产品质量，预防不稳定生产状态的出现。

三、监督验证的职能

产品质量监督和验证，是保证产品质量的客观要求，而这种监督和验证，也是建立在"检验"基础之上的。质量监督可以分为四类：

1．自我监督。即通过承制单位内部的检验系统，对原材料和外购件进行进厂质量的监督、设计质量的监督、加工质量的监督、成品出厂的质量监督等。

2．国家监督。即由国家授权的、以第三方公正立场的机构所进行的质量监督。如国家标准化部门对有关产品的质量标准、国家计量行政部门对计量检测的基准等进行的检查监督。我国还对主要工业产品实行定期和不定期的抽查监督。

3．用户监督。即通过各种形式，由用户直接对产品质量进行评价。包括用户对由于质量不好而造成的损失，可向有关部门提出控告，要求厂方赔偿损失，承担法律责任。

4．社会监督。如通过用户委员会、消费者协会对产品质量进行评议，对质量争议进行仲裁，保护用户和消费者利益。

所有上述的质量监督工作，都应以公正的、实事求是的检验结果为依据。

除了质量监督以外，承制单位为了获得优质产品奖，或为了取得生产许可证，甚至为了签订合同的需要，也必须通过检验加以验证。

四、报告的职能

为了有利于承制单位领导和有关职能部门及时并切实地掌握生产过程中的质量状态，客观评价和分析质量管理的绩效，了解质量变化的情况，必须把检验结果或计算出的某些质量指标，用报告的形式，报送有关领导和职能部门，以便采取改进措施或进行重要的决策。

报告内容主要包括：

1. 原材料、外购件、外协件进厂验收的情况和合格率；
2. 成品出厂检验的合格率、返修率、报废率、降级率，以及相应的金额损失；
3. 按车间分小组的合格率、返修率及报废率，相应的金额损失及排列图分析；
4. 产品报废原因的排列图分析；
5. 不良品的处理报告；
6. 重大质量问题的调查、分析和处理报告；
7. 提高产品质量的建议报告；
8. 其他有关报告。

第五节　军品质量检验的基本原则

一、坚持"军工产品，质量第一"的方针

"军工产品，质量第一"是质量检验工作的根本方针。1960年6月，毛泽东同志在中共中央政治局扩大会议上指出："把质量放在第一位，看来是时候了。"从此，"质量第一"作为军工生产必须遵循的方针确定下来。

"质量第一"是相对数量、进度等因素而言的，当质量与数量、质量与进度发生矛盾时，质量是矛盾的主要方面。没有质量就没有数量，就没有进度。因此，应该始终把质量放在首位。

"质量第一"，不仅指产品质量，也包括工作质量。坚持"质量第一"的方针，要求军事代表必须不断地提高检验工作质量。军事代表的工作质量，直接关系到能否有效地促使承制单位贯彻"质量第一"的方针。军事代表只有不断

提高工作质量，才能有效地促使承制单位加强质量管理，提高质量保证能力，才能圆满完成质量检验任务，才能切实保证向部队交付优质产品。

二、坚决维护军队的利益

随着社会主义市场经济的发展，承制单位已成为独立自主、自负盈亏的经济实体。追求利润最大化，已成为承制单位科研、生产的目的。而军队在装备科研、订货中的利益也日益明确，这就是保证花费最少的投入，以最快的速度，获得性能先进、质量优良、价格合理、配套齐全、满足使用要求的武器装备。因此，难免在利益上发生矛盾和冲突。坚决维护军队的利益，要求军事代表在军队利益与承制单位利益发生矛盾和冲突时，坚定地站在军队的立场上，保证军队利益不受损害；要求军事代表在工作中，尤其是处理各类问题时，时时、处处以军队利益为重，把维护军队利益作为开展工作和处理问题的原则和基础；要求军事代表着眼使用、着眼未来战争、着眼武器装备现代化建设，努力做好质量检验工作。

三、积极预防，严格把关

预防和把关是军事代表保证产品质量的基本手段。贯彻积极预防的原则，需要把握以下几点：

1. 注重研制阶段的监督和把关工作。产品的固有质量是由设计决定的，设计先天不足，必然后患无穷。保证设计质量，是防止生产中产生不合格品的最好方法。

2. 注重对承制单位的工作质量实施监督。产品质量是由工作质量决定的，只有促使承制单位坚持工作标准，认真执行各项管理规定，严格按规定程序办事，才能有效地防止不合格品的产生。

3. 运用各种科学手段，掌握质量变化趋势，抓好早期报警，做到防微杜渐，把质量问题消灭在萌芽状态。

4. 处理技术质量问题时，在处理过去的同时，更注重防范未来，全力找出根本原因，尤其是管理上、技术上的系统原因，真正做到防止问题的重复发生。

5. 注重促使承制单位建立健全质量管理体系，保证其正常运行，并进行持续改进，从根本上提高质量保证能力。

质量检验是军事代表最主要、也是最重要的把关工作。由于军品质量极其重要，要尽最大可能地保证产品质量符合规定要求，防止不合格的产品流入部队。因此，即使在预防工作做得非常好的情况下，也不能轻易摒弃检验，这样才能做到万无一失。在市场经济条件下，一些承制单位不能正确处理质量与效益的关系，质量意识有所削弱，加之承制单位的质量管理水平普遍不高，生产设备也较为落后，生产的自动化程度很低，绝大多数军品远未达到优质的程度，不少军品的质量甚至连持续稳定的水平都达不到。再者，我国的法制还不够健全，合同的法律效力还不够强，运用法律手段保证产品质量的机制尚不健全。在这种情况下，检验工作只能加强而不能削弱。

四、系统监检，实行法治

系统监检就是在质量检验工作中，运用系统原理和系统工程、系统分析的方法，防检结合，做好各项工作。坚持系统监检的原则，就是必须在质量检验中贯彻全系统、全寿命管理的思想，坚持武器装备的成套论证、成套设计、成套定型、成套生产、成套交付。必须对质量、进度和价格三个方面综合平衡，动态调整，力求获得最佳的军事和经济效益。必须保证武器装备符合标准化、通用化、系列化、组合化的要求，力求提高武器装备的整体效能。

实行法治是指必须依法行事。法律、规章以及各项制度都是工作经验和教训的结晶，反映了客观事物发展的规律，依法行事就是自觉地按客观规律办事。质量检验工作是一项政策性很强的工作，军事代表在工作中，只有严格以国家和军队的法规，国家军用标准，合同和经批准的图样、技术文件为依据，真正做到有法必依、执法必严、违法必究，才能保证工作的权威性和有效性，保证质量检验工作科学、有序、高效地开展。

第二章　质量检验的范围和形式

在军品质量检验工作中，军事代表必须按照规定的检验范围、检验类别实施检验，检验的数量、内容、方法必须符合规定。为了保证检验工作切实起到严格把关的作用，充分保证产品质量，同时，也为了规范检验工作，产品规范（技术条件）必须明确检验的范围和形式。

第一节　生产过程的质量检验

生产过程的质量检验是保证产品质量符合经批准的设计、工艺文件以及合同所提要求的关键环节，是组织生产以及进行质量管理的重要内容。

一、生产操作的质量检验

（一）进行生产操作必须符合的要求

1. 工艺文件、作业指导书和质量体系文件符合设计和合同要求。

设计和工艺文件、作业指导书和质量体系文件是进行生产操作的依据。因此，必须文文相符、完整清晰，并保证文本现行有效。生产现场使用的文件不能任意修改，不允许白图下厂。数控、程控车床加工用的软件在投入使用前，应有充分的测试及运行检验，经测试检验合格、批准发放后才能使用。

2. 生产、试验设备和工艺装备经检定合格。

现场生产使用的生产、试验设备、工艺装备和检测器具，必须按规定进行周期检定。检定合格的给予标识，才能用于生产、试验和检验。检定不合格的给予"禁用"标识，有禁用标识或已超过检定有效日期的生产试验设备、工艺装备和检测器具不得使用。

3. 原材料、元器件、在制品、成件必须经检验（包括按规定进行抽样检验）合格，才能流入下一工序。

外购原材料、元器件和成件必须经入厂检验（包括筛选）合格，并给予检验合格证书或合格检验印章等标识，才可投入加工、组装。在制品必须有上道工序的检验（包括按规定进行抽样检验）合格证，才可进入下道工序。

4. 生产环境应符合规定要求。

5. 生产操作人员必须考核上岗。

生产操作人员的技术水平必须满足工艺文件规定的要求。生产操作人员必须先进行岗位专业技术知识及操作技能的培训，经考核合格，持有考核合格的资格证书才能上岗。在操作前，应掌握有关工艺技术文件，核查生产条件，确认符合要求后才能开始操作。

生产现场的检验人员对上述五条要求负有监督控制的责任和权限。

上述五条要求，通常简述为 4M1E，即人、机、料、法、环。

4M1E 的具体要求应在质量体系文件中明确，它能否保证执行取决于技术文件、设备、工艺装备、器材、培训、继续教育、生产、劳动、人事、动力、环境等管理制度是否健全、有效。

（二）对生产操作的质量检验的审核要点

1. 质量管理体系文件对生产操作的 4M1E 条件有无明确要求。

2. 技术文件、设备、工艺装备、器材、培训、继续教育、环境等管理制度是否健全。

3. 检验人员对生产条件是否实施监控。

（三）对特种工艺的质量检验的审核的要点

对特种工艺的质量检验是一个比较复杂的问题。

特种工艺一般指的是化学、冶金、生物、光学、声学、电子、放射性等工艺。在一般的机械加工中，特种工艺包括锻造、铸造、焊接、表面处理、热处理等工艺。之所以叫特种工艺，是因为这些工艺所形成的质量特性，大都是直观不易发现的产品内在质量。例如，手工锡焊工序中的虚焊问题，要通过质量检验予以检出是不容易的，虽然目前已有一些检测虚焊的仪表设备，但有的工作效率不高，一个个焊点检测很费时间，有的判断为虚焊的准确率还不高，容易错检、漏检。

特种工艺的质量保证，要通过控制加工的工艺参数及影响工艺参数波动的各种因素来实现。除 4M1E 外，还要严格控制原材料、辅助材料、加工设备、检测控制的设备仪器仪表、工艺操作、工作介质、工作环境等，制定专门的技术文件、作业指导书及质量控制程序。需要：

1．制定并执行特种工艺的技术文件和质量管理、质量检验程序。

2．对特种工艺有关的设备仪器、工作介质、工作环境进行严格的定期检定。有些关键参数要记录实测数据，并进行趋势的动态分析，当有可能在一定时间内超过允许限时，需及时采取措施。合格的做出"合格"标志，不合格的给予明显的"禁用"标志。

3．采用新技术的无损检测手段。

4．特种工艺的操作及质量检验人员必须经规定项目培训考核合格后，持合格证上岗。

5．特种工艺加工的产品经质量检验后，必须及时做出合格与否的结论，给予合格或不合格标志。

6．质量检验人员应对生产特种工艺加工质量的诸因素加以监控。

因此，对特种工艺的质量检验的审核的要点主要有以下几点：

1．是否制定并执行特种工艺技术文件和质量管理、质量检验程序。

2．对特种工艺所有设备、仪表、工作介质、工作环境是否进行定期检定，检定的数据是否记录齐全，"合格"、"不合格"的标志是否醒目可见。

3．操作、质量检验人员是否持证上岗。

二、外购器材（外协件）的质量检验

外购器材（外协件）是指形成产品所直接使用的非承制单位自制的器材，包括外购的原材料、元器件、生产辅助材料、成件、设备以及外单位协作的毛坯、零件（组）件等。

外购器材（外协件）质量检验的目的是检查供货单位的产品质量是否符合

技术文件的要求，防止不符合质量要求的耗材（原材料、元器件、外购成品件）进入自己的生产过程，维护和确保产品质量。

根据责、权、利统一的原则，承制单位对最终产品质量负完全责任。因此，由于外购器材（外协件）选用、保管、加工不当而造成的质量问题和经济损失，要由承制单位负责。

承制单位的采购人员要分析技术文件及整机系统对外购器材的质量要求，选择适用的外购器材及其供应单位。在选择器材时，要优先选用经认证机构认证合格的器材，例如，IEC 认证合格的器材、我国行业认证合格的器材等。

军品的外购器材质量管理，应符合 GJB 939《外购器材质量管理》、GJB 20491《外购器材质量监督规定》和 GJB 1404《器材供应单位质量保证能力评定》的有关规定。

（一）承制单位对器材供应单位应有质量保证要求

根据外购器材质量特性的重要程度，承制单位对器材供应单位的质量保证要求一般可分为三类：

1. 提供合格证明。

2. 提供具有合格的检验系统的证明。

3. 提供具有合格的质量管理体系的证明。承制单位有权对供应单位的质量管理体系进行考察、监督。这种考察可以委托第三方进行。如果器材供应单位已得到国际承认或国内有认证权的机构的认证，则可以不进行这种考察。

具体做法是：

1. 外购器材（外协件）的订购合同中，必须明确规定质量保证要求。

2. 对供货单位的质量保证能力进行考察，确认其有能力供应质量合格的产品，并择优订货。

3. 对供货单位进行质量监督，监督应有连续报告或记录，形成产品及供货单位的质量历史资料，以掌握外购器材质量动态，为今后的订货选择提供依据。

对供货单位进行质量体系考察监督的深度、广度及频繁程度，视外购器材的特性、需要量、供货单位的产品质量历史等来决定，以确实达到保证质量要求的目的。对关键的外购器材，可向供货单位派出常驻的或流动的质量验收代表。

对新研制投产的器材，尽管已按预研程序规定，经过预研鉴定，可以转入使用，但毕竟没有经过充分的实践予以考验，还可能存在一定的缺陷，有一定的风险，因此质量控制程序要更为严格。

（二）承制单位应编制 QPL 及 QML

承制单位应当编制合格产品名单（QPL，Qualified Product List）及合格生产线名单（QML，Qualified Manufacture-line List）作为选用、采购的依据。对符合承制单位产品质量要求并稳定生产的产品，应将它们列入本单位的合格产品名单。对有能力稳定生产本单位 QPL 中产品的生产线，承制单位应将它们列入本单位的合格生产线名单。合格生产线不等于具有这条生产线的工厂是合格生产厂家，即该厂生产的其他产品不一定是合格产品。列入了 QPL 或 QML，并不说明可以永远保持在 QPL 或 QML 内。一旦生产线质量保证能力下降，不能满足产品的质量要求时，就应从 QPL 或 QML 中除名。

QPL 及 QML 的确定和管理，与国际、国家、部门的认证、认定不完全一样。其程序是：

1. 制定合格产品及合格生产线的评价标准和程序，明确规定评价依据，合格标准，考核的组织、方法、具体内容及报告表格，审批责任及权限。

2. 依据评价标准和程序进行考核，编制 QPL 及 QML，并及时增补。

3. 根据供货单位的质量动态和器材入厂检验情况，剔除已不合格的器材或生产线。

4. QPL 及 QML 应作为控制器材采购的依据。订购 QPL 中的器材应向具有 QML 中生产线的供货单位订货。对向非 QML 的生产线订购或订购非 QPL 产品时，必须单独履行审批手续，并严加入厂检验。

对外购新研制的器材（包括元器件、原材料及设备），必须制定相应的质量管理及质量检验规定。由于新研制的器材一般未经充分的现场考验，它的质量还不能认为得到足够的验证。因此对新研制器材的合同，应详细列出对它的技术要求，质量标准，试制、试验、试用的程序和质量记录，以及各方面应承担的质量责任。只有在新研制器材的开发、试制、试验、试用过程中，经质量检验确认已满足合同规定的要求后，才能采购。

（三）对外购器材的质量检验的审核要点

1. 对不同类型的外购器材是否提出相应的质量保证要求。
2. 质量保证要求是否列为合同条款。
3. 对供货单位的质量体系是否进行了考察，有无书面记录，结论是否可信。
4. 必要时派往供货单位的质量检验代表是否有效履行职责。
5. 外购器材的历史质量资料是否齐全。
6. 外购的新研制器材是否经过充分论证与规定级别的审批。
7. 是否制定和执行了选用新研制器材的质量管理及质量检验规定。
8. 对重点质量控制点的质量检验是否有效。
9. 是否建立了 QPL、QML，是否执行了有关规定，是否及时调整。
10. QPL、QML 是否保持了现行有效性。
11. QPL、QML 是否对选用、采购起到了控制质量的作用。

在某些情况下，必须选用 QPL、QML 以外的、质量又不够理想的外购器材时，需由设计师系统规定级别的负责人批准为"例外"处理，但仍必须采取必要的措施提高质量，例如，逐个检测后，择优选用。这种"例外"只能是暂时的。

三、外购器材保管的质量检验

承制单位应当制定外购器材保管制度。有些管理人员对器材保管中的质量保证工作认识不足，放松了进厂入库的质量检验，保管条件不符合要求，发放了实际上是质量不合格的器材。这些不合格的器材投入加工制造后，其质量问题有时不能迅速发现，从而导致产品甚至系统质量的不合格，带来严重的损失。因此，器材保管的质量是一项重要的质量工作。对器材入库、保管、发放的每个环节都必须进行有效的质量控制，保证发放投入加工制造的器材满足设计及工艺文件的质量要求。

外购器材的质量保管制度，必须满足器材的质量保证要求。经入厂验收合格的器材，按物资器材管理制度入库；未经入厂验收的器材或质量不合格的器材，不得入库。器材存放的库房或场地的环境条件应符合质量保证要求。对器材应按质量保证要求进行定期检查及采取维护、保护措施，例如，充氮、油封等。有些器材有保管期限的要求，例如，有些电子元器件的保管期限为五年，有些零部件如橡胶件、塑料件、油漆、油膏等的保管期限较短，这些器材入库时必须登记，加以保管期限标记，按规定期限从库房或场地剔出、隔离、报废或进行其他处理。器材的领料、发放要有完备的批准领发手续，领发料的记录必须保存，以防万一发生混料、错料时，可以按记录跟踪，采取有效的补救措施。器材出库发放应有质量检验人员的审核，并有合格标记或合格证明文件。

军品的外购器材保管，应符合 GJB 939《外购器材质量管理》和 GJB 20491《外购器材质量监督规范》的有关规定。

对器材保管的质量检验的审核要点为：

1．制定的器材保管制度能否满足对器材质量保证的要求。

2．质量检验是否包括监督器材保管的有效性。

3．有无领发料的详细记录，以便一旦出现错、混料时可以跟踪补救。

（一）器材入库的检验

器材入库的原则是：经验收合格的器材，按物资管理制度办理入库手续；未经质量检验和不合格的器材，不得入库。

入库的质量检验包括以下内容：

1．器材的质量证明文件齐全，填写的内容和技术文件符合订货协议书或合同等的有关规定。

2．器材的名称、牌号、型号、规格、件号、炉（批）号、数量等与质量证明文件符合。

3．器材的包装、配套、封印、备件等完整、齐全，其外观质量符合有关技术文件的规定。

4．器材的油封期、保管期（库存期）、校验期、储存期符合有关规定的要求。

5．如该类器材列入 QPL 目录，则器材供应单位应符合 QPL 上的供应单位。

6．按规定需进行几何尺寸、理化性能、电气参数测试和无损检测的器材，由器材部门根据文件规定送检或抽样送检。如为抽样送检，则由器材检验人员按抽样规定抽取件号、部位及数量作为样件，由检测部门发出检测试验报告。

7．电子元器件需进行筛选，由器材部门按规定送检测部门。筛选严格程度由技术文件确定。检测部门发出测试数据报告及筛选合格证。

8．经质量检验判为不合格的器材，应做出明显标记，严格隔离，由检验部门提出质量不合格报告。需退货时由器材部门负责退货。

9. 有明确退货、索赔期（例如，很多进口器材有 3 个月期限）的器材的质量检验，应在退货、索赔期内完成。

10. 对质量检验判为合格的器材，应填写专门的器材入库登记表后，办理入库手续。

企业也可以对某些关键器材作补充规定。例如，对关键的某些金属材料，要求作 100%的分光或火花检查。

筛选是一种通过质量检验剔除不合格或有可能早期失效产品的方法。检验包括在规定环境条件下的目视检查、实体尺寸测量与功能测量等，某些功能测量是在强应力下进行的。电子元器件的筛选是保证产品质量的主要技术手段之一。效果较好的筛选方法有：

1. 内部目视检查。可检查的缺陷包括引线表皮、氧化物、金属化层、微粒、小片键合、引线键合、污染、腐蚀、衬底。它的费用取决于目视检查的深度，一般费用较低。

2. 高温储存。可检查的缺陷包括电稳定性、硅片腐蚀、金属化层。费用低。

3. 温度循环。可检查的缺陷包括封装、密封、小片键合、引线键合、衬底裂缝、热特性不匹配。它对于铝引线系统的缺陷有明显效果。

4. 热冲击。它的作用相似于湿度循环，但相当于高应力的温度循环。

5. 随机振动。可检查的缺陷包括封装、小片键合、引线键合、衬底。其成本原来较高，目前，国内已有用国产普通振动台加上微机及转换控制器构成的随机振动台，实现随机振动，比进口随机振动台费用大幅降低。故成本已大大下降，一般企业都可承受。

6. 粗检漏。这是检查电子元器件封装是否漏气的筛选方法，一般用氟油为介质（氟油有毒，使用时应保证足够的通风换气量）。对于大于 10^{-3} kPa·ml/s 的漏泄有效。

7. 细检漏。一般用氦质谱仪检漏。对于小于 10^{-3} kPa·ml/s 的漏泄有效。

8. X-射线。可检查的缺陷包括小片键合、微粒、引线表皮、制造差错、密封、封装、污染。

9. 颗粒碰撞噪声测试仪（PIND）检测。已封装好的电子元器件内部的可动多余物，是电子元器件的严重隐患。某些多余物如铝、硅等对 X 射线是透明的，X 射线检测不能发现。PIND 是有效检测内部可动多余物的手段。

"老练"是一种让产品在应力下工作一段时间以稳定其特性的方法。高温储存也可算是一种老练。还有采用高温加电储存，即所谓"高温功率老化"的。高温交流工作寿命筛选是一种特殊的老练，它可检查的缺陷包括金属化层、大块硅、氧化物、设计缺陷、反演/沟道效应、参数漂移、污染等。由于加了高温，加速激发了失效。因此，老练是最有效的筛选方法之一，但费用也较高。

不同的使用对象及可靠性要求，对电子元器件的筛选有不同的要求。例如，颗粒碰撞噪声测试仪检测，只用于可靠性要求高的产品及工作中处于移动状态（车载、机载等）的产品。在严格筛选后，元器件的故障率有的可降低一个数量级甚至更多。因此，筛选是重要的质量保证检验项目。

（二）器材保管中的检验

器材保管必须满足器材的质量保证要求：

1．存放器材的仓库或场地，其环境条件（如温度、湿度、防尘、防霉菌、防腐蚀、防日晒等）必须满足规定文件中的保证器材安全可靠、不因保管环境不当而变质蜕化及其他特殊要求，确保库存器材质量完好。

2．器材必须按性质、类别、规格、炉（批）号分类保管。为了防止混淆，可以在材料上用喷漆、涂漆、打钢字、挂标签等办法注出材料的牌号、炉（批）号、化验单号、尺寸、规格等标记。摆放时，先后入库的次序应清晰有界。对易燃、易爆、剧毒制品必须按其属性分库隔离保管。不同批次的器材不能混放，特别是性质不相容的化工材料不容许混放保管。

3．对需采取油封、充氮、冷藏等保护处理措施的器材，应按规定进行保护处理，并定期检查其保护措施。

4．易老化的和有保管期限要求的器材，应定期检查。凡已失效的或超过规定保管期限的应及时从库房剔出，予以隔离，办理申请报废或处理手续。

为了确保器材保管质量的有效性，还需要定期或不定期检查以下内容：

1．所有库存器材是否都有满足保管质量保证要求的保管制度。

2．保管措施是否认真执行并有效。

3．有无错料、混料事件，如有，如何纠正，是否已纠正彻底。

（三）器材发放中的检验

器材的发放要有完备的领发手续：

1．发放器材的牌号、型号、规格、尺寸、批（炉）号、技术标准、供应状态和数量，应与工艺资料、工序流程卡或领料单上的内容符合。

2．发放器材的识别标志和质量证明文件应完整无损。

3．油封期、保管期（库存期）、储存期等应符合要求。

4．器材发放应按 FIFO（First In，First Out）即"先进先出"的原则。

5．器材应按批（炉）号发放。为严防发生混料，需传递炉（批）号的材料应将质量标志与其一起周转。如果金属材料需锯开发放时，各段均应做出牌号、规格、批（炉）号标志。

这里的按批号发放的意思是：给某项目发料时，只要材料数量足够，应该只发给一个批（炉）号的料。如不够时，补发给相同牌号、规格、技术条件的另一批（炉）号的料。这样，一旦发现原材料出现批次问题时，便于迅速隔离纠正。

6．使用代用器材（指改变牌号、技术条件、规格等），必须有按规定程序办理的审批文件。

7．对发放的器材，检验员应按规定开出器材出库合格证，或在质量控制卡、工艺流程卡上盖检验印章。

（四）器材保管人员的质量要求

规章制度是要靠人来执行的。器材保管人员的本身质量（人的素质）直接关系到保管器材的质量有无保证，因此要求：

1．制定完整的器材保管手册。除器材保管的制度及一般保管知识外，还包括库存保管器材的理化特性及其环境条件的要求，器材的符号、标记，可能出现差错的防范措施及纠正措施等等。新品种器材入库前应增补有关规定。

2．器材保管人员应经培训考核合格，持证上岗；应掌握器材保管手册的要求，履行相应的职责。

3．器材保管人员的上岗资格证书，应明确负责保管器材的类别，所保管的器材应与之相符。如调换到未经培训考核过的器材保管岗位，则应补充培训，考核上岗。

储存器材的质量蜕化是器材保管中必须重视的问题。

以塑料产品为例。很多塑料在储存一段时间后会不断失去增塑剂或其他成分，这些成分从塑料中蒸发掉后，塑料会变脆，用作密封件的塑料就可能漏泄，用作绝缘的塑料就可能产生绝缘击穿，塑料件也可能降低累积损伤能忍受的上限，导致提前疲劳失效。此外，塑料件在制成后，还有可能继续进行聚合反应，尽管没有化学成分变化，但其分子结构还在继续改变，使塑料件的性能发生变化。

以轴承的润滑剂为例。在储存过程中，润滑剂可以氧化并构成污染物。润滑剂还可能吸住外界杂质如灰尘等，使润滑失效或导致轴承的过度磨损，从而大大降低轴承的使用寿命。

对于电子元器件，在储存条件不当时，会大幅度降低其使用寿命和可靠性。例如，开关、继电器和连接器的电触点，不仅对氧化层或污染的形成很敏感，而且对沾附在触点表面的物质微粒也很敏感。在长期不工作储存情况下，污染膜与杂质的聚集会产生低电阻接触。有些触点用黄金镀层，黄金几乎完全不会产生污染氧化膜，但黄金也易于受由有机物蒸汽凝成的污染膜和积存物质的影响。

因此，电子元器件的储存条件应针对其储存期间的失效模式来保证，这是电子元器件储存的质量检验的内容之一。

电阻器、电容器都怕潮湿。珐琅及涂胶电阻器有导湿的小针孔，吸湿后易造成损坏。精密的线绕电阻器在高湿条件下会较快失效。电容器在潮气侵袭下，固体介质吸潮，损耗增大，会引起击穿。电容极上的潮气会使电容量改变。

二极管、晶体管、集成电路在潮气侵入内部或带有腐蚀性气体的空气侵入内部后会引起开路。有些半导体器件是用塑料封装的，塑封如果不严密或塑封的热配合性能不好，会使外界气体侵入，导致短路。

干电池的储存寿命不长，在低温下不能使用。如果储存温度超过35℃，会迅速失效。如果温度很低，蓄电池的输出会大大降低。

线圈受潮后会引起电感变化和 Q 值损失。

电动机、发电机和鼓风机的塑料零件由于老化会膨胀甚至破裂，金属零件会锈蚀，线圈会吸潮和长霉菌，轴承由于润滑油干涸或润滑油变质而失效。

开关的金属零件可能锈蚀，塑料壳体和晶片由于吸潮会变形。

变压器的绕组可能锈蚀，会造成短路或开路。

大体来说，潮湿的气体及腐蚀气体是很大的祸根。因此，对很多库房的湿度都应加以控制。腐蚀气体的来源是多方面的，例如，硫化合物就是一种污染物，由于不少地方燃煤含硫量高，空气中就有一定量的硫化合物，如果银、钢镍合金等处于这种空气下，空气中的水气与硫化合物沉积在表面就会起腐蚀作用。

因此，针对不同器材特点制定具体的质量保证保管环境条件要求，是质量检验的任务之一。

四、工序质量检验

工序是产品、零部件制造过程的基本环节，是组织生产过程的基本单位，也是生产和检验原材料、零部件、整机的具体阶段。

企业应确定直接影响产品质量的生产和安装工序（如存在安装工序时），制定计划，保证这些工序处于受控状态。所谓受控状态指的是：

1. 若没有作业指导书就不能保证质量时，则应对生产和安装方法制定作业指导书；

2. 使用符合要求的生产和安装设备，提供符合规定的工作环境；

3. 在生产和安装过程中对产品的主要特性和关键工序进行监控；

4. 需要时，对工序和设备进行鉴定；

5. 工艺的评定准则应尽可能用文字或代表性的样品加以规定；

6. 符合有关标准、规范（包括法规性文件）和质量计划的要求。

工序质量检验的目的是防止出现成批的不合格品，避免不合格品流入下道工序。为此，企业的检验部门应：

1. 对工序进行监督控制，例如，对工序能力指数的抽查等，使工序固有能力符合生产操作加工要求，以保证加工质量符合规定要求；

2. 按质量计划或规定程序进行检验；

3. 未经检验或检验不合格的产品不能流入下道工序；

4. 对不合格品给以标识。

工序质量检验的具体要求是：

1. 生产现场必须符合技术文件对 4M1E 的各项要求；

2. 必须按现行有效的图纸、技术文件、工艺文件和产品检验标准进行工序质量检验；

3．检验完毕必须按规定填写检验记录；

4．按规定填写质量控制卡或工艺流程卡，在留名栏内签字或盖章；

5．对批次管理进行监督，即分批投料、分批加工、分批转工序、分批入库、分批组装、分批出厂。

6．监督生产现场的工艺纪律；

7．对不合格品作出标识，并严格隔离；

8．产品工序间周转运输时应采取防止碰伤损坏的有效措施。

军品的工序质量控制，应符合 GJB 467《工序质量控制要求》的有关规定。

（一）三检

承制单位应当实行首件三检，即"自检、互检、专检"制度。首件三检不同于首件鉴定，是防止出现批次性超差、返修、报废的预先控制手段。

首件三检一般适用于逐件加工形式，首件检验是对生产开始时和工序要素变化后的首件产品质量进行的检验。凡每个工作班开始加工、该班加工产品有三件以上的，或生产中更换操作者的，更换或重调工艺装备、生产设备的，或工艺技术文件作了更改的，第一件产品加工完成后，均必须经过工人自检、班组长（或指定同工种工人）互检、专职检验员专检，确定合格后方可继续加工后续产品。首件三检如出现不合格，应及时查明原因，采取纠正措施，然后重新进行首件加工，重新进行三检，直到合格后才可定为首件。

工序检验除了三检以外还有巡检，即巡回检验，是检验人员根据生产中的影响质量关键因素与生产现场情况，对正在加工的产品进行的质量检查。

（二）关键件、重要件及关键工序的质量检验

对于关键件（特性）、重要件（特性）和对产品质量起决定性作用的工序即关键工序，应当编制专门的质量控制程序，进行重点控制。

关键件、重要件是在研制阶段的初期确定的。关键件、重要件的特性取决于某些工序，即关键工序。关键工序由工艺部门选定，其选定原则大体为：

1．形成关键件、重要件特性的工序；

2．关键、重要的外购器材（原材料、元器件、成件）的入厂检验工序；

3．加工难度大的工序；

4．加工质量不稳定的工序；

5．加工出不合格品的损失较大的工序。

对关键件、重要件、关键工序的重点控制包括：

1．百分之百的检验。

2．对工序质量采用统计质量控制（SQC）。例如，可以采用工序能力指数C_p控制和适当的控制图，如 P 控制图、$\bar{x}-P$ 控制图、C 控制图等。

3．有详细的质量记录，保证出现质量问题后的可追溯性。

4．严格对不合格品的处理、隔离。

5．清晰醒目的质量标识。

6．对关键工序限额发料，发料及用料数应相符。

7．实行严格的批次管理。

有的工序的加工质量不能通过现场对产品的检验和试验完全确定，例如，某种加工缺陷只有使用一段时间后才能暴露，这种难以准确评定其质量的关键工序称为特殊工序。对于特殊工序，要对工序的工艺参数和操作人员进行连续监控，以确保满足规定的要求。这些工序的设备、人员的鉴定记录应保存一段时间，具体视需要规定。

军品关键件和重要件的质量控制，应符合 GJB 909《关键件和重要件中的质量控制》的有关规定。

对关键件（特性）、重要件（特性）、关键工序的质量控制、质量检验的审核要点为：

1．对关键件（特性）、重要件（特性）、关键工序是否建立了专门的质量控制程序及制定专门的质量检验规定。

2．对批量生产的关键工序是否进行了工序能力C_p 或C_{pk} 的监控。

3．关键工序的质量控制程序是否纳入了工艺规程或作业指导书，是否严格执行。

4．关键工序是否进行了统计质量控制（应用工序能力指数C_p 或C_{pk}、$\bar{X}-P$ 控制图、P 控制图等）。

一个复杂产品有很多道工序，工序质量管理的重点在关键工序。如果把工序也进行 ABC 分析，那么关键工序就是 A、B 类的工序。抓住了关键工序的质量，产品质量就有了基本保证。

五、成品质量检验

成品质量检验的目的是为了保证不合格品不入库或不出厂，它是产品到用户之前的最终检验，因此是控制产品质量的最后关口。

成品检验包括：

1．完工零件的质量检验；

2．部件、组件、分机的质量检验；

3．整机、全系统的质量检验。

在具备下述条件下开始成品检验：

1．有明确的检验依据；

2．成品检验前的所有工序都已完成，各项质量检验都已合格通过；

3．符合批次质量管理及检验要求；

4．暴露、发现的质量问题都已按规定处理完毕，有书面通过依据；

5．成品按规定有完整的所需要的质量记录、质量信息及质量标记；

6．成品检验所需的"人、机、料、法、环"条件齐备、合格。

在成品检验过程中要注意：

1．必须按质量检验依据对完工产品进行质量检验。成品检验是末道工序，成品如果不合格就前功尽弃。因此，略有超差、稍稍超出允许限也许就有人"高抬贵手"，放了过去，这是要不得的。即使略有超差，也是不合格。超差品即使经研究分析可用，也要办理超差使用手续，审批后使用还是超差品。

2．当发现成品有批次性质量问题时，定性为批次性不合格会导致较大经济损失，但是该拒收的还是要拒收。有的可采取逐个产品检测返修予以补救，但有的只能成批报废，不能从经济损失着眼而把不住质量关。

3．通过成品检验合格，加上成品检验合格质量标志的成品，才允许入库或出厂交付。

严格的成品检验往往可以发现前面工序中未发现的问题。原因之一是：有时从单个工序来看不算质量问题的小缺陷，但到了成品上，就有可能构成质量问题。

军品的成品检验，应符合 GJBz 20358《军工产品成品检验验收程序》的有关规定。

六、 产品运输、储存、包装的质量检验

对进厂器材、外协件、在制品、半成品及成品等物资的搬运，要有一定的计划，要进行质量控制，并有成文的质量管理制度。质量检验部门有责任监督搬运质量是否符合要求。

例如，运送一个向空中伸出较长天线的无线电设备，由于公路上有一根架设不高的电话通信电缆，电缆刮断了天线。这就是对搬运路线上的阻碍物未经事先调查造成的质量事故。

物资在搬运和储存中应规定合适的货盘、容器、输送设备、车辆，以防止搬运工作中受到剧烈的振动、冲击、磨损、腐蚀、温度变化或其他原因导致的损坏，某些质量易于蜕化的物资应定期复验。

储存是产品较长时间处于存放的状态。此时产品没有承受工作应力，仅受存放环境的影响。产品在规定的条件下储存时，能满足规定质量要求的时间长度叫储存寿命。如果产品储存在非规定的较恶劣的条件下，则它的寿命有可能大大缩短，产品故障率也可能大大增高。

通常的储存环境分如下三类：

1. 良好地面环境，代号 G_B。指能保持正常气候条件、机械应力接近于零的地面良好环境，如有温度、湿度控制的良好库房或实验室，其维护条件好或有较好的包装。

2. 一般地面环境，代号 G_{F1}。指普通库房或通风较好的室内固定机架，受振动、冲击不大的环境条件。

3. 恶劣地面环境，代号 G_{F2}。指只有简陋气候防护设施的地面环境或简易库房，其环境条件较为恶劣，有高温、高湿、霉菌、沙尘、盐雾或有害气体的影响。

以半导体集成电路为例，在储存状态下，其故障率有一个环境条件所决定的系数 π_{NE}。π_{NE} 的取值如表 2—1 所列。

表 2—1　半导体集成电路 π_{NE}

环境代号	G_B	G_{F1}	G_{F2}
密封储存	1	2.4	6
非密封储存	1	4	10

可见，在非密封状态的恶劣的地面环境下，储存故障率比地面良好环境高

10 倍之多！

半导体分立器件中晶体管和二极管 π_{NE} 的取值如表 2-2 和表 2-3 所列。

表 2—2 晶体管 π_{NE}

环境代号	G_B	G_{F1}	G_{F2}
π_{NE}	1	1.8	5.9

表 2—3 二极管 π_{NE}

环境代号	G_B	G_{F1}	G_{F2}
π_{NE}	1	1.7	5

由此可见，适当的储存环境可以大大提高器材、设备的质量及可靠性。

为此，在产品研制过程中，要制定和实施试验、分析程序，以确定或估计功能测试、包装、储存、装卸、运输、维修对产品质量及可靠性的影响，从而确定产品的储存条件、储存寿命及储存故障率，确定在储存期内容许测试的次数（注：对某些器材来说，测试太多也影响寿命及故障，例如某些闸流管）和包装、储存、装卸要求。这些要求应制定为书面文件，质量检验人员要根据文件规定进行监督及检验。例如，在运输器材前，质量检验人员就应检查保证运输质量的条件是否具备，并切实执行。曾经出现过在丘陵地带用汽车运送发动机时，由于上坡坡度大，发动机固定不好，滑出车外并摔坏的事故，这就是运输质量检验不严的恶性事故。

包装是使合格的产品不致受损的一道重要工序。必须充分考虑到包装后的产品可能经受的恶劣环境条件，例如，振动、冲击、有害气体、湿度、温度等，采取必要的防震、防冲击等有效包装技术。包装技术是产品设计的重要内容之一，质量检验人员应根据包装设计的质量要求检验产品的包装是否合格。

包装的对象是"合格"产品。在包装前，质量检验人员要检验：

1. 产品有质量检验部门签发的质量合格证明文件。

2. 有技术文件规定的产品配套表、装箱清单和产品使用维护说明书等规定的文件资料。

3. 产品有识别标志。

4. 如有封存要求，产品按技术文件规定进行了封存，质量合格。

5．如需使用方代表验收后再装运交付，则应有使用方代表的验收签署文件。

质量检验人员应对产品包装按检验依据进行质量检验：

1．产品合格证上的产品型号、图号、名称、件号、数量与实物要一致。

2．装箱单所列产品与被装箱的要一致。

3．配套文件资料是否齐全。

4．包装箱的设计、包装箱或包装材料是否满足质量要求。

5．产品在包装箱内的安放位置是否符合规定，固定是否妥善。

6．如果产品在运输装卸过程中不允许倒置，要求防雨淋、防振，在包装箱外表面是否有明显的规定标记。如果产品在运输装卸过程中需要起吊，包装箱是否有明显的起吊位置标记。

7．如果产品易燃、易爆、易挥发、有毒、有放射性等，属于有一定危险的产品，必须按技术文件规定及安全规定进行特殊包装处理，符合安全性的质量要求。

8．通过质量检验合格的包装箱，由质量检验人员在包装箱的开启处打上检验合格的封印。专用的重要的包装箱还应铅封，防止错换、缺漏事件的发生。

军品的运输、储存、包装，应符合 GJB 1443《产品包装、装卸、运输、储存的质量管理要求》的有关规定。

对运输、储存、包装的质量检验的审核要点为：

1．对不同产品是否制定了相应的运输、储存、包装的质量要求。

2．运输、储存、包装的质量要求是否检验，确实得到执行。

3．包装箱上是否印有明显的、必要的质量保证标志。

需要注意的是，在制定运输质量保证制度及规定时，必须贯彻国家及有关部门颁发的交通运输法规。如铁道、公路汽车、水路货运运输规则、危险货物运输规则、爆炸物品管理规则等。

七、 产品检验的标志及合格证明

在生产过程中，任何外购器材、外协件、在制品、半成品、成品均应有质量识别标志。凡经质量检验部门检验通过，认为合格的应有合格质量标志或附有书面合格证明文件。经质量部门检验不通过，认为不合格的应有不合格质量标志，并予以严格隔离。对无质量标志的，则认为质量情况不明，不得入库、发放、投入生产、交付，任何单位或个人都应拒收。

为此必须做到：

1．制定正确的质量检验依据、规范、标准、作业指导书等文件。

2．质量检验必须严格按文件规定进行操作。

3．实事求是地正确填写质量检验的原始记录，按规定存档备查。

4．库存的器材、外协件或生产过程中运转的在制品、半成品、成品，都必须有质量检验标志或合格证明文件。

5．外购器材、外协件、生产过程的在制品、半成品、成品的存放库房、存放场地中的物品，均不允许存在"质量情况不明"的情况出现。

6．质量标志应由质量检验部门统一规定，而且必须明显醒目，且不易磨损、消失。

军品的质量标志，应符合 GJB 726《军工产品质量标志和可追溯性要求》的有关规定。

对产品质量标志的质量检验的审核要点为：

1．质量检验有无正确的规范、标准。

2．质量检验是否按规定严格执行。

3．经检验的器材、外协件、在制品、半成品及成品有无质量标志。

第二节　批生产质量检验

质量管理的重要任务之一是防止出现质量问题。但是在实际经营管理中，绝对不出现质量问题是不可能的，对于大型复杂产品，更是难以做到。例如，尽管有对外购器材、外协件供货厂家的质量管理体系要求，对历史产品的质量分析，有厂际质量体系的控制，但难保外购器材、外协件一定不出问题。如某单位过去多年来一直选用某厂的金属膜电阻，质量稳定，可靠性高，列为免检外购件，但有一批由于生产厂发错一种材料，出厂不久就由于材料间的不相容性使阻值超差，导致已装上整机并予以硅橡胶充填的金属膜电阻全部拆下重装合格品，工艺过程上的损失远超过金属膜电阻报废的损失。

因此，一旦出现了质量问题就要求：

1. 查清原因，确定质量问题的性质和对产品性能的影响程度。以上述金属膜电阻事例为例，装上整机后不久，电路性能就漂移严重，查出是电阻值已漂出合格范围，并且是批次性超差。经失效分析，是一种材料用错，属于批次性质量问题。

2. 弄清涉及的范围。以上述金属膜电阻事例为例，必须弄清这批不合格的金属膜电阻发到哪里，装到哪些整机的哪些部位。

3. 明确责任。以上述金属膜电阻事例为例，必须要查清把材料发错、用错的主要责任人和相关责任人。

4. 采取有效的纠正措施。以上述金属膜电阻事例为例，这批金属膜电阻应全批报废，换上合格的金属膜电阻。

为此，需要采取一系列的相应措施。实行批次管理就是有效措施之一。这就要：

1. 建立并执行批次管理。

2. 按批次建立随工流动卡，在卡上详细记录从投料、加工、组装、测试、调试、检验到交付的数量和质量信息、负责人、检验人，并存档备查。

3. 产品的批次标记应与原始记录一致。

4. 做到产品批次清楚、质量状态清楚、原始记录清楚、数量清楚、批号（炉号）清楚，即所谓"五清"。

5. 做到分批投料、分批加工、分批转工、分批入库、分批装配、分批交付，即所谓"六分批"。切忌混批。

一、批次质量检验

产品的检验一般应是按批进行的。在一致条件下生产或按规定方式汇总起来的一定数量的个体，叫做一批。一批中包含的个体数量，叫做批量。一次交付的个体集合叫做交付批。交付批与批是两个不同的概念，交付批与批不一定是一致的，一个交付批可以由一批、两批、多批或一批的一部分组成。

在一致条件下生产并提交检验的一定数量的个体称为检验批。对检验批来说，前提是一致条件下生产。因此，在同一检验批内的产品质量基本上是一致的。有的单位把不同生产条件下的个体混作一个检验批，这是违反检验批定义的。

产品批次质量检验管理是指从外购器材（原材料、元器件、成件等）入厂、投入生产开始，零、组、部件加工到产品出厂交付的全过程以批为中心的检验管理。其目的是如果出现产品质量问题，可以迅速查清原因，按迹追踪，易于采取纠正或补救措施。如果没有批次检验管理，就不会知道哪些产品存在质量问题，想纠正补救也无从做起。如把这一时期的产品全作为怀疑对象，采取例如隔离等措施，则将导致太大的损失。

产品批次质量检验管理的主要内容是：

1．建立、执行并监督批次质量检验管理制度。

2．批生产的全过程要做到"五清"、"六分批"，原始质量记录要完整。

3．产品的年、序号、炉（批）号应标记清晰，与原始记录一致，按规定进行炉（批）号编号的传递。

4．转批使用时，必须对质量进行复验。

5．投入生产的原材料、元器件、成件应在其有效的保管、储存期内，生产中使用的工装、设备、计量器具等应在有效期。生产操作人员应考核合格上岗。

军品的批次管理，应符合 GJB 1330《军工产品批次管理的质量控制要求》的有关规定。

对批次质量检验的审核要点为：

1．是否建立了批次管理制度。

2．产品生产全过程的原始记录是否完整、准确。如果出现质量问题，可否由此跟踪追溯并采取补救措施。

3．是否做到"五清"。

4．是否做到"六分批"。

5．是否切实执行了批次管理的质量检验规定。

二、不合格品

不合格指没有满足某个规定的要求，包括一个或多个质量特性（包括可信性）、或质量体系要素偏离规定要求或缺少。不满足规定要求的产品叫不合格品。

质量检验人员应当按照技术文件规定检验产品，做出合格或不合格的结论。质量检验部门应按有关规定处理不合格品。质量管理体系应找出不合格品产生的原因，查清责任，落实纠正措施，并且验证纠正措施的效果。

（一）不合格品的符合性判断

不满足规定要求的产品叫不合格品，即任何具有一个或一个以上不符合合同、图纸、样件、技术条件或其他规定的技术文件所要求的特性的产品。承制单位的检验人员应当按技术文件规定检验产品，做出合格或不合格的结论。

承制单位要以文件形式明确检验人员在判断产品符合性方面的职责。包括：

1. 检验人员应按照产品图纸和工艺文件的规定检验产品，正确地做出合格或不合格的结论。

2. 对发现的不合格品，及时做出明显的识别标志，存放在指定的隔离区，予以严格控制，防止同合格品相混或被误用。

3. 填写不合格品拒收单。

必须指出，检验人员的职责是鉴别产品质量的符合性，不是查原因、查责任，也不决定采取何种处置措施。

从原则上说，不合格的器材不能投产，不合格的零件不能用于装配，不合格的产品不能出厂交付。但有些不合格品的不合格程度不严重，若作报废处理则经济损失较大。如对于外观不合格，需要从技术上加以分析，决定可否在不影响适用性的前提下使用或降级使用（限定使用范围使用）。这需要对出现的不合格品做出适用性判断。

不合格品的适用性判断是技术性和经济性很强的工作。对已设计定型的产品，承制单位应成立由设计、工艺、生产、质量部门代表组成的不合格品审理组织，按有关规定分级审理及处理。不合格品审理组织的日常办事机构是质量管理体系的一部分，成员资格应经确认。对未设计定型的产品出现的不合格品，原则上主要由设计部门审理。审理的结论一般分为三类：原产品超差代用，即经审理，认为还可直接使用；返修；报废。

（二）不合格品管理

不合格品管理，是指对不合格品进行的鉴别、标识、隔离、审理、处置、记录等全部管理活动。检验人员按图纸、技术文件进行检验发现的不合格品，由审理组织审理（明确可原样超差代用、返修或报废）后，按规定职责进行处理。

承制单位要制定不合格管理制度，建立不合格品审理组织，明确有关人员的职、权，制定不合格品处理程序，并监督按处理程序办事。

不合格品管理制度的主要内容有：

1．采取有效措施控制不合格品，防止混入合格品或被误用。

2．不合格品的处理要有完整、准确的质量记录。

3．不合格品审理的原则为：找出不合格原因，查清责任，采取有效的纠正措施。

4．不合格品的责任在于协作单位时，由承制单位负责找协作单位的质量管理体系负责人员解决。

5．不合格品的处理结论无"引用"特性。即只适用于当次，以后即使要引用，也需经不合格品审理机构审理后批准，不能自然引用。

6．不合格品的责任单位有职责及时按规定办理不合格品手续。

7．由于错检、误检而漏网通过的不合格品，在其后工序或使用中发现时，由操作加工人员、检验员各负有关责任。

8．不合格品造成的经济损失（包括器材损失、工时损失、相应的管理费用等），由质量成本主管部门负责核算。

军品的不合格品的管理制度和控制措施，应符合 GJB 571《不合格品管理》的有关规定。

（三）产品超差代用的管理

产品经检验人员检验发现不符合技术文件规定要求时，判为不合格品，填写产品拒收单，并将不符合的具体情况记录在质量控制卡或工艺流程卡上，交不合格品审理机构处理。

当不合格品审理机构判定不合格产品可超差代用时，审理机构办理超差代用文件。检验部门根据超差代用文件验收超差代用品，在质量控制卡或工艺流程卡上填写超差代用文件编号，检验人员盖验收印章。

允许超差代用的产品是可用于生产的产品，但在合格证上应注明属于超差代用。如果在限定范围内超差代用，例如，某些产品不能承受军用级的温度：—55℃～65℃，但可以在较不严酷的温度下工作，则必须在合格证上注明，并在产品上作标记。

（四）返修产品的管理

质量检验判为不合格的产品，经审理组织确认，补充加工后可以达到要求的叫返修品。

质量检验人员发现不合格产品时，应及时通知有关生产单位（人员）到现场对不合格品进行确认。经审理组织审理，做出返修处置后，应办理"返修品通知单"，由质量检验部门把返修品通知单及返修品交调度部门。返修品根据返修通知单要求在厂内流动。

返修品必须在办理返修通知单手续后才能进行返修。当返修品的不合格责任属于两个以上单位时，返修手续应根据产品交接的流程反向办理，由有关责任单位返修。未办理返修品通知单手续的返修品，不能进行返修。

经返修后的产品应先由责任单位的质量检验员重新检验，合格后再送交发现不合格的质量检验单位检验。如检验合格，在返修通知单上填写明确的合格结论，盖上检验标志。但这仍为返修合格品。

若某些产品的返修已不能按原工艺流程进行，此时应编制临时返修工艺规程及相应质量记录资料（卡），经审批后才能进行返修。

成批产品的返修或关键件的返修，应在返修后形成返修质量报告，上报并存档备查。

产品返修有时也可由责任单位派人带工具、器材到现场排除故障。但也必须在返修后先由责任单位的质量检验人员检验通过，认为合格后再交发现不合格的质量检验单位重检。

（五）废品的管理

质量检验发现的不合格产品，经审理组织判为废品的，应办理报废手续，填写报废单。

造成产品不合格的责任单位的质量检验员，需代表单位在报废单责任代表栏内签署意见。若是外购器材或外协件的报废，则由器材质量检验员签署意见。

由于产品报废，要重新投料生产，需要重新领料。重新领料应经质量检验员核对签署后，凭产品报废单领料。

产品的丢失按废品处理。丢失的原因及责任要查明。涉及安全或某些关键产品的丢失，必须要把丢失的产品找回。

成批产品报废或关键件报废属于重大质量事故，要及时上报报废质量报告，并存档备查。

三、多余物的管理

多余物是指产品内存在的设计文件、工艺生产文件、合同规定的以外的一切物件。多余物可能引起管道堵塞、电路短路、活动部件卡住等引发严重后果的事故。欧洲空间局（ESA）"阿里亚娜"火箭的某次发射失败，葬送了美国研制的通信卫星，损失上亿美元，原因只是发动机管道被堵上了一块抹布。1992年3月22日我国"长二捆"火箭的发射失败，原因是电路中的触点落上了一根极小的金属丝。对这些所谓的"小概率事件"可能造成大的危害，不能等闲视之。为此：

1.生产的全过程要控制多余物的产生。生产装配车间要执行文明生产制度，无杂物、无飞禽、无昆虫、无老鼠、无蟑螂等。

2.对产品的开口、管道口等易进多余物的部位，加工完毕，要立即按规定予以包装。联接时再打开包装，联接前应检查是否有多余物。

3.每班工作结束及产品发送时，对产品的开口处，一定要加保护盖。

4.毛刺也是多余物。在零、组、部件加工完后，要去毛刺、去油污。对零、组、部件上的盲孔、沟槽、缝隙应作为清洗重点。

5.产品在生产中使用的工艺件，例如，工艺口盖、堵帽等，在工序完工后应及时取下。如果这些工艺件要随产品交付给下一道工序，则必须在工艺规程中予以规定，并规定下一道工序对它们的处理方法。不取下会使产品出故障的工艺件，应漆上明显的红色，以便于检查发现。

6.生产装配现场对图纸、资料、仪器、工具、零件等要严加管理。生产前要核对、清点，生产后也要核对、清点。发现遗失时要报告，并尽可能找回。如果遗失在产品内会成为致命故障的多余物，则必须查出下落，以保证其不在产品之内。

7.清理检查多余物应是一道工序，工序卡上应有清理人的签署。

8.若工作需要，工作服内不得放有如镍币等可能成为多余物的物品。

多余物的检验可以采用：

1.目视检查，或借助于低倍放大镜检查。

2.用类似医用内窥镜检查管道内、产品内部有无多余物。

3.用X光进行检验。

4．将产品用手摇晃或吊起后转动，用耳听有无可动多余物形成的声响。

发现多余物时要保护现场，组织查清责任。如果可能有批次性多余物，则应对该批次的产品全部进行多余物检查，予以排除。对造成多余物的原因要分析，并据此制定管理、生产操作的规定、规程，避免这种多余物再度出现。

第三节　产品交付及验收的质量检验

生产方必须保证交付产品的质量符合合同规定的质量要求。这里的质量内容，如使用寿命、可靠性、维修性、可信性、安全性、保障性等，有的是要在产品使用中才能真正得到证实。

生产方在交付产品前必须对产品进行质量检验、试验，确认产品符合交付的质量要求后才能交付产品。生产方有责任保证不合格的产品不交付出厂。

产品在生产过程中出现过技术状态更改或出现过故障、缺陷，即使故障已排除、缺陷已补救，也必须把技术状态更改记录、故障机理及纠正措施、缺陷补救措施等整理成资料，在使用方需要时提供查询。

产品交付时，由检验部门和企业领导（厂长或总经理）签署的产品质量合格证是生产方对产品质量负责的凭证。

产品交付前由生产方检验部门进行的质量检验属于生产方对产品质量的自检。使用方在接收交付产品时，如有需要，还必须由使用方代表进行验收质量检验。使用方代表进行检验验收所必需的条件，如工装、夹具、量具、仪表、设备及技术文件、资料等应由生产方给以满足。

使用方代表在验收时进行的质量检验项目及质量要求应列入合同条款或有关技术文件，包括所需由生产方提供的条件。

为了节省检验费用或其他原因，经使用方与生产方协商，有时使用方可以承认生产方对产品交付前的自检结论，这时的自检必须由使用方监督进行，但生产方不能因此而减轻自己的责任；有时使用方的检验与生产方的检验可以合并进行；有时使用方承认生产方对产品交付前的某些质量项目的自检（在使用方监督下的）结论，另外一些质量检验项目由使用方进行。

验收检验的一次交验合格率是度量企业质量管理体系能力及对产品质量控

制有效性的重要依据。

对验收时发现的质量问题，质量检验部门有责任协助生产责任单位查清原因，切实改进。

军品的检验验收，应符合 GJB 3677《零部件检验程序》和 GJBz 20358《军工产品成品检验验收程序》的有关规定。

对产品交付及验收的质量检验的审核要点为：生产方是否建立并执行了产品交付前的自检制度。

第四节　检验人员的质量检验

一、检验人员的资格考核

产品从元器件、原材料入厂、投料加工、装配、调试、试验，到交付出厂的全过程，都需要经过检验人员的检验。检验人员要把不合格品加以剔除，使不合格品不能转入下一道工序或交付出厂，做到不合格的原材料、元器件不投产，不合格的在制品不转序，不合格的零组部件不装配，不合格的产品不出厂。当然，绝对做到上述要求是不现实的，因为检验人员存在着错检和漏检两类错误。要想提高检验质量，就需要把错检率、漏检率控制在允许的水平以内。

正因为检验人员对产品质量起着重要的把关作用，检验人员本身的素质在很大程度上就影响着检验质量。为此，需要对检验人员进行资格考核，即考查检验人员从事质量检验工作、履行检验职责是否具备下列基本条件：

1. 具有一定的文化程度。一般应具有高中（技校）以上文化程度，某些复杂的关键岗位检验员还需要大专学历，作为掌握专业技术的基本条件。

2. 掌握检验人员需要的质量管理及质量检验的基本知识。

3. 掌握与本检验岗位有关的在制品、元器件、原材料的结构、原理、特性、技术要求、工艺及生产流程。

4. 掌握与本检验岗位有关的检验专业技术知识、相应的检验技能和检测技术，能正确使用有关的计量器具。

5. 质量意识高，热爱检验工作，敢于坚持原则，不徇私情。

6. 身体健康，无与本检验岗位工作不相适应的缺陷和疾病，如有的工作岗位不容许有色盲等。

7. 某些检验岗位对人体机能，如视力、听力、嗅觉等方面有特殊要求，检验人员应经确认具备有关条件。

检验部门有责任按规定对检验员培训上述有关知识及技术，提高检验人员的素质。随着检验技术的发展，对已考核上岗的检验人员还需要进行继续教育。

人是不可能不出差错的，问题是要找出产生差错的原因，有效措施降低差错率。

错检是做出错误的检验结论，错检的主要原因大体上有：

1. 检验人员对验收文件理解不正确，按不正确的理解做出错误的检验结论。

2. 检验结果是正确的，检验人员作出了错误判定。

3. 检验方法使用不当。

4. 计量器具使用不正确。

5. 违反检验的有关规定进行检验。例如，明知不符合检验要求而通过检验，违反"三不"规定（不合格的原材料、元器件不投产，上工序不合格的在制品不能进入下工序，不合格的产品不能出厂交付）通过检验，在检验上弄虚作假等。

漏检是指在检验过程中，遗漏了应予检验的对象，遗漏了技术文件（包括合同、图纸、技术条件、工艺文件等）规定要进行检验的项目或内容。不论其是否造成后果，例如，遗漏检验的项目是合格的，均属漏检。合格证上漏填检验结论，产品漏打合格、不合格标识也属于漏检。

某些原材料、元器件、在制品、成品按技术条件规定采取抽样检验。抽样检验通过后，发现交付的未经检验的原材料、元器件、在制品、成品中有一部分不合格。这不属于检验人员的责任，而是采取抽样检验要冒的风险，不算漏检。

在规定产品的稳定生产线上，正常情况下有一个稳定的错检率、漏检率。积累一定时期内的错检率、漏检率，可以建立相当于不合格品率控制图（p 控制图）那样的错检率控制图、漏检率控制图，对错检率、漏检率进行管理，使异常的超出正常情况的错检率、漏检率能及时发现并得以纠正。

对检验人员的资格考核的审核要点为：

1. 检验人员的在职继续教育、专业培训以及考核制度是否健全。

2. 检验人员有无考核合格证书。

3. 对检验人员出现的错检、漏检有无书面记录，是否进行了错检、漏检的监督考查。

二、检验印章的管理

通常，检验人员对产品检验的结论是通过检验印章来体现的，印章表示一定的检验岗位和检验内容及其责任，因此必须加强印章管理。

各类检验印章应只由检验部门统一设计、刻制和发放，并实行印章的发放、注销登记档案，此档案应长期保存。非检验部门无权设计、刻制、发放、管理检验印章。

检验印章常用的有下述三类：

1．胶印章，常用于质量证明文件；

2．钢印章，常用于产品或工装、样板；

3．封印章，常用于铅封、漆封。

检验印章的发放应遵循下述规定：

1．检验人员必须根据其岗位任务的要求，进行必要的培训、考核，考核合格者给予相应的资格证书。

2．根据检验员的资格证书，发给相应岗位的检验印章。

3．检验印章专人专用，不准转借。

4．检验人员免职或调离时，必须收回所保管的印章。

5．检验人员调换到新岗位，或本岗位增加新的检验项目、内容时，必须重新进行培训、考核。考核合格者使用的检验印章须交旧领新。

6．检验人员因故脱离原岗位一定时期（例如规定半年）后，必须经重新考核合格后，才能恢复上岗，续用印章。

7．检验印章如丢失，应立即上报备案。

8．检验印章盖的印记必须清晰，易于识别。当盖的印记模糊时应重盖。如印章磨损，则应交旧领新。

检验印章的使用应注意：

1．只有在确认对象已经检验合格，验收凭证及质量证明文件填写正确、完整时，才可盖检验印章。

2．在图纸、技术文件未规定检验印章位置时，应在产品的非工作表面、以后不再加工的表面、打印后不再喷涂的表面盖印，在图纸的图号旁盖印。

对检验印章管理的审核要点为：检验印章管理制度是否健全。

第三章　质量检验的组织与管理

质量检验工作是一个复杂的组织和管理过程。不同产品的质量要求和技术特性不同，对检验的技术手段、方案选择、组织实施、管理要求都有所区别，必须建立专职的检验机构，健全相关的配套制度，科学组织，予以实施。我军在长期管理实践中已经积累了一套行之有效的质量检验的管理原则和制度，实际工作中必须严格的落实和实施。

第一节　质量检验机构及其职责

一、质量检验机构

质量检验工作的组织落实是建立在拥有一个健全的质量检验机构基础之上的。所谓"健全"是指：

1. 组织机构设置合理；
2. 人员的能力素质达到岗位要求；
3. 分工明确，职责清楚；
4. 需要做的质量检验工作都有部门及人员负责去做；
5. 按照规章制度，独立行使职权。

质量检验机构要设置哪些，配备多少什么样素质的人员，当然不能统一规定，而是要根据不同企业、不同任务来决定。但无论哪一个企业，都应建立一个质量检验部门，叫部、处、科或其他名称皆可。

质量检验机构在工作中必须能独立行使职权，在检测、做出判断、处理质量问题时，不受研制生产进度、成本费用等因素的约束。即使判为不合格会大大影响研制生产进度或延误交付日期，带来重大的经济损失，该判不合格的也必须判为不合格。因为只有在确保质量的前提下，才能真正地保证研制生产进度，得到真正的经济效益。

质量检验工作必须确保不受人为干扰。在一般情况下，企业单位任何部门和个人都无权干预质量检验部门的结论。在特殊情况下，如果企业领导在职权范围内否决或改变质量检验部门对质量问题的判断和处理结论时，必须签署书面意见。此时检验部门一方面执行，一方面还必须上报上一级主管部门。但即使在这一种情况下，质量检验部门也不应随意修改结论，而应坚持原则，在上报文件上可附签署的修改意见，并说明执行的情况。

二、质量检验部门的基本职责

质量检验部门的基本职责就是质量检验部门的质量职能，它是企业各职能部门质量责任制的重要环节。企业的厂长应对企业的产品质量负全部责任，但企业内部的每个部门、科室、车间、工段及其相应的领导和有关人员，都应有各自严格的质量责任，其中，质量检验部门尤为重要。

质量检验部门的职责是：

1. 在厂长或分工负责质量工作的副厂长领导下，对全企业质量检验的行政、业务、技术工作实行集中统一的领导，具体组织实施全企业的质量检验工作。其计划及措施由厂长批准下达。

2. 根据订货合同、技术标准（国家标准、军用标准或专业标准）、产品图纸、技术文件、标准样件等质量检验规定的检验依据，进行质量检验，做出结论，按规定处理。

3. 参加重要的外购器材、外协件承制单位的质量管理体系的考核及认证（或认定）。参加外购器材、外协件的合同制定工作，负责起草合同中的质量检验条款，确保交付产品能满足企业的质量要求。

4. 负责外购器材及外协件的质量检验，监督器材保管的质量保证条件，按规定对库存器材进行必要的质量复验。

5. 对技术文件（包括工艺生产文件）中有关质量检验的内容进行审查，会签。

6. 编制质量检验的技术管理及指导操作的文件，例如，《检验规范》，指导质量检验工作，使质量检验工作实行规范化管理和生产。

7．依据质量检验的文件，对生产现场的"人、机、料、法、环"、工艺纪律、文明生产等实行监督。

8．按规定，对生产过程的工序进行质量检验，严禁不合格零件流入下道工序或入库。

9．按规定的授权，处理不合格品，监督不合格品的处理过程。

10．对产品（包括各工序的产品，即中间产品、半成品）的质量信息按规定进行收集、分析、传递、反馈和保存。按规定分析质量趋势（例如，C_p 的变化、控制图的预警、选控图的不正常信息等），并上报有关部门。

11．负责成品质量检验，签发产品合格证。如有要求，应按规定向使用方代表提交经质量检验合格的产品，并配合使用方代表验收产品。对验收后出厂的产品质量负责，并负责售后服务中的质量检验。

12．负责质量检验表格、合格证、检验印章的设计、制造、发放与管理。

13．负责外购量具、刃具和自制工装入库前的检验，以及自制非标设备、自制备件和设备大修的质量检验，确保产品质量达到有关标准和技术文件的要求。

14．参加新产品试制的工艺审查，协助产品设计开发部门进行新产品的鉴定，并提出检查报告，对新产品能否批量生产提出意见。

15．参与质量审核，负责审核中具体的测试工作，做好原始记录，提交有关报告。

16．负责生产过程检测装置的管理，并对检测装置不断改进完善，定期对检测设备进行检定和校对。

17．有计划地组织质量检验人员的继续教育，学习掌握先进的质量管理技术、质量检验技术、质量分析技术等，提高人员的素质。

18．对质量检验人员进行资格考核和定期考核，考核合格后才能发证上岗。

质量检验部门通常应有一个负责质量检验技术的机构。例如，技术组作为部门领导在质量检验管理及技术上的参谋部，职责如下：

1．提出质量检验管理和技术上的措施及建议，供部门领导决策，以促进和改进质量检验工作。

2．在管理上与技术上指导和帮助下属质量检验机构贯彻质量检验制度、规定及措施。

3. 发生重大质量问题后，应参加故障机理分析，对处理及改进措施提出书面意见。

4. 编制质量检验的管理规定，组织编制各个具体项目质量检验的技术文件，经有关部门领导批准后执行。

5. 设计、制造、发放与监督、管理质量检验表格、印章、合格证明文件。

6. 及时了解国内外先进质量检验的管理方法、技术及手段，结合本企业情况，组织交流、学习、引进和推广。

7. 组织改进、研制、引进先进的检验设备。

8. 组织质量检验人员的专业培训、考核及合格证件的管理。

器材检验组是质量检验部门把关的关键机构。职责如下：

1. 按产品合同、技术文件和器材质量检验制度、规范的规定，对外购器材和外协件进行进货（入厂）质量检验，做出"合格"或"不合格"的结论。对领料出库的器材和外协件进行出库检验，保证发料的质量符合规定。与发料一起提供所发器材的合格证明文件，并向使用方提供必要的质量信息，包括炉号、批号、化验文件号、复验记录、保管期等。

2. 当发现已入库复验的外购器材、外购件不合格时，应立即分析原因。如果结论属于批次性质量问题，则应立即通知有关单位停止发料、停止使用，已领料的应及时追回，已加工的要采取补救措施换用合格品。若有些不合格的器材、外购件超差使用或代用，则必须由设计部门批准签署书面文件后才可使用，并记录在案。

3. 进货检验合格的外购器材、外协件必须由质量检验部门按规定加上合格标志，器材检验人员确认其合格标志后才能入库。进货检验判定为不合格的产品，由质量检验部门做出明显的不合格标志，严加隔离，由供销部门组织处理（如退货）。严防不合格品混入合格品中投入生产。

4. 对已入库需要定期复验的器材及外协件，由器材保管人员按时办理送检。

5. 对有保管期限要求的器材及外协件，达到保管期后，应按时送有关部门处理。

6. 监督器材及外协件存放的环境条件。重点监控温度和湿度，监督易燃、易爆、有毒器材及外协件的存放环境条件。如果环境条件已有一段时间不符合规定要求，必要时要对器材及外协件进行质量复验。

7．按规定记录、管理器材及外协件完整的质量信息，包括原始质量文件（如原生产厂的炉批号、合格证等）、台账、试验分析报告、检验报告、超差代料批准文件、领发料单据等，并按规定归档上报。

8．对检验合格发放出库的器材及外协件的质量负责。

车间检验组是质量检验部门的重点机构。职责如下：

1．按产品合同、技术文件和质量检验制度、规定，对器材、外协件、工序加工、成品进行质量检验，并提供质量检验结果及有关文件。

2．执行"首件三检"。如果出现质量问题，必须查明原因、查清责任、落实纠正措施。

3．对出现的不合格品按规定进行处理，该报废的报废，该返修的返修。不合格品应予以隔离，严格防止混入合格品中。

4．负责记录原始质量信息，按规定进行必要的质量信息分析（例如，C_p 值计算，$\overline{X}-P$、P 控制图、选控图的分析），将质量信息按规定归档上报，以便出现质量问题后可进行质量跟踪，落实补救措施。

5．监督生产中的"人、机、料、法、环"与生产现场的工艺纪律和文明生产。

6．监督车间所用的工装、设备、量具、仪器、仪表的合格性，确保在有效使用期之内。

7．根据质量检验结果，提供车间及班组工段的质量业绩报表，供质量考核使用。

8．对经质量检验判为合格后产品的质量问题负责。

检验部门在下述情况下有采取断然措施的权力：

1．有权禁用不合格的或已超过有效使用期的工装、设备、量具、仪器、仪表。

2．有权对违反"首件三检"规定加工的产品予以拒收。

3．对"人、机、料、法、环"不符合规定、工艺生产纪律松弛、文明生产不好的单位，有权要求立即采取措施，限期改正。

4．当出现重大质量问题、批次性不合格、器材严重损坏以及错、混料等情况，或从质量检验信息分析，产品质量已明显下降（例如，控制图的上、下警戒界限被突破）时，有权停止有关工序的生产，停止产品出工序、出车间或出厂，并立即报告有关上级以至厂长。

5. 有权要求有关单位查明质量问题原因并采取有效的改进措施。

质量检验部门要与企业其他部门充分协调，配合工作。例如车间的检验组不归车间领导，而直属于检验部门领导，但车间的检验组是在车间工作的，故应遵守所在车间的有关规章制度，配合车间的生产计划、进度进行质量检验。工艺生产部门要把质量检验作为工艺的一部分，列入工艺规程条款，在工艺规程中应详细规定质量检验要求、方法、仪表设备、测试操作方法、抽样百分比（或全检）、合格标志等内容，检验部门则据此编制检验规范，指导生产现场工作。质量检验部门得到的质量信息应提供各有关部门使用，及时反馈，改进质量。

三、质量检验部门与质量管理部门的分工与配合

现在很多企业分别设立了质量检验部门与质量管理部门，如检验科（处）和质量科（处）或全质办（全面质量管理办公室），也有的企业把这两个部门合并在一起，究竟是合并好还是分开好，很难做出统一的规定。但即使是把质量检验部门和质量管理部门合并在一起的企业，也是把质量检验工作和质量管理工作分别交由不同的两部分人员来承担和进行。这就说明，质量管理和质量检验毕竟是不同性质的工作任务，合理划分和明确它们的工作范围和质量职能是客观的需要，有利于搞好工作。

质量检验部门的具体职责，前面已有详述，这里不再重复。质量管理部门的职能概括起来，有以下几个方面：

1. 在厂长或分工负责质量工作的副厂长直接领导下，研究和制定企业的质量目标、方针政策和质量计划，协助厂长对一些重要的质量问题进行决策和规划。

2. 具体负责企业质量管理体系的建立与实施，确保符合国家（或军用）质量管理体系标准。组织企业质量管理体系内审，做好企业通过第三方质量管理体系认证和第二方质量管理体系认定的有关工作。

3. 组织和协调企业各个部门加强质量管理工作、加强预防性的质量控制工作以及做好质量改进工作。

4. 研究企业内部如何贯彻执行国家有关质量的发展、考核、奖惩和各项检查监督工作，如执行质量否决权、产品质量创优升级、评比质量奖、质量教育、

质量抽查考核等工作。

5. 研究和制定综合性的质量管理制度、管理标准、考核办法、机构设置、开展 QC 小组活动、组织培训等工作。

6. 负责质量信息和质量情报的收集、整理、分析、储存、发送或反馈工作，使这些信息和情报成为厂级领导进行决策的重要依据，成为各个部门共享的资源。

质量检验和质量管理在工作上既有分工，又需要密切配合。如落实质量责任制的问题，若没有质量管理部门和质量检验部门的配合，就很难做到。

第二节　质量检验制度

为了使质量检验工作同各项组织管理工作能够更好地协调和配合，提高检验工作的质量和检验效率，并使各项检验活动标准化、规范化和程序化，得以有条不紊地进行，建立合理的、完整的检验制度，是十分必须和重要的。质量检验制度包括多方面的内容，如检验站的工作制度、管理点的检验制度、产品质量的抽检制度、质量分析报告制度、质量问题分析制度、不良品管理制度、不合格品处理制度、质量指标的统计考核制度等。所有这些制度都是提高质量检验和质量管理水平的重要基础。

一、检验站的工作管理制度

检验站是进行检验活动的主要场所，检验站必须建立切实可行的制度，做好以下工作：

1. 明确检验站负责哪些产品、哪些工序的检验工作。

2. 为进行检验工作所必须的产品图纸、检验规范、工艺规程、技术标准及其他技术文件，应准备齐全，不得遗漏。

3. 为进行检验工作所必须的检验工具、装置和设备，必须供应成套，并制订使用、保管和维护制度，重要量具应由专人负责。

4. 制定合理的抽样方案，对已制定的抽样方案进行详细分析，熟悉和掌握方案的抽样特性，明确质量特性的严重性分级，了解测试方法和操作要领。

5. 对于检验的不良品范围，应规定明确的标准。

6. 检验用的图章、检印、检验报告单、检验数据记录、分析、统计表及其反馈路线，必须事先做好准备和明确。检验用的印章有规定的使用保管制度。

7．制订详细的检验程序和具体步骤，建立日常检验的具体工作制度。

8．做好人员的组合和班次的安排。

二、工序管理点的检验制度

1．检验员应把建立管理点的工序作为检验重点。应检查监督操作工人严格执行工艺及工序管理点规定的情况，对违章作业的工人要立即劝阻。对不听劝阻者，要向车间领导和检验站领导报告，并做好记录。

2．检验员在巡回检验时，应检查管理点的质量特性及影响质量特性的主导性要素。若在检验中发现问题，应帮助操作工人及时找出影响质量的原因，并协助他们采取措施，加以解决。

3．检验员要熟悉所检验范围内工序管理点的质量要求及检测、试验方法等，并按《检验工艺》进行检验。

4．检验员应熟悉工序管理点所有的图表及其使用、分析方法，并通过抽检来核对操作工人的记录和打点是否正确。

5．做好操作工人自检记录，并计算其自检率和自检准确率，按月公布或上报。

6．按规定做好工序管理点的抽检和验证工作。

在工序管理点上，必须准备检验明细表。这个明细表要详细标明管理点的工序号、技术要求、检测方式、检测工具、检测频次、质量特性分级等内容，作为自检与专检的依据，具体格式如表3-1所列。

表 3—1　某工序管理点检验明细表

序号	零件号及名称	工序号	管理点编号	管理点名称	技术要求	检测方式	检测工具	检测频次	质量特性分级			管理手段
									A	B	C	
1	活塞	1	1	材料化学组成	厂标	专检		抽检		×		数据表
2		1	2	低倍组织	厂标	专检		抽检			×	数据表
3		1	3	材料萃取性	2.0cm～3.0cm	专检		抽检	×			数据表
4		2	4	中频炉加热温度	奥氏体晶粒度大于5级1050℃±50℃	自检专检	光学高温计	抽检	×			数据表

5		3	5	球化处理金相组织	2级~4级	专检	金相显微镜	抽检	×		数据表
6		3	6	球化硬度	HB（窝径）≧4.35	自检专检	布氏硬度计	抽检		×	数据表
7		4	7	Φ23.5尺寸精度	+0.28	自检专检	样柱	抽检		×	
8		4	8	Φ23.5孔深	-0.46	自检专检	量规	全检	×		
9		5	9	60°锥面、R12Φ24处粗糙度	4.0 ∇	自检专检		全检		×	
10		5	10	Φ24孔尺寸精度	+0.28	自检专检	样柱	抽检		×	
11		6	11	螺纹对Φ70跳动	0.10	自检专检	螺纹千分尺	抽检		×	
12		6	12	90°锥面粗糙度	2.0 ∇	自检专检		全检		×	
13		6	13	90°锥面角度公差	±15′	自检专检	检验量规	抽检		×	
14		6	14	60°锥面角度公差	-3°	自检专检	角度尺	抽检		×	
15		7	15	花键齿侧粗糙度	2.0 ∇	自检专检		全检	×		
16		7	16	花键齿宽	$6.7^{0.10}_{0.12}$	自检专检	卡板	全检	×		
17		8	17	淬火硬度	HRC60~HRC64	自检专检	硬度计	抽检	×		控制图
18		8	(18)	硬化层深度	厂标	专检		抽检	×		数据表
19					以下略						

三、质量问题分析制度

生产中不可避免地会出现各种质量问题，加强质量管理是减少质量问题的重要前提。要减少质量问题就必须找出质量问题发生的原因，以便采取纠正和预防措施。质量问题分析制度，就是为了寻找问题发生的原因，以预防质量问题的再现。

军工企业有一条重要的质量管理经验，就是严格坚持"三不放过"的质量问题分析制度，即：

1．不找出质量问题的原因不放过；

2．不找出质量问题的责任者不放过；

3．不落实改进的措施不放过。

第一条是要找准问题的原因，否则解决问题就是无的放矢。发生了质量问题，找出真正的原因往往是最为关键的一步，原因找到了，问题就可迎刃而解。查找问题原因，可以使用"因果图"、"排列图"、"相关图"、"直方图"、"控制图"等各种统计分析工具。在组织形式上可以召开"诸葛亮会"进行民主讨论，采取工人、干部和技术人员"三结合"会诊或组织"质量攻关小组"进行攻关，以便最终能把问题原因找出来，确保定位准确。

第二条是必须找出问题的责任者。这既是为了查清责任，奖罚分明，但更重要的是使责任者吸取教训，知道是怎么错的，错在何处，以免以后重犯。

第三条是要采取有效的纠正措施。知道了问题的原因，找出了责任者，就可以而且必须要采取有针对性的改进措施。这样就完成了一个 PDCA 循环。

在航天系统还提出了质量问题处理"双归零"标准，即"定位准确，机理清理，问题复现，措施有效，举一反三"的技术归零标准和"过程清楚，责任明确，措施落实，严肃处理，完善规章"的管理归零标准。这些已成为较彻底地消除质量问题根源的良好措施。

质量问题分析必须有具体制度，规定负责人、会议程序、记录报告、处理措施。通常问题分析会有定期和不定期两类：重大质量问题的分析会，应该在发生问题后马上召开，是不定期的；一般质量问题的分析会应每星期召开一次，由有关人员参加，每月应进行一次总结，适时召开现场会，公布具体事例，对全体人员进行质量意识教育。

四、不合格品管理制度

做好不合格品（不良品）管理是保证产品质量的一项重要措施。例如，企业常常因为没有执行不合格品的隔离存放，又无明显标志，致使鱼目混珠，使不合格品流入下道工序或用户手中，造成重大损失。

不合格品管理应抓好两个环节：一是工序加工环节；二是完工检验后环节。

（一）工序加工环节

该环节必须设立必要的工位器具，使合格品、返修品、废品分开存放。图3—1是一个工序的良好管理状态，不同产品分类存放，路线清楚。

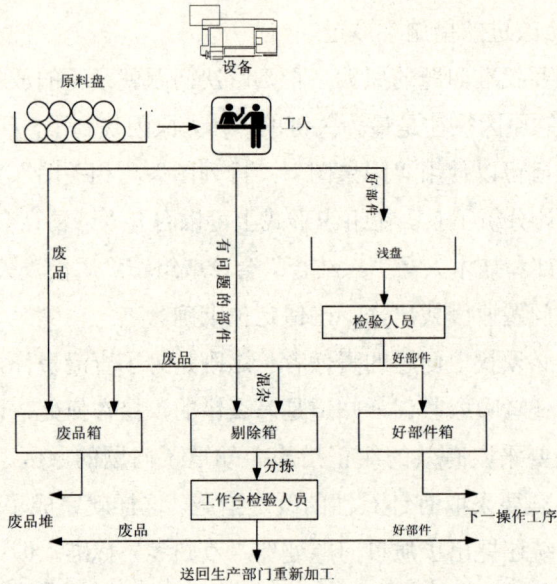

图 3—1　工序加工环节路线图

（二）完工检验后环节

1. 不合格品的标志。凡经检验确定为不合格品者，应按不合格品类别，分别给予涂色标志，以示区别。通常做法是：废品涂以红色，返修品涂以黄色，在回用品上打"回用"印记。

2. 不合格品的隔离。对各类不合格品涂上（或打上）标记以后，应立即隔离存放。返修品放返修品专用箱或固定存放区域，生产部门应及时进行返修；回用品可直接放回合格品专用箱内；废品应及时隔离保管，未经批准，任何人不得转移、使用或混入合格品中。

3. 不合格品的回用。不合格品的回用应符合回用标准，一般应符合以下三条：

第一，不影响产品的性能、精度、安全性和可靠性；

第二，不影响用户正常使用的要求；

第三，不会引起用户的不满和索赔，对于军品，还必须征得使用方的同意。

不合格品的回用，必须由生产部门按规定程序提出申请，经不合格品审理委员会审查认可。

4．不合格的返修。返修品必须由原生产责任者返修，返修后必须进行全部项目的检验，而不能只检验返修项目。

5．废品的处理。废品必须在严格监督下，送到废品库，由专人看管，定期处理或销毁。

6．不合格品的统计和分析。对于返修品、回用品和废品应由检验员填写统计报表，上报有关部门，以便对车间、小组和个人进行考核。对于不合格品应按质量问题分析制度进行分析，以便查明原因，采取预防措施。

五、质量抽检制度

国家有关部门或使用方为了了解企业的产品质量情况，或者为了给企业发放军品科研生产许可证，或者为了对企业产品进行评优活动、企业升级验收等各种需要，常常对产品质量进行抽查审核。因此，制定科学而合理的抽检制度十分重要。为了确保数据真实、有代表性，应做好以下几点：

1．必须做到随机抽样。不允许预先通知被抽查的企业，防止企业预先做好准备或选好抽检对象。

2．必须抽查企业已经检验合格后近期入库的产品。

3．为了使抽查所得的数据具有代表性，抽查必须有足够的数量。抽查数量大多按如下规定进行：

（1）对成批生产的产品。

$$每月抽样数量 = a\sqrt{2N}$$

式中，N 为月产量；a 为抽样系数，一般取值范围为 0.6～2.5。

对于简单产品，a =1～2；对于复杂产品，a =1.25～2.5；对新投产产品，应加倍抽样。

（2）对大批量生产的产品。

$$每月抽样数量 = 0.008N + 2$$

式中，N 为月产量。

在一般验收抽样中，应尽量采用国际标准 ISO 2859、国家标准 GB 2828 及军用标准 GJB 179A，按产品验收规范的规定执行。

第四章 质量检验验收的程序与方法

军事代表对军品质量进行检验并予以验收，其目的在于按标准验证产品的技术质量特性是否符合要求，以剔除不符合要求的产品，确保交付给用户（含产品的下道加工工序）的产品质量达到标准规定的要求。因此，军品检验验收是军事代表质量监督中不可缺少的重要部分，也是产品最终得到用户确认，以接收该批产品的重要环节。

第一节 检验验收的概念与工作内容

一、检验验收的定义

检验是产品质量把关的手段，也是一种评价产品质量的活动。产品的设计、制造质量是否符合规定要求，必须通过检验来验证。检验贯穿于产品整个生产过程，有生产工序就有检验工序，零部件的检验对上道工序固然是滞后的，但对下道工序来说则是超前的。成品检验虽对防止不合格品的产生是滞后的，而对防止不合格产品交付用户则是超前的。而且，检验为后续产品生产过程的质量监督和质量改进提供了信息，具有积极预防作用。如果把产品从科研——生产——检验验收——交付看成是一环扣一环的链条，那么检验验收就是这根链条中的一环。所以检验验收工作对保证产品质量有十分重要的意义。通常，检验验收可看成是对产品质量进行测量和对测量结果的判定,这里包含两个概念，前者指检验，后者指验收。所以，检验验收可分为检验和验收两种过程。

（一）验收的定义

验收是依据合同和经过批准的产品图样、规范（技术条件）等，对承制单位检验合格并向军事代表交付的产品进行检测、试验，并据其结果进行判断，决定接收或拒收该批产品的过程。也可以这样说：验收是用户对提交的成品进行检验，以确认接收或拒收的活动。

（二）检验和验收的联系与区别

检验和验收两项工作紧密联系，但也有区别。

1. 检验与验收的联系

（1）检验和验收的总目的相同。检验与验收都是为确保产品质量达到规定标准的要求，都是为用户（包括工序间检验是为下道工序）提供合格的产品。

（2）所用的方法、计量仪器、试验项目基本相同。于用户对产品的验收是针对在承制单位经检验合格后交付用户的产品，因此，所用的试验方法、计量、仪器、试验项目基本相同，两者不能各自制订试验项目或使用标准不同的计量仪器等。

（3）对产品质量问题的分析和处理方法程序相同。无论是检验或验收活动，对产品质量的分析、评价，或对出现的不合格产品等问题，都用相同的方法，都坚持以"三不"和"三不放过"的原则进行处理。例如，对军品，无论是检验还是验收，对质量问题都要坚持"质量问题技术归零"和"质量问题管理归零"的双归零原则等进行处理。

2. 检验与验收的区别

（1）活动进行的时序不同。一般检验活动是在验收活动之前，即先由承制方进行自检，证明产品质量合格后，再提交给用户代表进行验收。所以检验活动在前，而验收活动在后。

（2）检验的项目和检验的产品数量有时不相同。一般而言，检验所进行的项目是从原材料到投产加工以及成品，全面检验，都是为保证提交验收的产品质量特性全面合格。而验收往往只对影响使用性能的主要项目进行检测、试验，几乎所有的验收项目都是检验必须进行过的项目。另外，检验活动针对的产品除破坏性项目外一般逐个检测试验；而验收活动中用户可以对全数进行测试（批量小时），也可采用抽样检测试验（批量较大时），并用抽取样本的测量、试验值，采取统计推断的方法，判断出整批产品的质量特性值，并与合同中规定的标准值进行比较，以决定接收或拒收该批产品。

（3）采用的接收标准不尽相同。由于对批量较大或有破坏性项目的产品的某些质量特性，无法逐个对产品进行试验，如炮弹、导弹等，它们价格昂贵且有些质量特性值必须借助一次试验后就消耗的项目来测定。因此，必须采用抽取一定的样本进行试验的方法，例如炮弹的发射密集度、射程、威力等试验。由于试验中样本抽取的随机性，即抽取样本质量好坏不同，使得试验质量信息不同。此时，必须在验收标准中规定不同于产品图样的规定值（质量的数学期望值），这种验收标准随着试验样品数以及抽取方案的不同而有所不同。因此，往往在产品验收合同中应明确规定双方承认的验收试验标准。

二、检验验收的职能

产品检验验收是一项重要的质量职能，其职能大体可以概括为把关职能、预防职能、监督验证职能和报告职能。

（一）把关职能

把关职能是检验验收最基本的职能，也可称其为保证职能。这里所说的把关，即对所检验的产品做出是否满足规定要求的判定，防止不合格产品转入下道工序或被接收。具体讲，就是通过对重要原材料、元器件和零部件进行检验、鉴别、分选，把住质量关，使不合格的原材料、元器件不投产，不合格的零部件不装配。更主要的是剔除和拒收不合格成品，防止不合格产品交付使用，保证交付部队的产品质量。

（二）预防职能

预防职能首先是通过对首件检验或工序中按规定批次的抽验，及时发现质量问题，采取纠正措施，以防止同类问题再次发生。也就是说，通过对原材料、外购件和外协件等的入厂检验，对后面的生产和后一个过程的生产起到积极的预防作用。其次，通过过程生产的首件（批）检验和巡回检验起到预防作用。当一批产品开始生产、一个轮班开始加工、设备重新进行调整或进行修理后，均应进行首件（批）检验。在正式投产后，还要定期或不定期到生产现场进行巡回检验。

在质量管理和质量控制过程中，通过质量检验获得的信息，可以帮助掌握质量动态，及早发现质量问题，及时采取措施，将质量问题消灭在萌芽状态，防止同类问题再次发生，预防产生大批不合格品。

（三）监督验证职能

通过对产品质量形成过程中各个阶段的测量、检查、试验与质量活动，有助于对产品质量的产生、形成和实现情况进行分析了解，并实行监督。

质量监督包括：

1．自我监督。通过企业内部的检验系统，对原材料、外购件和外协件的进厂质量、设计质量、加工质量、出厂质量等进行监督。

2．国家监督。是指由国家授权的，以第三方公正机构的身份对产品质量进行的质量监督。如国家商检部门对进出口产品质量以及企业质量管理体系进行的监督。

3．用户监督。用户通过各种形式对产品质量进行评价。

以上的质量监督工作都是以检验结果为依据的。

除此之外，企业在有些情况下，为了证实自己的产品质量，也必须通过检验加以验证。

（四）报告职能

通过产品检验所获得的客观数据，对产品做出合格与否的判定；为改进产品设计、提高产品质量提供依据；为产品质量分析与评估提供信息，以便掌握产品质量动态及变化趋势，向有关部门报告，为质量改进提供依据。

三、检验验收的依据

军事代表对军品实施检验验收的主要依据是：

1．产品的订货合同或协议；

2．经批准的产品图样和技术条件；

3．国家军用标准、国家标准、行业标准。

四、检验验收的工作内容

质量检验验收一般包括：明确要求、测量试验、比较、评价、处理五项工作。

1. 明确要求。首先要把有关的技术标准转换成具体、明确的质量要求和检验方法。通过标准的具体化，使有关人员熟悉和掌握分辨产品是合格品还是不合格品的方法。

2. 测量试验。规定测量产品的适当方法和手段，以得到正确的质量特性值和结果。

3. 比较。将测试得到的结果同标准规定的质量要求相比较，判断产品质量特性是否符合规定的要求。

4. 评价。根据比较的结果，判定单个产品是合格品还是不合格品，批量产品是合格批还是不合格批。

5. 处理。包括对单个产品的合格品放行，对不合格品进行处理，以及给不合格品打上标记，隔离存放，另作处置；对一批产品决定接收、拒收、筛选、复检等；将记录所测得的数据和判定的结果反馈给有关部门，以便促使其改进质量。

第二节　检验验收的种类和方法

一、检验验收的种类

产品检验验收的种类很多，可以从不同特征进行分类，常用的方法有以下几种。

（一）按检验对象分类

按检验对象分类，检验可分为零部件检验、成品检验、包装检验三类。

1. 零部件检验

零部件检验是对零部件质量是否符合规定要求所进行的检验。其目的是及早发现不合格品并及时采取措施进行处理，防止不合格的零部件流入装配程序，造成成品的不合格，同时避免对不合格在制品的进一步加工流转，从而造成不必要的损失。

零部件检验品种和项目的确定一般有两种方式：一种是在合同、产品规范中明确规定；另一种是军事代表根据实际需要与承制单位商定。需要指出的是，军事代表与承制单位协商确定时，要充分论证、协商，达成一致后形成共同会签的技术文件。此外，还要根据产品质量动态，适时调整检验的品种和项目。

2．成品检验

成品检验是指对承制单位所提交的经承制单位检验合格的产品是否符合规定要求所进行的检验。它是决定该产品（批）能否被接收的首要条件。

成品检验是质量的最后关口，因此，必须切实把好产品检验质量关。

3．包装检验

包装是为在流通过程中保护产品，方便储存、运输，按一定技术方法而采用的容器、材料及辅助物等的总称，也指为达到上述目的而采用的容器、材料及辅助物等，并施加一定技术方法的操作活动。也就是说，包装具有两方面的含义：一是指包装的容器和材料；二是指包装的过程。

包装质量的好坏，对产品的搬运、防护、储存等具有十分重要的影响。包装检验既要检查包装容器及其材料的质量，还要检查包装的过程是否符合有关规定的要求。

（二）按检验性质分类

按检验的性质分类，产品检验可分为鉴定检验、验收检验、质量一致性检验和可信性试验。

1．鉴定检验

鉴定检验是指对产品进行全面考核验证，为确定产品是否达到规定的技术指标和承制单位是否具备批量生产的能力提供依据。鉴定检验的结果主要为产品定型、转厂生产、复产、改进提供依据。鉴定检验是一种特定情况下的检验。一般用于下列五种情况：

（1）产品定型（鉴定）；

（2）产品转厂生产；

（3）零部件的结构、主要材料和重要工艺改变；

（4）产品停产后的恢复生产；

（5）合同规定。

2．验收检验

验收检验是在承制单位确认产品符合规定的要求后，由军事代表按照合同规定对产品质量特性进行的一系列检验。验收试验和鉴定试验是有联系和区别的。验收试验是用户根据使用需求，对承制方生产产品的一些重要质量特性进行检验，对于批量大或破坏性的试验一般采用抽样方法进行，而且这些项目是承制方和使用方写入合同书的。例如，炮弹、火箭弹批量较大，有些项目，如发射强度、射击密集度、威力等，只能按抽样方案进行试验，而对一些尺寸、质量等重要的质量特性只是抽取一定的样本，由军事代表进行检验。

3．质量一致性检验

质量一致性检验是指对按照同一产品图样、规范，生产条件相同或基本相同，生产时间相近或连续生产的产品，是否符合有关质量要求所进行的一种检验。

质量一致性检验的目的是确定产品在生产过程中能否保证质量的持续稳定，为产品的接收或拒收提供依据。

4．可信性试验

可信性是产品重要的质量指标。进行可信性试验是用户的要求，对军用装备，必须进行可信性鉴定试验、可信性验收试验、可信性增长试验和环境应力筛选试验等。此外，按照检验的性质，检验还包括产品耐环境试验、"三防"试验等。

（三）按检验的数量分类

按检验的数量，检验可分为：全数检验、抽样检验和免检三种。

1．全数检验

对承制单位提交的所有产品逐个进行检验，称为全数检验，也称为百分之百检验。全数检验的特点是合格一件接收一件。

全数检验的主要优点是能够最大限度地剔除产品批中的不合格品。当有必要保证每个单位产品都能达到规定的要求时，还可以反复多次进行这种检查。一般来说，全数检验有利于保证产品质量，能够有效地防止不合格品交付部队。

然而，全数检验也有缺陷。全数检验并不能完全保证不产生错检和漏检。各种调查与实践证明，检查的工作量一大，判断性错误就会增加。若用有限的人力检验，如果增加检验数量，势必缩短每个产品的检查时间，影响检验效果，结果降低了检验质量。影响全数检验质量的主要因素有下列几个：计量、测试器具的精度；检验人员的技术水平、职业道德和责任心；检验周期；检验数量等。

全数检验通常适用于下列情况：

（1）检验是非破坏性的；

（2）检验的项目较少；

（3）检验费用低；

（4）产品的重要特性项目；

（5）质量不稳定且比较重要的特性项目；

（6）单件、小批生产的产品；

（7）昂贵的、高精度的，或重要的，或有特殊要求的产品；

（8）能够应用自动化方法检验的产品。

2．抽样检验

抽样检验是从生产批的产品中抽取适量的产品作为样本，对样本中的每个样品进行检验，并根据样品检验结果判定整批产品是否合格的过程。抽样检验常用于下述情况：

（1）带有破坏性的检验；

（2）生产批量大、自动化程度高、产品质量比较稳定的产品或过程的检验；

（3）外购件、外协件成批进货的验收检验；

（4）某些生产效率高、检验时间长的产品或过程的检验；

（5）希望节省检验费用的检验；

（6）作为过程控制的检验等。

抽样检验是建立在数理统计原理基础之上的，其样本中的个体（样品）对总体（批）来说有一定的代表性，因此，根据所抽取样本的质量可以对总体（批）的产品质量做出一定可信度的评价。然而，正因为随机抽取的是部分样品，毕竟有异于总体（批），所以评价的可信度有一定的限度，存在使用方和承制方两种风险。

3．免检

免检是指如果可以得到有资格的机构进行过检验的可靠资料证明，并经过相关部门批准，可以对产品实行免检。但实行免检的产品应进行定期或不定期的抽检。

（四）按检验后检验产品的完整程度分类

1. 破坏性检验

破坏性检验指产品经过检验后其功能已遭破坏而不能使用的检验。例如电子产品的寿命试验，炮弹等军用产品的射击密集度试验、发射强度试验等均属于破坏性检验。

破坏性检验只能采用抽检的形式，主要是要寻求既能保证一定的可靠性又能使检验数量达到最少的抽检方案。

2. 非破坏性检验

非破坏性检验是产品经过检验后完整无损，不影响其使用性能的检验。例如，机械零件的尺寸等大多数检验均属于非破坏性检验。随着无损检测的发展，非破坏性检验的范围在逐渐扩大。

（五）按检验的方式分类

按检验的方式分类，检验可分为自检、互检和专检三种。

1. 自检

自检是指由操作者在产品制造过程中，根据质量标准和有关技术文件的要求，对自己生产的产品进行自我检验。其目的是通过自检，主动挑出不合格品，防止不合格品流入下一过程。

2. 互检

互检是指在操作者之间对所生产的产品进行的检验。在生产过程中，通过工人之间的互检，可以起到相互促进、相互监督、严格把关的作用。

3. 专检

专检是指由专职检验人员对产品进行的检验。专检的作用是互检和自检所不能代替的。在自检、互检和专检中，必须以专检为主导。

（六）按检验方法分类

1. 感官检验

利用人的感觉器官（如眼、耳、口、皮肤等）作为测量工具，对产品质量进行评价的检验。例如，对产品的外观、颜色、伤痕、产品的粗糙度、气味等进行检验即可使用感官检验。

2. 理化检验

理化检验是主要利用仪器、量具或检测设备，应用物理和化学方法对产品质量特性进行的检验。例如，产品性能、强度、硬度、可靠性等物理、化学特性的检验可使用理化检验。

3. 现场使用检验

现场使用检验是把产品交给用户或其他人试用，让用户从使用的各个方面或在使用的全过程中对产品的有关特性提供鉴定的资料，以此来判定产品的质量。在开发新产品、新材料、新工艺及修订产品标准等时常采用此种方法。

（七）按产品整个生产过程的次序分类

1. 进货检验（入场检验）

进货检验是对原材料、外购件和外协件等进货进行的质量检验。目的是确保产品质量和生产的正常进行。所以，进货检验是在货物入库或投产之前进行的。它包括进货的首批样品检验和成批进货的入厂检验。

（1）首批样品检验。对供应单位的样品进行检验。这是外协件管理的重要组成部分，其目的在于审核供应单位有无质量保证的能力，同时也为以后成批进货的质量水平提供衡量的依据。

（2）成批进货检验。为了防止不符合质量要求的原材料、外协件和外购件等进入生产过程，同时为稳定正常的生产秩序和保证成品质量提供必要的条件，在供应单位正常交货的同时，需对成批产品进行验收和检验。成批进货检验也是对供应单位质量保证能力的连续性评定的重要手段。

由于原材料、外购件、外协件的种类多、数量大，因此在检验中应分清主次，抓住重点。对于对产品质量影响较大、供方质量保证信誉较差或信息不全以及检验成本小的种类，可以进行重点检验；反之，则不作重点检验。

2. 工序检验

工序检验又称过程检验，是指在某工序加工完毕后进行的检验，其目的是防止不合格的半成品流入下道工序。它一般有四种方式：首件检验、巡回检验、末件检验和完工零件检验。

（1）首件检验。在生产开始时或生产条件改变后，对生产的第一件或前几件产品进行的检验。所谓生产条件改变，是指设备或制造工序发生任何改变，以及在每个工作班次开始加工时，都要严格进行首件检验。其目的是预防产品成批超差、返修和报废。首件检验一般采用首件三检制，即工人自检、班组长复检和检验员专检。

（2）巡回检验。检验员在生产现场按一定时间间隔或加工产品的一定数量间隔对有关工序的产品质量进行检验。对于那些在同一批量的生产过程中并不稳定的工序，一般要在该批量的生产过程中进行定时抽样检验。其方式是编制检验的路线和程序，以一定的时间间隔，对有关工序进行检验。巡回检验具有监督职能。

（3）末件检验。指对依靠模具或专用工装加工保证零件质量的加工场所，在批量加工完成后，对最后一件或几件产品进行的检验验证活动。它由检验人员和操作工人共同完成，检验合格后，工检双方均应在"末件检验卡"上签字，并把卡片和末件实物拴在工装上返回工装库。

（4）完工零件检验。指对全部加工结束后的成品零件进行的检验。它着重检查：零件应加工的工序是否全部完成，零件是否符合规定的质量要求；零件外观是否有表面缺陷，零件编号是否齐全。完工检验是保证不合格品不出车间的重要措施。

3．成品检验

成品检验也称最终检验或出厂检验，是对完工后的产品质量进行的检验。其目的在于保证不合格的成品不出厂，不合格的成品不入库。因此，一般是在进成品库或出厂前进行检验。成品检验一般可以按照规定的质量标准逐项进行检验。

此外，检验的种类还可按检验数据结果分为计数检验和计量检验，按检验目的分为验收检验和生产检验等。

二、常用质量检验的方法

质量检验方法通常是指检验原理、检验器具和检验条件等的总称。但在实际工作中，检验方法一般指获得检验结果的方式。产品质量检验方法对检验结果有着直接的影响。如果选择的检验方法不当，则有可能造成误判，将本来不合格的产品判定为合格，或将本来符合标准规定的产品判为不合格，影响对产品质量评价的正确性。

以下简要介绍感官检验、理化检验、微生物检验、环境试验和可靠性试验。

（一）感官检验

如前所述，感官检验是指利用人的感觉器官（如眼、耳、鼻、口、皮肤等）作为测量工具对产品质量进行评价和判定。

感官检验在企业某些区域得到广泛的应用。人们为评价某种产品的质量，可以由感觉器官感知的产品特性刺激人的感觉器官，通过神经中枢和各部分神经的综合作用传递给大脑，再经过大脑的综合加工，然后以语言或文字的形式来表达检验结果。感官检验的重要性在于许多产品的某些质量特性只能靠感官检验。例如：在机械工件生产中，从零件的缺陷、锈蚀以及在加工过程中表面粗糙的评定到产品外观、油漆、包装质量、操作的灵活性、使用方便性等都普遍采用或依靠感官检验。

此外，感官检验的重要性还在于产品的感官质量是向用户反映的第一个信息，用户对产品的内在质量往往缺乏必要的检验手段和知识，但是对于感官质量，用户却拥有发言权。因此，加强感官质量检验对于维护用户利益，促进企业发展，提高经济效益都有着重要的意义。

当然，用人的感觉代替测试仪器进行感官检验，其结果易受检验者感觉器官的敏锐程度、审美观、经验丰富与否、健康状况、心理（情绪）等因素影响，因而检验结果难免带有主观性；检验结果在大多数情况下只能用比较性的用词，如优、良、劣、好、较好、一般等表示，而理化检验则可以用确切的数字表示。

（二）理化检验

理化检验是确保产品内在质量的重要手段，它对防止产品的早期失效、提高产品的可靠性和质量水平具有十分重要的意义。

1. 理化分析的任务

理化分析的主要任务：

（1）对进厂的原材料、配套件、外协件进行理化检验，并提供检验报告；

（2）负责生产过程中常规项目的理化检验；

（3）对产品失效和报废原因进行试验研究，为产品质量改进提供依据；

（4）对新产品、新工艺、新材料的试制和试用进行理化分析；

（5）参与企业有关技术文件和技术标准制定、会签及新产品的鉴定工作；

（6）开展理化检验技术的研究和试验，逐步提高理化检验水平。

2. 常用的理化分析方法

常用的理化分析方法有：化学分析、光谱分析、力学性能试验、金相分析和无损检测等。

（1）化学分析。化学分析是以待检物与化学试剂之间的化学反应为基础，测定物质成分的一种方法。在化学分析中，依据生成沉淀物的质量来进行测定的方法称质量分析法；如果依据反应中消耗试剂的体积来测定，称容积分析法；如果反应生成气体，根据气体的体积和质量来决定物质含量，称为气体分析法。

（2）光谱分析。光谱分析实质上是光谱化学分析，它是根据物质的光谱来测定物质成分的分析方法。其特点是分析速度快，可以同时分析多种元素，也可以对微量元素进行分析。光谱分析通常包括：发射光谱分析、原子吸收光谱分析和 X 射线光谱分析等几种。

（3）力学性能试验。力学性能试验主要是对金属材料的力学性能进行测定。金属材料的力学性能包括：强度、硬度、韧性和疲劳性能等。力学性能试验通常包括：拉伸试验、冲击试验、硬度试验、疲劳试验、扭转试验、弯曲试验、磨损试验及高温蠕变试验等。在进行硬度试验时，又有布氏硬度试验、洛氏硬度试验、维氏硬度试验、显微硬度试验和肖氏硬度试验等几种方法。

（4）金相分析。金相分析是检验机械零件内在质量的重要手段，它利用放大镜或显微镜等装置对金属组织结构进行研究和分析。目前，在金相分析中，透射电子显微镜、扫描电子显微镜、电子探针微区分析仪等电子金相技术得到了普遍应用。金相分析法包括：低倍放大镜宏观检验、光学金相法（借助于 50～2000 倍的放大镜或普通光学金相显微镜进行分析）及电子金相法（采用不同类型的电子显微镜和探针技术进行分析）等。

（5）无损检测。无损检测是在不损伤产品的前提下，对被检产品的表面或内部缺陷进行分析的一种方法。无损检测在机械行业应用普遍，常用的无损检测方法有：磁粉探伤、超声波探伤、涡流探伤及射线探伤等。

（三）微生物检验

微生物检验是针对部分工业产品（如饮水、食品、药品等）细菌污染的定性和定量检验。

微生物检验常规的检验项目有：细菌总数的测定，大肠菌群的测定，霉菌总数的测定，肠道致病的检验，化脓性细菌的检验，微生物食物中毒的检验，活螨及螨虫卵的检验等。

（四）环境试验

环境试验主要是检验产品在特殊环境和恶劣环境条件下，对环境条件的适应能力。环境试验是指产品在自然环境或人工模拟的工作条件下所进行的试验。环境因素对产品质量的影响很大，所以在产品研制中以及产品验收中应按合同规定进行环境试验。

环境条件主要有：

1. 气候条件：包括温度、湿度、气压、潮湿、盐雾等；
2. 机械条件：主要是振动、冲击、惯性力；
3. 辐射条件：电场、磁场以及其他射线的辐射；
4. 生物条件：主要是霉菌；
5. 其他因素：如运输、使用、操作、维护等。

当然，对某一种具体产品的环境试验并非上述项目都要进行，而是根据产品的使用工作环境，选择相似的项目，或者选择对该产品质量影响最显著的项目来进行试验。

理想的环境试验方法是把产品放在实际的工作环境中进行测试。然而，这种方法不仅费时，而且需要经过反复的比较才能得到正确的结果。因此，在实际生产中，分析确定了环境对产品的影响规律后，常采用加速的人工模拟试验方法以缩短试验时间，尽快取得结果。

常用的环境试验有：高低温试验、温度冲击试验、耐潮及防腐试验、防霉试验、防尘试验、密封试验、震动试验、冲击和碰撞试验、运输试验等。

（五）可靠性试验

可靠性试验是为了验证产品的可靠性指标是否满足质量要求，并发现产品在设计和生产中存在的不足而进行的试验。

可靠性试验包括环境应力筛选试验、可靠性研制试验、可靠性增长试验、可靠性鉴定试验与可靠性验收试验、寿命试验等。由于产品寿命往往是人们关注的焦点，因此寿命试验必须进行，且具有破坏性，为此寿命试验常采用抽样检验。

寿命试验按试验的形式不同可分为常规寿命试验与加速寿命试验；按试验性质的不同可分为储存寿命试验和使用寿命试验；按样品的失效率情况不同又可分为完全寿命试验和截尾寿命试验等。

第三节　产品检验验收的实施

为了保证检验工作有效进行，必须在生产单位实行强有力的组织管理，并编制相应的检验计划。作为质量验收工作，军事代表也必须制订和明确相应的验收程序，以保证质量检验验收工作的顺利进行。

一、质量检验计划

质量检验计划包括对企业检验活动的总体安排和对某一具体检验活动的具体安排两方面。对于检验活动的总体安排是利用检验流程图这一工具来具体制订的；对于某一具体检验活动的具体安排就是编制检验指导书和检验验收细则。

（一）编制检验流程图

检验流程图是表明从原材料和零部件投入到最终出成品的整个过程中各项检验安排的一种图表。它包括检验点的设置、检验项目、检验方式、检验手段、检验方法和检验数据处理等。

1. **检验点的设置。**

设置检验点是根据技术上的必要性、经济上的合理性和管理上的可行性来具体安排的。

2. **检验项目。**

根据产品技术标准、工艺文件和图纸所规定的技术要求，列出质量特性表，并按质量特性缺陷严重程度，对缺陷进行分级，以此确定检验项目。

3. **检验方式。**

根据工序能力和质量特性的重要程度，明确自检、专检、定点检和巡回检等。

4. **检验手段。**

明确是理化检验还是感官检验，或其他检验手段。

5. **检验方法。**

明确是全数检验还是抽样检验。

6. **检验数据处理。**

规定如何收集、记录、整理、分析和传递质量数据。

通过检验流程图，生产、检验人员就能较全面地掌握生产过程中对检验工作的各种需要，以便于确定如何最好地保证实现这些需要。

（二）编制检验指导书和检验验收细则

1. 编制检验指导书

检验指导书是指导检验员开展检验工作的文件，要求对关键的和重要的零件应编制检验指导书。检验指导书应明确规定需要检验的质量特性及其质量要求、检验手段、抽样的样本容量等。检验指导书的种类很多，如进货检验用的检验指导书，加工用的检验指导书，装配和成品检验用的检验指导书等。

通过检验指导书，检验员和军事代表就能知道检验的项目，以及如何检验。它有利于质量检验工作正常进行。需要指出的是，检验指导书同工序质量控制点表的格式基本相同，但用途不同。检验指导书是指导检验用的，包括有全部质量特性；而质量控制点中的自检表是提供给操作者自检用的，仅包括需自检的质量特性。

2. 编制检验验收细则

编制检验验收细则是军品检验验收的重要指导文件，也是领导机关对军事代表实施产品验收的要求，它对保证军品验收质量起到重要作用，是装备建设的需要，也是军用装备的特殊需要。

军用装备进行检验验收，除产品图样和产品技术规范有明确规定外，近几年来，又陆续发布了一系列国家军用标准。这些标准对检验验收的步骤、方法、要求起到了规范化作用，都是通用标准。

编制检验验收细则的目的，是使军事代表在验收具体产品时，由始到终的每个环节、每个工作步骤都有章可循，实现检验验收操作的规范化，提高检验验收工作质量，进而保证验收产品的质量。

（1）编制检验验收细则的原则

由于编制检验验收细则的目的是解决军事代表在检验验收具体产品时的具

体操作实施问题，所以检验验收细则的性质也是一种检验作业指导书。为此，在编制时，应遵循以下原则。

①符合性原则。检验验收细则是产品规范的细化，因此细则应与产品规范及产品图样相符合。它主要对产品规范中的检验步骤、检验方法予以进一步细化，并对零部件的检验予以补充和完善。

②可操作性原则。细则详细规定了检验验收的项目、内容、方法、步骤和所用的仪器、仪表、量具及设备；明确规定了每项检验工作实施的时机、地点、条件和环境要求。细则尽可能细化，达到易操作的要求。

③可检查性原则。细则应规范检验记录格式、图表，并附有填写说明。记录应覆盖所有的检验项目，记录通过检验有关情况、检验数据、结论意见，并按规定要求整理归档。

（2）检验验收细则的制定

制定检验验收细则的依据一般包括：

①产品规范、产品图样和其他经批准的技术文件；

②产品订货合同或协议；

③其他有关标准、规范和法规。

由此可见，检验验收细则是军事代表对产品检验验收的规范化、可操作化，对产品质量的保证将起积极作用。

检验验收细则由承担检验验收任务的军事代表编写，由总军事代表批准实施。大型复杂的装备由总部、军兵种业务主管部门审批或经总部、军兵种业务主管部门授权和军事代表局审批，经批准后由军事代表组织实施。

（3）细则在下列情况下的修改

①产品规范、产品图样或其他经批准的相关文件发生变化；

②根据实际需要与承制单位商定，改变了零部件检验的品种或项目；

③军事代表局、上级业务主管部门合同要求。

对细则修改的原因、涉及范围应做好记录，并作为产品验收资料，整理归档，留存备查。

二、建立质量检验工作组织

强有力的组织，是搞好质量检验验收的保证。为了确保质量检验工作顺利进行，有必要建立专职质量检验部门并承担特定任务。为此，必须做好以下工作。

（一）建立专职检验部门

质量检验部门是企业中组织和承担产品质量检验和监督任务的机构，它的主要任务有：

1．编制质量检验计划；

2．严格把关，完善检验系统；

3．掌握质量动态，加强质量分析；

4．加强不合格品管理，严格执行质量考核制度；

5．参与新产品的试验和鉴定工作；

6．合理选择检验方式，积极采用先进检验技术和方法；

7．配合有关部门做好用户技术服务工作；

8．加强质量检验队伍建设，不断提高检验员的技术素质和工作质量；

9．参与制定和健全有关质量管理工作制度。

（二）配备和考核检验员

检验员肩负着保证产品质量的特殊使命，又是企业内质量信息的重要提供者，因此，一定要将技术素质高、受过专门培训并取得资格认证的人员充实到检验队伍，并定期进行考核和培训。

（三）操作者应参与检验工作

要使产品符合质量要求，操作者是一个重要的因素。因此，企业在建立一支专职检验员队伍之外，还必要实行操作者和检验员相结合的"三检制"和操作者"三自检验制"。

1．**三检制**。

三检制是操作者自检、互检与专职检验员专检相结合的检验制度。在实行三检制时，首先需要合理确定专检、自检、互检的范围。一般来说，进货入库、半成品流转、成品出厂的检验应以专职检验员为主；生产过程中的工序检验则以操作者自检、互检为主；在实行工人自检、互检的情况下，辅以专职检验员的巡回检验。

2．**三自检验制**。

三自检验制即操作者自检、自分、自作标记的检验制度。采用三自检验制是操作者参与检验工作、确保产品质量的一种有效方法。为此，操作者在产品加工完毕后，必须首先进行自检，判断合格与否。对不合格品要立即做好标记，分别堆放，按规定处置。对确定不了的产品，请检验员复检后决定合格与否，以防止不合格品流入下道工序，并且可以及时消除异常因素，预防产生大批不合格品。此外，要按规定在自己加工的产品上打上工号或其他标记，以便产品质量有可追查性。

三、军品检验验收的形式和程序

（一）军品检验验收的形式

军事代表检验验收的形式通常分为独立检验和联合检验两种。

1. **独立检验**

独立检验是由军事代表室组织军事代表进行全部的检验验收工作，并做出结论。它是军事代表检验验收的主要形式。

当然，独立型并不排斥承制单位人员参与，但承制单位是起配合和辅助作用的，这种形式要求军事代表熟练掌握产品的操作及检测、测试的具体使用方法。

2. **联合检验**

联合检验，指军事代表与承制单位合并进行检验工作，由军事代表与承制单位共同组织实施。联合检验一般用于破坏性检验，或用于从经济上考虑及由于其他原因不宜进行的检验，如可靠性试验、寿命试验、靶场试验等。

应特别指出，采用联合检验时，军事代表必须坚持检验、试验标准，严格控制检验、试验条件。军事代表必须亲自操作或对承制单位人员操作实施监督，必须对检验、试验结果做出独立的判定。

（二）军品检验验收的程序

军事代表进行检验验收，是一项技术性很强的工作。根据国家有关军用标准的规定，成品检验验收程序分为受理交验、检验准备、检验和试验、合格判定、包装与铅封、签署合格证明文件、资料整理与归档等步骤。零部件检验的程序与成品的检验程序大体相同，其验收程序如图4——1所示，以下对有关内容予以说明。

```
┌──────────────┐        ┌──────────────┐
│  承制方提交产品  │◀────── │ 查明原因，采取措施 │◀──────┐
└──────────────┘        └──────────────┘       │
        │                                       │
        ▼                                       │
┌──────────────┐                                │
│  军事代表受理交验  │                                │
└──────────────┘                                │
        │                                       │
        ▼                                       │
      ◇─────────────────◇            N          │
     ＜  产品符合交验条件吗？  ＞─────────────────────┤
      ◇─────────────────◇                       │
        │ Y                                     │
        ▼                                       │
┌──────────────┐                                │
│    实施检验     │                                │
└──────────────┘                                │
        │                                       │
        ▼                                       │
      ◇─────────────────◇            N          │
     ＜    产品合格吗？    ＞──────────────────────┤
      ◇─────────────────◇                       │
        │ Y                                     │
        ▼                                       │
┌──────────────┐                                │
│  产品配套和包装检查 │                                │
└──────────────┘                                │
        │                                       │
        ▼                                       │
      ◇─────────────────◇            N          │
     ＜   符合出厂条件吗？   ＞──────────────────────┘
      ◇─────────────────◇
        │ Y
        ▼
┌──────────────┐
│  产品配套和包装检查 │
└──────────────┘
        │
        ▼
┌──────────────┐
│  产品配套和包装检查 │
└──────────────┘
```

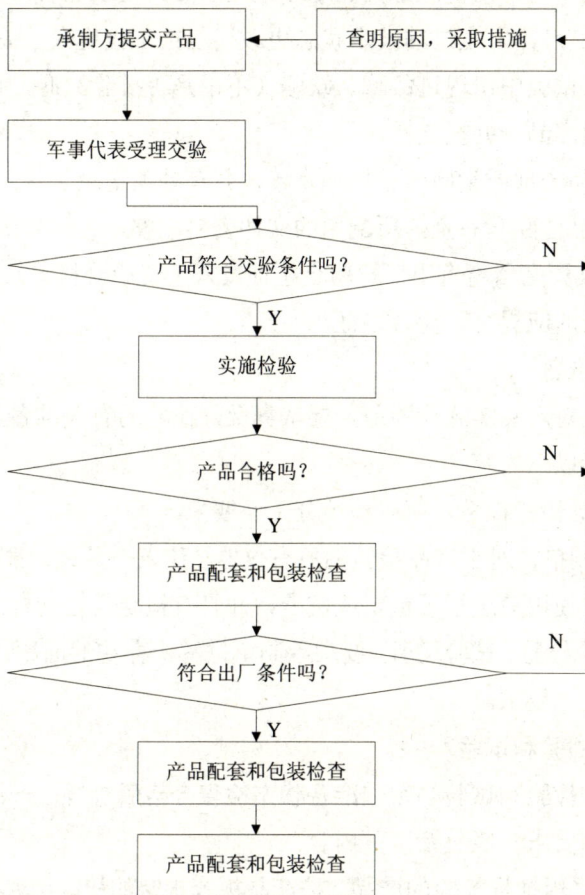

图 4—1　军检验收的程序

1. 受理交验

由承制单位的质量检验部门向军事代表室办理产品验收提交手续，一般应符合下列条件：

（1）承制单位进行检验、试验（除应联合检验、试验的项目外），确认产品符合质量要求。

（2）具有交验单。交验单应写明产品名称、批号、产品编号、合同编号、提交数量及检验结论等，并与实物相符；重新提交的产品应另附返工、返修情况资料。

（3）具有完整、正确的检验记录和产品合格证（或检验印记）。产品合格证必须按规定填写，由检验部门和承制单位的法人代表签署。

（4）提交产品发生过的技术状态更改（包括工程更改、偏离、让步），或在产品检验、试验中出现过故障、缺陷（不论是否排除）时，均需将有关技术文件或记录随产品一并提交。

（5）产品全部质量问题已处理完毕，并有处理记录。

（6）产品已配套齐全，所配用的文件资料完整。

（7）外购配套器材有出厂检验合格证及入厂复验合格记录，协作配套单位驻有军事代表的应提交军检合格证。

2．检验准备

军事代表对产品实施检验前，要认真做好检验的有关准备工作。检验准备工作一般包括以下内容：

（1）根据检验任务，明确检验分工及要求。

（2）承制单位对于产品检验的所有仪器、仪表、量具、器具和设备，按规定的周期或在使用前进行了检定或校准，并且有检定合格的标志。

（3）检查检验、试验场所，要求承制单位解决存在的问题，使之符合检验、试验环境和安全要求。

3．实施检验和试验

对产品的检验和试验必须在准备状态检查合格后进行。产品检验、试验的步骤、方法和要求一般包括以下内容：

（1）对采用抽样检验的产品，按产品规范规定的检验组别、样品数量，从承制单位提交的产品批中抽取样本。

采用抽样检验时，按以下的成品抽样分组方法：一般成品检验分为 A、B、C、D 四组，零部件检验一般分为 A、B、C 三组。产品规范按 A、B、C、D 四组的顺序分别规定各组别的检验项目、检验时机、缺陷分类、检查方式（全数检查或抽样检查）、抽样检查方案、合格判定规则和不合格的处置等内容。需要指出的是，这里所说的全数检验是指对某个组别进行的全数检验，与对所有产品进行 100%的检验不同。

（2）在样品的搬运存放等过程中采取有效的防护，以确保样品原有的技术状态。

（3）严格按产品图样、产品规范及试验大纲规定的方法和要求进行检验、试验，并对影响试验过程的诸因素进行控制。全数检验时对所有产品逐个进行检验；抽样检验则对抽取的样品进行检验。

（4）在检验、试验过程中应完整、准确地作好记录。

（5）在检验、试验结束后，按规定的要求整理检验、试验数据和原始记录。

4．合格判定

军事代表在产品检验结束后，要根据检验结果按规定的判定规则做出产品合格与否的判定，并在产品检验记录和产品交验单上签署意见。

对于不分组的全数检验，若检验中出现不合格品，应按产品规范的规定做出处理。

对于分组检验，A、B、C、D各组中任一组检验合格后，承制单位均应对该组样本中的不合格品按规定做出处理，如返工、返修、剔除、报废等。经处理的产品是否仍归并于该批产品，应按产品规范执行。对于不合格品和拒收产品的处理一般应符合以下要求：

（1）不合格的处理。除直接判为拒收外，判为不合格的产品（批）应按当时的检验项目予以退验，承制单位应对退验的产品（批）进行 100%的检验，并查明不合格原因，采取必要的措施后可以再提交。产品（批）重复提交的次数，不能超出产品规范规定允许的重复提交次数。产品（批）再次提交检验结果合格或不合格，分别按接收、退验或拒收规定处理。

（2）拒收的处理。一般的，当检验中发现致命的缺陷，或者产品（批）重复提交的次数已达到产品规范规定的最高次数仍不合格，或者产品的缺陷是不可修复的，应对产品（批）做出拒收的判定，并在产品交验单上写明拒收结论及原因，履行签字手续。同时，应立即通知承制单位或向上级业务主管部门报告。拒收的产品（批）应按有关规定处理。例如，当发现致命缺陷时，应按产品质量问题处理的要求和程序进行处理。当承制单位对拒收有异议或提出有别于有关规定的处理意见时，应报请上级业务主管部门裁决。

5．包装和铅封

产品经检验合格后，承制单位应按规定进行包装，并经承制单位检验部门检验合格后提交军事代表，由军事代表按规定进行包装检验。如果在包装结束后无法对包装过程进行检验，军事代表可在包装过程中对包装过程进行检验。

包装检验一般包括以下内容：

（1）包装的容器、材料及辅助物等是否符合图样和技术文件规定。

（2）产品包装过程是否符合包装规范要求，如产品的放置应正确，气密性应达到规定的指标要求等。

（3）包装标志是否符合图样和技术文件的规定。

包装检验合格后，军事代表与承制单位对照装箱单（产品齐套清单）检查实物的齐套性，确认无误后对产品进行铅封。对不需包装的产品，例如，大型装备，则应按其特殊要求进行相应的检查，然后铅封或封存。

6. 签署合格证

产品经检验以及包装经检验合格后，可判为接收，并配齐配套备附件，即可办理合格证明。

7. 资料整理与归档

检验验收工作结束后，军事代表要总结检验验收情况，系统整理验收资料，并进行归档。

归档资料一般包括：产品送验单、检验记录、试验报告、质量的统计及处理情况，产品技术文件更改情况，合格证明文件，及其他有关资料。

四、对产品缺陷与不合格品的管理

在产品检验中，产品不合格是指产品不符合规定的要求。为此，在产品质量检验中，必须有一个明确的判定标准，以判定产品是否合格。但是产品质量特性定义中，特性还包括必须满足隐含的或必须履行的需求和期望，这在产品的检验中难以明确界定。然而，对于不合格品，有的可能影响到人身财产的安全，有的可能并不影响，这就要求对产品不合格规定加以分类，提出产品缺陷概念。

产品缺陷是指：产品存在危机他人人身、财产安全的不合理危险，并因此造成了用户和消费者人身伤害或财产损失。提出产品缺陷概念，并将其分类，为质量检验中对不合格品处理提供了依据。

（一）产品缺陷与不合格品的分类

1. 产品缺陷分类

产品缺陷分为：致命缺陷、严重缺陷和轻缺陷三类。

（1）致命缺陷。是指根据判断或经验，能对产品的使用、维修、运输、保管等有关人员造成危害或不安全的缺陷，或可能妨碍某些重要产品（如舰艇、坦克、大型火炮、飞机、导弹、通信卫星、宇宙飞船等）的战术技术性能的缺陷。

（2）严重缺陷。指不构成致命缺陷，但很可能造成故障或严重降低产品使用性能的缺陷。如引信瞎火、零件过早破裂。

（3）轻缺陷。指不构成致命或严重缺陷，只对产品的使用性能有轻微影响或几乎没有影响的缺陷。如外观疵病，一般尺寸超差等。

2．不合格品分类

不合格品是指有一个或一个以上缺陷的单位产品。在采用抽样检验时，表征产品批质量状况的方法通常有两种，一种是用"百分不合格品率"表征产品质量状况，另一种是用"每百单位缺陷数"表征产品质量状况。与产品缺陷分类一样，不合格品的不合格程度对产品质量的影响是不一样的。为了保证产品质量，在采用"百分不合格品率"来表征产品质量状况时，要对不合格品按其不合格的程度分类，并对各类严重程度不同的不合格品类别，分别给出一个允许的产品批的不合格品率指标。

不合格品一般可划分为：致命不合格品、严重不合格品和轻不合格品。

（1）致命不合格品。是指有一个或一个以上致命缺陷，也可能还有严重缺陷和（或）轻缺陷的单位产品。

（2）严重不合格品。是指有一个或一个以上严重缺陷，可能还有轻缺陷，但没有致命缺陷的单位产品。

（3）轻不合格品。是指有一个或一个以上轻缺陷，但没有致命缺陷和严重缺陷的单位产品。

（二）不合格的控制及纠正措施

1．不合格的控制

不合格的控制是指对材料、零部件或成品不能满足或可能不满足规定要求时所采取的措施。

生产中一旦发现不合格品，应采取以下措施：

（1）标识。生产中一旦发现可疑为不合格品（批）时，应立即进行标识。对不合格品做明显的识别标志，并将发现的问题记录下来。如有可能，还要复查以前的生产批。

（2）隔离。经过标识后，将不合格品和合格品进行隔离，放置在指定的隔离区，予以标记，以防止在做出适当处置前继续使用，或与合格品混用或错用。

（3）评审。企业应组织不合格品审理组织及人员对不合格品进行评审，以确定是否特许（或让步）接收（经修理或不修理）或返修、返工、降级、报废。

（4）处置。根据不合格评审所做的决定，对不合格品应进行处置。对不合格品的处置主要包括：

①返修。对不合格产品所采取的措施，虽然可能不符合原规定要求，但能使其满足预期的使用要求。

②降级。对因外表或局部的质量问题达不到质量标准，又不影响主要性能的不合格品所进行的降低级别的处置。

③报废。不合格品无法修复或在经济上不值得修复的，予以废弃的处置。

④特许（或让步）。指对使用或放行不符合规定要求的产品的书面认可。这种情况有时称为"弃权"或"回用"，该产品称为回用品。特许一般限用于某些特定不合格特性在指定偏差内，并限于一定的期限或数量的产品的发付。

⑤返工。对不合格品所采用的措施，使其满足要求。

（5）预防措施。应尽早采取措施，防止误用或安装不合格品。

（6）防止再发生。出现不合格品（批）后，应对其进行质量分析，努力做到原因未查清不放过、责任未明确不放过、措施未落实不放过。对不合格品（批）的档案要定期进行统计分析，查清造成不合格的系统性原因和偶然性原因，以便采取针对性措施，排除问题再次发生的可能性或把再次发生的可能性减少到最低限度。

不合格的控制是一项综合性、技术性很强的工作，它涉及到向用户提供质量保证和加强质量分析与采取纠正措施的一系列问题。要求必须明确职责权限，把不合格品的控制所包括的各项职能落实到有关部门。一般来说，不合格品的鉴别与隔离，属于符合性判断，应以检验部门为主；不合格品的评审和处置属于符合性判断，应由企业另行指定部门（质量保证部门或不合格品审查委员会）及其人员进行评审，以确认是否能够使用或是否需要返修、降级、特许或报废。

2. 不合格纠正措施

纠正措施是为了防止已出现的不合格、缺陷或其他不希望的情况再次发生，消除其原因所采取的措施。纠正措施也包括对产品的返修、返工、追回和废除。

消除不合格原因的措施包括以下方面：审核（内部和/或外部），过程不合格报告，管理评审，市场反馈，顾客投诉。为此应抓好以下环节。

（1）职责的分配。由于纠正措施工作中的职责和职权的规定是质量体系的一部分，而纠正措施的协调、记录、监视，则涉及到质量体系的所有方面，因此，应在组织内部明确各项工作的归属。有关原因的分析和纠正措施的实施可能涉及如设计、采购、工艺、加工和质量控制等职能。

（2）评价严重性。根据质量问题对加工成本、质量成本、性能、可信性以及安全性和顾客满意度等方面潜在影响的程度来评价其对产品缺陷的等级。

（3）调查可能原因。应确定影响过程能力满足规定要求的重要因素，并查明质量问题发生的原因，包括各种潜在的原因，及与所造成影响之间的关系。

（4）分析问题的原因。在制订纠正措施、分析质量问题时，应确定根本原因或原因。由于纠正原因通常不很明显，因此，需要仔细分析产品的规范以及所有有关的过程、操作、质量记录、服务报告和顾客意见。在分析问题时，可使用各种统计工具和技术，形成一个文件，列出不合格项目与异常现象对比表，以帮助识别有共性的问题。

（5）消除不合格原因。根据问题的性质采取相应的措施，以消除产生实际或潜在不合格的原因，避免再次出现不合格产品。

（6）过程控制。为避免问题发生，应对有关过程和程序进行必要的控制，以保证达到预期的目的。

（7）永久性更改。由纠正措施产生的永久性更改，应纳入作业指导书、生产过程文件、产品规范和/或质量体系文件中，也可能需要对查找和排除潜在问题的程序进行修改。

第四节　产品质量问题处理

当产品进行检验验收后，往往会出现质量达不到规定标准或不符合未做规定用途或已知的预期用途所必须的要求的情况，称为产品的质量问题。对产品质量问题的处理，纠正存在的质量问题并防止问题重复发生是军事代表的责任。

一、产品质量问题的分类

为了强化产品质量问题处理工作，必须对产品质量问题实行分级和分类处理。产品质量问题的分类方法很多，最常用的一种分类方法，是把产品质量问题划分为重大质量问题、严重质量问题和一般质量问题。

（一）重大质量问题

重大质量问题是指危及人身安全、导致或可能导致产品丧失主要功能或造成重大损失的事件。通常，重大质量问题与产品的关键特性以及产品检验中的致命缺陷相对应。一般情况下，如果产品的关键特性不合格、产品带有致命缺陷，就构成重大质量问题。此外，不论产品质量问题本身是否严重，但只要质量问题的发生给使用方造成了重大损失，如人员伤亡、产品严重损坏、重大的经济损失等，则亦属重大质量问题。由于产品质量问题而造成的重大事件也称作质量事故。

（二）严重质量问题

严重质量问题是指虽构不成重大质量问题，但导致或可能导致产品性能严重降低的事件。通常，严重质量问题与产品的重要特性以及产品检验中的严重缺陷相对应。一般情况下，产品的关键特性符合规定要求，但重要特性不符合规定要求，产品不带有致命缺陷，但带有严重缺陷，就构成严重质量问题。此外，不论产品质量问题本身是否构成重大或严重质量问题，但只要质量问题的发生给使用方造成了严重损失，则亦属于严重质量问题。

（三）一般质量问题

一般质量问题是指构不成重大或严重质量问题，只对产品的使用性能有轻微影响或造成一般损失的事件。通常，一般质量问题与产品的一般特性以及产品检验中的轻缺陷相对应。一般情况下，产品的关键、重要特性符合规定要求，但一般特性不符合规定要求，产品不带有致命、严重缺陷，但带有轻缺陷，就构成一般质量问题。如表面漆层脱落，属一般质量问题。

二、产品质量问题的处理权限

产品质量问题的处理权限与产品质量问题的严重程度相对应。产品质量问题越严重，处理权限级别就越高。一般的，重大质量问题由总部、军兵种的业务主管部门负责处理，严重质量问题由军事代表局负责处理，一般质量问题由军事代表室负责处理。负责处理，是指负责质量问题处理的总体组织工作，并最终决定处理结论，包括对带有质量问题产品的处置方法。质量问题处理中的各项具体工作由承制单位实施，军事代表室负责监督和把关，并予以协助。

产品质量问题对产品质量的影响，不仅取决于质量问题本身的严重程度，还与产生质量问题的原因是否属于系统性原因有关。由于系统性原因而产生的质量问题，其解决和防止重复发生的难度也较大。一般来说，遇到以下几种情况，就应提高处理级别。

（一）重复发生的产品质量问题

产品多次、重复发生同一质量问题，经多次采取纠正措施仍然不能解决，除了原因未找准外，其原因可能有两种：一是承制单位的质量保证能力不足，例如，技术能力弱、管理不善、加工设备精度不足、操作人员技术水平低；二是技术要求过高或不合理，包括工艺达不到要求的水平。多次重复发生的产品质量问题一般都是由系统性原因造成的。

（二）批量大的产品质量问题

成批出现的产品质量问题一般都是由同一原因造成的，产生质量问题的原因一般也是系统性的。

（三）涉及面广、影响面大的产品质量问题

有的产品质量问题涉及面广，或者影响面大，处理中组织、协调关系复杂。这类产品质量问题，一般由各级领导机关负责处理。例如，产品质量问题牵涉到已交付使用的产品，产品质量问题在部队造成了很大影响等。

三、处理质量问题的程序和内容

产品质量问题处理必须严格履行规定的程序，一般来说，军事代表对产品质量问题处理按下列步骤进行：报告产品的质量问题、调查核实有关情况、分析查找原因、制定纠正措施、验证效果并实施纠正措施等。

对重大质量问题的处理，可参考图4—2给出的程序。

现场了解情况，采取应急措施
↓
向军事代表室报告
↓
军事代表室分析、讨论，确定质量问题等级

一般质量问题 —— 严重质量问题 —— 重大质量问题

一般质量问题：
军厂组成质量问题处理小组
↓
分析原因
↓
军厂协调达成一致意见
↓
做出结论提出处理意见
↓
月报形式上报军事代表局

严重质量问题：
报军事代表局，并提出处理方案
↓
军厂组成质量问题处理小组
↓
分析原因
↓
军厂协调达成一致意见
↓
做出结论提出处理意见
↓
军厂协调达成一致意见上报

军事代表局对处理意见批复
↓
落实上级批复
↓
总结情况写出报告
↓
季报形式上报主管部门

重大质量问题：
报军事代表局，并提出处理方案
↓
军事代表局批准后，与承制厂联合上报业务主管部门
↓
依据上级批复实施产品处理
↓
联合写出报告，报业务主管部门，抄送军事代表局

↓
整理资料，建立档案

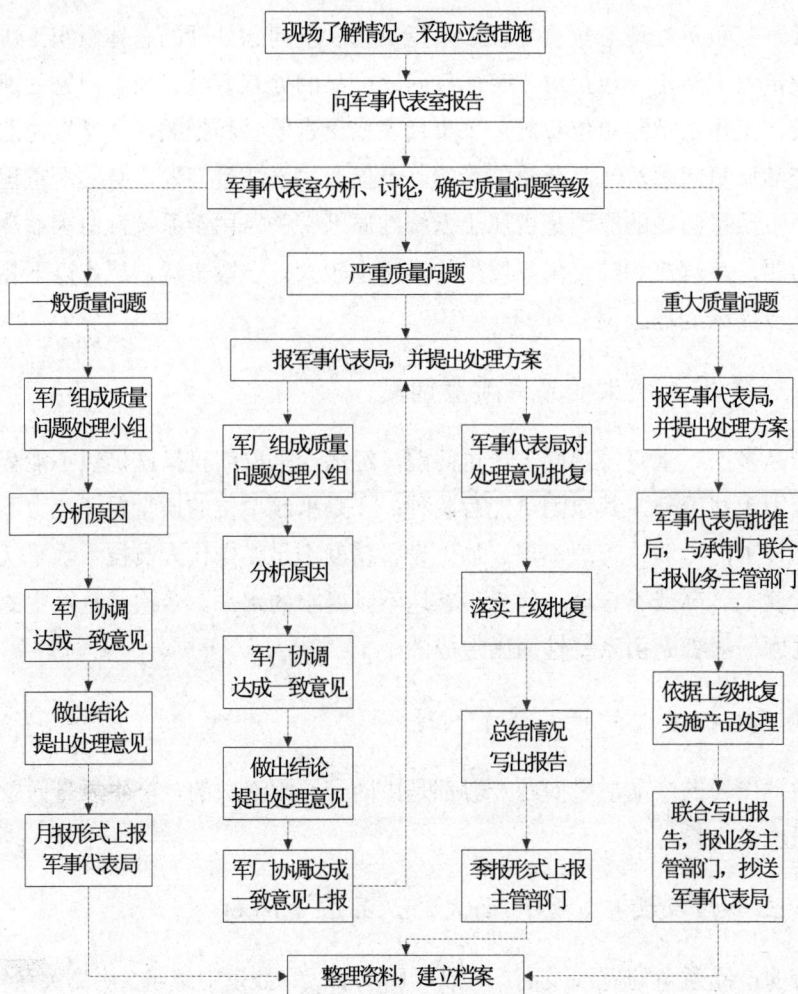

图4—2 质量问题处理程序

必须对所有的产品质量问题严格执行产品质量问题处理程序，军事代表原则上应该参与程序规定的各个工作步骤，例如，在分析产品产生质量问题的原因时，军事代表可以采取了解、掌握承制单位的工作过程，参与承制单位的分析工作，会同承制单位共同分析，独立地开展分析等多种方法。对一种具体的产品质量问题采取哪一种或哪几种方法，则要根据产品质量问题的严重程度、涉及面、影响面、产品质量问题发生时产品在其寿命周期中所处的阶段、产品质量问题解决的难易程度等诸方面的因素予以确定。

以下结合产品质量问题处理的程序，阐述质量问题处理的各项工作的内容。

（一）报告产品的质量问题

在发现产品质量问题后，发现者或承制单位、使用单位的有关部门要填写规范统一的故障报告表。故障报告表按有关规定向承制单位的有关部门、使用方的有关单位和部门传递。承制单位的有关部门或使用单位的有关部门要对有质量问题的产品做标记并予以隔离，必要时，要保护发生产品质量问题的现场。若发生的产品质量问题属重大质量问题，一般应立即停止验收。

（二）调查核实工作

产品质量问题发生后，要对有关情况进行调查核实。调查核实的内容主要包括：产品质量问题发生的时间、地点、时机、环境条件；产品质量问题涉及的范围和产品生产批次、数量；产品质量问题的现象及发生过程；质量问题核实；产品质量问题给产品研制、生产或使用造成的影响等。

（三）分析查找原因

分析查找产生产品质量问题的原因，是产品质量问题处理中最关键的工作，也是难度最大的工作。分析查找原因时，要运用系统分析方法，要对质量问题的产生原因、影响及危害程度进行全面、深入、系统地分析。只有准确地找准产生质量问题的原因，全面、透彻地弄清质量问题的危害程度及影响，才能有针对性地采取行之有效的纠正措施。

分析查找原因要广泛采用理论分析、调查试验、分解检查、与同类质量问题信息进行比较分析等各种方法，采用召开分析会议、组织专家评审等多种形式，力求切实找准原因。产生产品质量问题的原因，除使用不当等一些与研制、生产无关的原因外，一般可归结为管理和技术两个方面。例如：设计不当、执行管理制度不严格、工艺水平达不到要求等。也可能有管理和技术两种因素，同时，产品质量问题的原因和结果的关系十分复杂。一种原因可能在一种产品上造成多个质量问题。例如，一个电子元器件的失效，可能使产品的多项性能受到影响。另一方面，一种产品质量问题，又有可能是多种原因综合作用的结果。例如，工人操作不当生产了不合格零件，而检验人员又出现漏检，致使不合格零件流入装配而造成了质量问题。此外，一种原因可能又是另一种原因的结果。例如，产生质量问题的直接原因是生产现场使用的图样错误，而产生图样错误的原因则是未将已批准的工程更改落实到现场使用的图样中去。进一步追下去，可能还会查找出改图的方法有缺陷，技术状态管理制度不健全等一系列原因。

产品质量问题的原因和结果的因果关系的复杂性，给质量问题处理中的原因分析、查找工作带来了很大的困难，使之成为质量问题处理中最复杂、最容易出现失误或偏差的工作。因此，在分析、查找原因时，必须全面、深入、系统地做工作，确保找出产生质量问题的所有原因，尤其是最根本的原因，才能切实有效地解决质量问题，并真正做到防止问题的重复发生，预防其他问题的发生。有时，由于情况过于复杂，产生质量问题的原因不能确切肯定，甚至查不清，只能对产品做权宜处理。此时，在产品质量问题处理完毕后，应继续对原因进行分析、查找。分析原因时，还要对产品质量问题是否重复发生进行调查分析。对重复发生的问题，更要找准原因，加严处理。

在分析、查找原因的同时，还要对质量问题的影响和危害程度进行分析。分析的范围主要包括：质量问题对产品安全及性能、使用、维修、训练乃至技术资料的影响和危害；对已交付出厂产品、在制品的影响；对有配套关系和使用中有关联的其他产品的影响；对履行合同的影响等。如果拟通过采用改进设计的方法解决质量问题，还要防止更改设计带来新的问题。

（四）制定纠正措施

在完成系统分析，找准质量问题产生的原因之后，就要提出产品质量问题的处理方案。处理意见包括三方面的内容：一是纠正产品质量问题的方法；二是防止问题重复发生的措施；三是与处理相关的工作。

纠正质量问题的方法，一般有改进设计、返工、返修、原样使用和报废。它还包括已交付出厂产品及在制品的处置。

防止问题重复发生的措施，是针对产生质量问题的原因制定的。必须对所有的原因均制定纠正措施，并保证能够彻底消除产生质量问题的原因。

（五）验证效果并实施纠正措施

对解决质量问题的具体方法，尤其是技术方法，除理论上的分析论证外，还必须经过试验验证。只有经过试验证明确实有效的纠正措施，才能在所有带有质量问题的产品上实施。

对那些防止问题重复发生的措施，也要通过分析、试验、检查来验证效果。

在纠正措施被批准以后，要严格按照批准的工作计划实施各项工作。实施中必须进行质量控制，以确保纠正措施严格执行及其有效性。

（六）请示、报告工作

军事代表在发现重大或严重质量问题，或得知产品发生重大或严重质量问题后，要及时向上级报告。在生产过程中，对重大质量问题，应在问题发生后的 24 小时之内报告产品质量问题概况和采取的处理措施；对严重质量问题，应在问题发生后的 72 小时之内报告产品质量问题概况和采取的处理措施。

在产品质量问题处理的过程中，军事代表室和承制单位要做好向上级领导机关请示报告的工作。对于一般质量问题，在问题处理完毕后，军事代表室要以定期质量报表的形式向军事代表局报告。对严重或重大质量问题，军事代表室和承制单位应按负责处理问题的上级领导机关要求的内容、时机，请示或报告工作。一般的，在完成调查核实、分析查找原因、制定纠正措施工作及完成质量问题处理工作之后，均应分别请示报告。如果经过调查、核实和分析，确认产品质量问题已经影响到或可能影响到已交付使用的产品和其他承制单位生产的产品以及部队的使用、维修、训练等，应立即报告，对处理工作中遇到的承制单位、军事代表室无法解决的问题，也应及时请示报告。军事代表室可会同承制单位向上级领导机关请示报告，也可单独请示报告。

在制定纠正措施并经验证之后，向上级领导机关上报的请示报告内容一般包括：

1. 产品名称；
2. 质量问题的现象及发生的过程；
3. 质量问题发生的时间、地点、环境、条件；
4. 质量问题涉及的产品数量、范围；
5. 质量问题的影响及危害；
6. 产生质量问题的原因；
7. 纠正措施；
8. 纠正措施的验证效果；
9. 实施纠正措施的工作计划；

10. 其他与质量问题处理有关的问题。

（七）产品质量问题处理资料的归档

产品质量问题处理完毕后，军事代表室和承制单位应分别将处理质量问题的有关资料归入产品档案或有关档案，并按产品质量信息管理的要求实施管理。产品质量问题档案资料一般包括：

1. 现场记录；
2. 试验数据；
3. 会议记录、纪要；
4. 技术报告（检验、分析、鉴定、审核等）；
5. 有关文件，包括各类请示、报告、上级指示、批复等。

第五节 产品的停止验收及恢复验收

一、停止验收

停止验收是指当承制单位不能可靠提供合格产品时，军事代表采取的不验收他所提交产品的特别措施。

停止验收是军事代表对承制单位所采取的一种严厉的控制措施，所以使用时必须谨慎。使用得当，可以促进承制单位改进质量管理，解决存在的技术质量问题；但使用不当时，不仅影响承制方的生产、经济效益，而且影响军事代表室和承制单位关系，影响产品的及时交付。因此，军事代表一定要慎重使用停止验收的权力。

（一）停止验收的目的

1. 纠正承制单位违反订货合同的行为；
2. 督促承制单位采取措施，解决存在的问题，消除质量隐患；
3. 避免带着问题生产而造成更大的损失。

（二）停止验收的条件

停止验收的条件主要有三个，符合其中之一者，应实施停止验收。

1. 质量管理体系出现了严重不符合项，导致质量管理体系不能正常运行，造成生产脱离产品图样、工艺要求，经军事代表指出仍不纠正的。

2. 严重违反订货合同。产品发生重大质量问题或存在严重质量隐患，或出现批次质量问题，如产品发生重大质量问题或严重质量问题以及批次质量问题的原因未查清楚，或在生产中没有消除的。例如，产品按 GJB 179A 的规定实施抽样检查，已连续 10 批停留于加严检查，而未能达到正常检查水平等。

3. 承制单位或其他承制单位生产的产品与部队储存、使用中发生的重大质量问题或严重质量问题有牵连的。例如，分承制单位生产的零部件或原材料发生重大或严重质量问题，牵到承制单位正在生产的产品。

（三）停止验收的一般步骤

由于停止验收的问题和条件不同，军事代表要根据不同情况采取相应的停止验收步骤。

1. 质量管理体系运行不正常引起的停止验收

当军事代表发现质量管理体系出现了严重不合格项，导致不能正常运行，且已影响产品质量时，应及时向承制单位指出，要求其纠正，若承制单位不纠正，军事代表室及时请示军事代表局，建议停止验收。

军事代表室在接到军事代表局关于停止验收的指示后，建议军事代表局及时派出质量管理体系审核组，或军事代表局授权军事代表室，对承制单位的质量管理体系进行审核，并提出审核报告。根据审核结果，做出是否停止验收的决定。

2. 承制单位的产品质量问题引起的停止验收

（1）军事代表室权限内的停止验收。当军事代表发现承制单位生产的产品严重不符合订货合同规定或存在严重的质量隐患时，应做出停止验收的决定。当产品质量发生重大质量问题时，应立即停止验收。军事代表应先将停止验收的原因及实施情况上报军事代表局。

（2）上级业务部门或军事代表局决定的停止验收。如果出现了产品在作战训练中发生重大质量事故等情况，总部、军兵种的业务部门或军事代表局可以决定停止验收。军事代表室接到停止验收的通知后，要及时向承制单位传达，并立即实施。

3. 其他承制单位产品质量问题引起的停止验收

当其他承制单位产品质量问题涉及承制单位正在生产的产品的信息后，军事代表室应会同承制单位搞清发生质量问题的严重程度及与承制单位正在生产的产品的关联程度。当确认关联问题严重时，应请示军事代表局停止验收。如果有些产品发生了带有普遍性的重大质量问题或严重质量问题，或者其他产品在作战训练中发生的质量事故涉及有关承制单位，上级业务主管部门或军事代表局可做出停止验收决定。

4. 停止验收后的军事代表工作

停止验收后，军事代表应要求并督促承制单位认识存在的问题，查清产生问题的原因，制定落实纠正措施，并对质量工作有关环节实施检查。如因产品质量问题引起的停止验收，军事代表应督促并会同承制单位严格履行产品质量问题处理程序。

二、恢复验收

当承制单位对存在问题已经查明、责任已查清、措施有效、问题解决的彻底时，军事代表室可恢复对承制单位提交产品的验收，所以恢复验收是军事代表取消了停止验收措施的活动。

恢复验收由决定停止验收的单位或部门批准。对由质量管理体系运行不正常引起的停止验收，军事代表局接到军事代表室恢复验收的请示后，再次向承制单位派出质量管理体系审核组，对承制单位采取纠正措施的效果进行验证。军事代表局根据审核组提交的跟踪审核报告，决定是否批准恢复验收。

对因为产品质量问题引起的停止验收，必须在产品质量问题处理完毕后，军事代表室方可向军事代表局请示恢复验收。

对由业务主管部门决定的停止验收，军事代表局在接到军事代表室的恢复验收请示后，应向上级业务主管部门请示，并将上级业务主管部门的批复向军事代表室转发。

三、停止、恢复验收的资料归档

停止、恢复验收是产品验收工作中的非常措施，所以有关停止、恢复验收的资料应记录停止验收、恢复验收的原因和各种批示文件。各项工作的记录要准确、清晰、齐全。归档文件一般包括：

1. 上级批示及军事代表室的请示；

2．发现质量管理体系严重不符合项的记录；

3．质量管理体系审核报告；

4．产品质量问题处理记录；

5．相关联的其他质量问题的有关资料；

6．监督承制单位采取纠正措施的记录；

7．验证纠正措施有效性记录；

8．与有关单位来往的电话记录和文件。

值得指出的是，无论停止验收的权限在不在军事代表室，凡是涉及部队作战或训练急需的产品，在决定停止验收前都应征得主管部门的同意。

关于停止验收与恢复验收的详细内容可参考 GJB 3917。

第五章 质量检验统计分析工具

质量过程控制方法源于 1924 年美国贝尔电话实验室,其首次在设备质量管理中应用数理统计图表的方式,经过多年的实践和发展,业已成为质量管理的重要内容。目前,应用概率论和数理统计的原理和方法来研究产品质量变化的客观规律,已发展了多种方法和技术工具,如表 5—1 所示。

表 5—1   质量检验统计分析工具

	质量检验统计分析工具		作用
1	调查表		系统地收集数据资料,以便得到清晰的真实情况
2	趋势图		按时间顺序标出特征值
3	帕累托图		寻找影响质量的主要因素
4	因果图		表示质量特性与影响质量有关因素之间的关系

5	直方图		分析、掌握质量数据的分布状况
6	控制图		分析、判断工序是否处于受控状态
7	散布图		研究、判断两个变量之间的相互关系

第一节　直方图

　　直方图是整理数据、描写质量特性数据分布状态的常用工具，是对故障发生的频数与相对应的质量特征值关系的一种图形表示，是频数分布的图形表示。直方图有助于形象化地观察数据分布、形状以及离差。直方图的一个主要应用就是确认数据的分布，常用于故障时间分布研究等情形。因此，为了掌握产品质量的分布规律，可作出频数直方图，以显示产品质量特性分布状况。

　　应用直方图进行统计分析，首先将所收集的数据按大小顺序分成若干间隔相等的组；其次以组距为横轴，以各组数据频数为纵轴，将其按比例绘制成若干直方柱排列的图。下面举例说明直方图的具体运用过程。

　　例 5—1 某型液压泵 88 个故障时间（h）：75，61，51，91，91，125，127，52，147，95，140，179，95，140，99，155，112，187，114，149，141，136，152，75，148，73，175，125，153，102，63，128，64，126，60，123，127，33，106，127，147，39，169，44，105，93，48，140，102，91，76，140，80，108，10，14，76，14，75，151，45，82，43，64，89，86，65，87，126，141，106，115，88，87，88，69，68，28，47，102，92，109，190，100，12，110，115，125。试绘制其直方图。

解：

（1）确定分组数

将 n 个数据分成 k 组：当 $n \leqslant 50$ 时，取 $k=5 \sim 6$。当 $50 < n \leqslant 100$ 时，取 $k=6 \sim 10$；当 $n > 100$ 时，取 $k=10 \sim 20$。若 n 很大时，可根据斯特科（Sturges）经验公式来计算：

$$k=1+3.3 \lg n$$

令 $n=88$，因此取 $k=9$。

（2）确定组距

应用数据组的极差 R 和分组数 k 来确定组距 d：

$$R = \max_{1 \leqslant i \leqslant n}\{x_i\} - \min_{1 \leqslant i \leqslant n}\{x_i\}$$

$$d = \frac{R}{k}$$

令 $R=190-10=180$，因此 $d=180/9=20$；也可以采用不等距分组。

（3）列表计算各组频数

统计各组频数，如表 5—2。

表 5—2 某型液压泵故障时间频数统计

组数	组距	频数 f_i
1	10~30	5
2	30~50	7
3	50~70	10
4	70~90	14
5	90~110	17
6	110~130	15
7	130~150	11
8	150~170	5
9	170~190	4

（4）绘制直方图

以纵坐标表示频数，横坐标表示各组组距（时间），各组频数为直方柱的高，即可得频数直方图，如图5—1所示。如果各个直方柱的高不是取频数f_i，而是频率f_i/n，便可得到频率直方图，频率直方图与频数直方图的形态完全相同。

从图5—1可以直观地看出，该泵故障时同分布很可能具有正态分布的特性，因此，维修过程处于控制状态。

应用直方图，可以判断出维修质量是否在可控状态，是否存在问题，但若要分析原因，确定出存在的各种问题，需要应用因果分析图、散布图等。

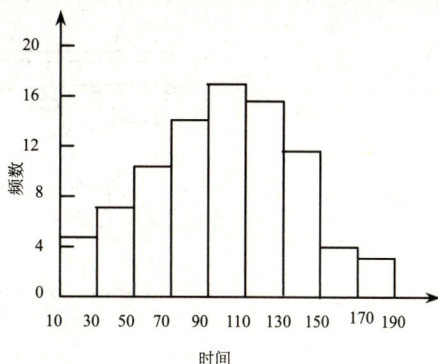

图5—1　频数直方图

第二节　因果分析图

任何一项质量问题的发生或存在都是有原因的，而且经常是多种复杂因素平行或交错地共同作用所致。要有效地解决质量问题，首先要从不遗漏地找出原因入手，其次要从粗到细地追究，因果分析图正是解决这一问题的有效工具。

因果分析图是表示质量特性与原因关系的图，它把对某项质量特性具有影响的各种因素加以归类和分解，并在图上用箭头表示其间的关系，因而又称为特性要因图、树枝图、鱼刺图等。因果分析图中的后果指的是需要改进的质量特性以及这种后果的影响因素。

一、因果分析图的结构

因果分析图的结构由质量特性、要因和枝干三部分组成。质量特性是期望对其改善或进行控制的某些属性，如合格率、缺陷率、故障率、维修工时等；要因是对质量特性施加影响的主要因素，要因一般是导致质量异常的几个主要来源，如维修质量的要因可归纳为"4M1E"；枝干是因果分析图中的联系环节：把全部要因同质量特性联系起来的是主干，把个别要因同主干联系起来的是大枝，把逐层细分的因素（细分到可以采取具体措施的程度为止）同各个要因联系起来的是中枝、小枝和细枝，如图5—2所示。

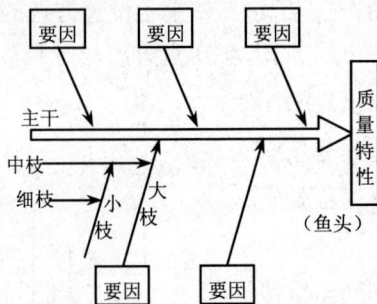

图 5—2　因果分析图的结构

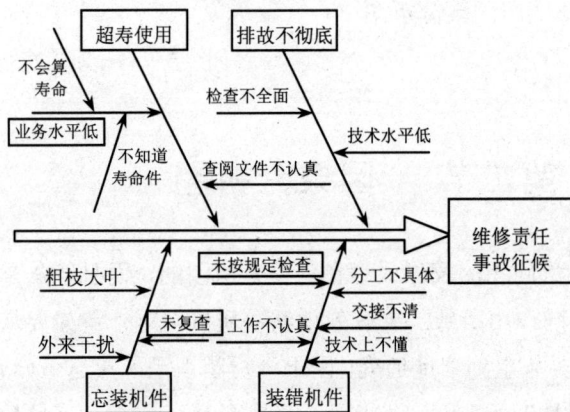

图 5—3　维修责任事故征候因果分析

二、因果分析图的分析步骤

1. 确定质量特性和需要分析的后果，这种后果通常是一种需要改进和控制的现象。将质量特性或需要分析的后果写在右侧方框内，从左至右画一长箭头指向质量特性。图 5—3 中的需要分析的后果为维修责任事故征候。

2. 确定影响质量特性的要因，并将其标绘在主干上，要因和主干线的夹角一般为 60°～75°；

3. 对大枝的要因进行细分，逐步画出中枝、小枝和细枝，大枝线和中枝线的夹角以及中枝线和小枝线的夹角仍为 60°～75°。检查确认所有因素及其相互关系是否恰当，所分析各层次的关系必须是因果关系，要因应一直分析到能采取措施为止，如图 5-3 所示。

　　4. 找出影响质量的关键因素，用方框把它们框起来作为制定质量改进措施的重点，如图 5-3 中的"业务水平低"、"未复查"、"未按规定检查"等。

　　从维修责任事故因果分析图可以看出，影响维修责任事故征候的主要因素有"业务水平低"、"未复查"、"未按规定检查"等。在这几种关键因素中，它们对消除维修责任事故征候的作用如何，哪一种因素是最关键的，因果分析图并未能给出一个确定的答案。对此，一种常用的技术就是帕累托图，也被称作 ABC 分析。

第三节　帕累托图

　　帕累托图，最早是由意大利经济学家帕累托（V.Pareto）提出来的，用以分析社会财富的分布状况，发现少数人占有大量财富的现象，即所谓"关键的少数与次要的多数"这一关系。后来，美国的朱兰（J.M.Juran）将此法应用于质量控制，因为在质量问题中也存在"少数不良项目造成的不合格产品占据不合格品总数的大部分"这样一个规律。帕累托图是用于寻找关键因素的一种工具，在产品质量控制中，常用它确定影响产品质量和故障问题的主要因素。帕累托图一般将影响因素分为三类：A 类包含大约 20% 的因素，但它导致了 75%～80%

的问题，称之为主要因素或关键因素；B 类包含了大约 20% 的因素，但它导致了 15%～20% 的问题，称之为次要因素；其余的因素为 C 类，称之为一般因素，这就是所谓的 ABC 分析法。有利用帕累托图便于确定关键因素，利于抓住主要矛盾，有重点地采取针对性管理措施。

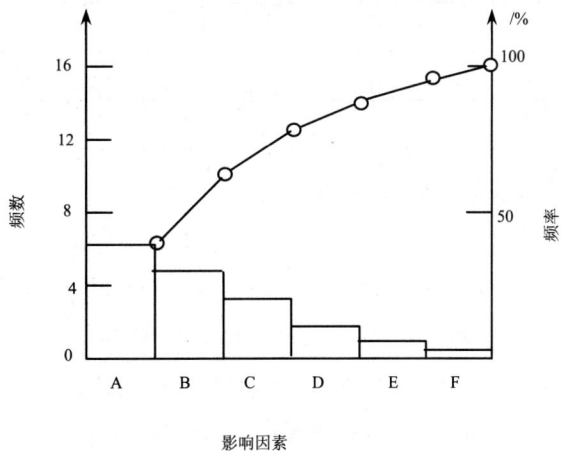

图 5—4　帕累托图结构

一、帕累托图的结构

帕累托图的结构由两个纵坐标、一个横坐标、几个直方柱和一条折线组成，如图5—4所示，左纵坐标表示频数（件数、次数等），右纵坐标表示频率（用百分比表示）；横坐标表示影响质量的各种因素，按影响程度的大小从左到右依次排列；折线表示各因素大小的累计百分数，由左向右逐步上升，此折线称为帕累托曲线。

二、帕累托图的绘制

以具体实例来描述帕累托图的绘制过程。

例5—2 某单位为了找出影响维修责任事故征候的主要因素，对1973年到1982年的10年间，因维修责任所造成的89次事故征候，按四个方面原因进行了分类统计，其统计数据见表5—3，试绘制其帕累托图。

解：

1．收集一定的维修质量数据，并将其分成不同的项目或类别（见表5—3）。

2．计算各类别的累计频数、频率与累计频率（见表5—3）。

表5—3 维修责任事故征候统计

原因	事故征候频数	频率/（%）	累计频率/（%）
错装机件	52	58.4	58.4
忘装机件	18	20.2	78.6
超寿使用机件	11	12.4	91.0
故障排除不彻底	8	9.0	100.0
总计	89	100.0	

3．绘制帕累托图。

（1）按一定比例绘制两个纵坐标和一个横坐标：左纵坐标表示频数，右纵坐标表示频率；横坐标表示项目类别，各项目按其频率大小从左向右依次排列、并各占一定相同的宽度，如图5—5所示。

（2）确定左纵坐标刻度，按频数大小顺序绘制累计频数图。

（3）确定右纵坐标刻度，绘制帕累托曲线：各项目以横坐标线上所占的宽度为底，以频率为高，作一系列的直方柱，最后用统计表上的累计频率在图上描点，将各点连接起来即为帕累托曲线，如图 5—5 所示。或者，把各项目类别的直方柱上移，移接在前一个直方柱的右顶点（图 5—5 直方柱所示），然后作第一直方柱和所有虚线直方柱的对角线（方向从左下角到右上角），这些对角线的连线就是帕累托曲线。

具体的帕累托图结构如图 5—5 所示。

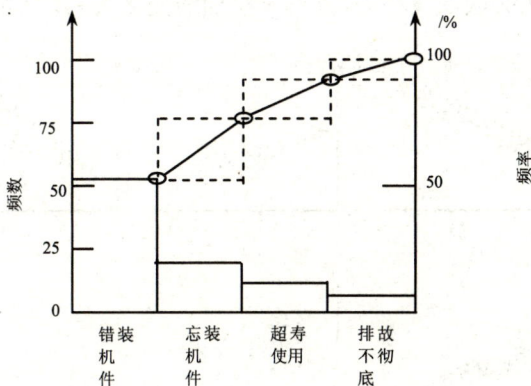

图 5—5　维修责任事故征候原因帕累托图

第四节　散布图

散布图是表示两个变量之间相关性的图形，通常用于研究因果关系，也是前面讨论的因果分析图的补充。在分析维修质量问题或原因时，通常需要了解各个变量之间的关系，这些关系中有的属于确定性关系，可用函数关系式来表达；有的变量之间虽然存在着关系，但却不能由一个变量的数值来精确地求出另一个变量的数值，这种关系称为相关关系。在研究相关关系时，把两个变量的数据对应着列出，用小点画在坐标图中，以便观察它们之间的关系，这种图称为散布图，一般用于趋势分析。

两个随机变量 X，Y 的相关关系，可以用（X，Y）的 n 次观察值（x_1, y_1），（x_2, y_2），…，（x_n, y_n）在坐标系中描绘的 n 个点来表示，这样便得到散布图。散布图是初步认识两个变量相关关系的一种简易工具，有六种典型的散布形态，如图 5—6 所示。

1. 强正相关，x 变大时 y 也变大，且点子分散程度小，如图 5—6（a）所示。

2. 强负相关，x 变大时 y 变小，且点子分散程度小，如图 5—6（b）所示。

3. 弱正相关，x 变大时 y 也变大，且点子分散程度大，如图 5—6（c）所示。

4. 弱负相关，x 变大时 y 大致变小，且点子分散程度大，如图 5—6（d）所示。

5. 不相关，x 与 y 无明显规律，如图 5—6（e）所示。

6. 非线性相关或曲线相关，x 与 y 呈曲线变化关系，如图 5—6（f）所示。

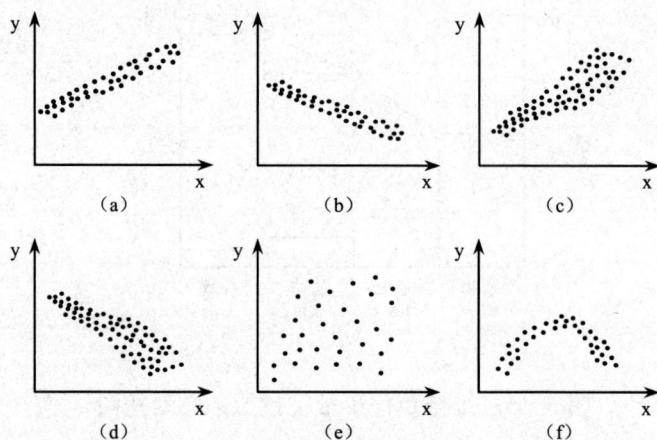

图 5—6　散布图的六种典型形态

　　散布图中点散布的疏密程度与坐标单位选取有关，仅凭视觉观察容易判断出错误。所以，在进一步分析变量相关性时，需要计算其相关系数。通过 n 个样本数据（x_i, y_i）（$i=1, 2, \cdots, n$）计算相关系数的公式为：

$$r = \frac{S_{xy}}{\sqrt{S_{xx}S_{yy}}}$$

式中 r ——相关系数；

$$S_{xx} = \sum_{i=1}^{n} x_i^2 - \frac{1}{n}\left(\sum_{i=1}^{n} x_i\right)^2$$

$$S_{yy} = \sum_{i=1}^{n} y_i^2 - \frac{1}{n}\left(\sum_{i=1}^{n} y_i\right)^2$$

$$S_{xy} = \sum_{i=1}^{n} x_i y_i - \frac{1}{n}\left(\sum_{i=1}^{n} x_i\right)\left(\sum_{i=1}^{n} y_i\right)$$

相关系数取值范围是：$0 < |r| < 1$。完全相关时，$|r| = 1$；完全不相关时，$|r| = 0$。

例 5—3 统计某型装备使用 12 个月的工作时数与故障数的相关数据，如表 5—4 所列，试绘制散布图，分析其相关性。

表 5—4 工作时数与故障数的统计数据

月 份	1	2	3	4	5	6	7	8	9	10	11	12
工作时数/h	6250	5650	5710	5538	6639	4998	4048	6100	5104	4682	5136	4359
故障数	415	380	392	401	405	308	307	398	351	361	375	269

解：

将工作时数视作 x，故障数视作 y，其散布图如图 5—7 所示。从图中可以大致看出点围绕某直线方向散布，表示随着工作时数的增长故障数有增加的趋势。

按表 5—4 的数据，计算其相关系数 r，因为：

$$\sum_{i=1}^{12} x_i = 64214 \qquad \sum_{i=1}^{12} x_i^2 = 350262490$$

$$\sum_{i=1}^{12} y_i = 4362 \qquad \sum_{i=1}^{12} y_i^2 = 1609140$$

$$\sum_{i=1}^{12} x_i y_i = 23678800$$

得 $r = 0.852$，即故障数与飞行小时数之间有强正相关关系。

值得注意的是，计算出的相关系数，当样本容量较小（例如 $n < 20$）时，r 与母体真实相关系数的误差一般较大，故只能将 r 值作为参考。当样本容量 n 相当大（例如 $n > 50$）时，把 r 作为母体真实相关系数的近似值才比较合适。

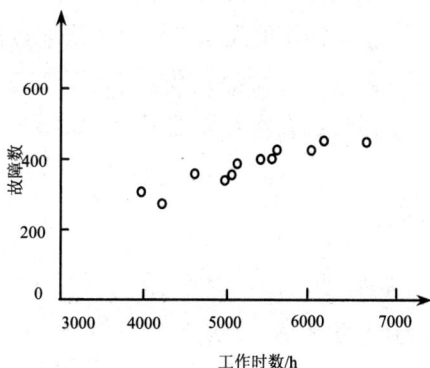

图 5—7 故障数与工作时数的关系

第五节　控制图

前面介绍的几种质量控制方法，所控制的都是质量在某一段时间内的静止状态，用这种方法在生产过程中不能随时发现质量问题，以便及时调整生产。因此，还需要了解质量特性数据随时间变化的动态情况，并以此为依据来判断生产或工序是否处于正常状态。控制图就是一种对生产过程进行动态控制的质量分析工具。

一、控制图的概念

控制图是应用科学方法对工作过程（如生产过程、维修过程）质量进行测定、记录从而进行管理控制的图形，用于区别质量特性值的波动是由于偶然原因还是系统原因所引起的，从而判明工作过程是否处于控制状态的一种工具，是质量控制的核心工具之一。控制图的形状如图5—8所示。

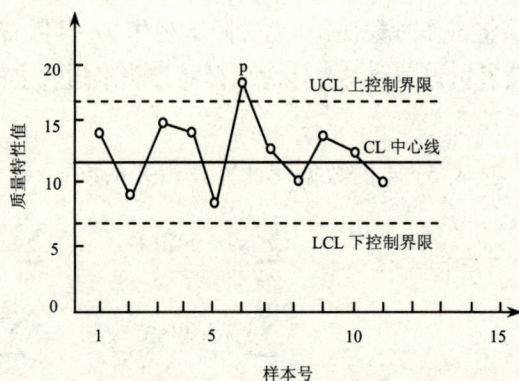

图5—8　单值控制图

现以单值控制图（见图5—8）为例，说明控制图的基本模式。

控制图的横坐标表示按时间顺序的抽样样本号，纵坐标表示质量特性值。控制图一般有中心线（CL，Center Line）、上控制界限（UCL，Upper Control Limit）、下控制界限（LCL，Lower Control Limit），控制界限是判断工作过程状态正常与否的标准尺度。把各样本的质量特性值依次逐点描在控制图上，如果点子全都落在上、下控制界限之内，且点子的排列又正常时，即可判断质量是处于控制状态，否则就认为质量过程存在着异常因素（如图5—8中的 p 点），应查明原因，予以消除。

二、控制图的原理

控制图中的控制界限是判断工作过程状态是否存在异常因素的标准尺度，它是根据数理统计的原理计算出来的。若质量特性值服从正态分布，或虽服从二项分布或泊松分布，但样本容量足够大，那么，在正常情况下，各样本质量特性值仅受偶然原因的影响，将只有很少一部分不合质量要求，绝大多数样本质量特性值都应该出现在控制界限之内。因此，在质量控制中，比较通用的方法是按"3σ原则"确定控制界限，而把中心线定为受控对象质量特性值的平均值，即

$$\begin{cases} CL = \mu \\ UCL = \mu + 3\sigma \\ LCL = \mu - 3\sigma \end{cases}$$

式中：μ——正态分布的均值；

σ——正态分布的标准偏差。

正态分布时，在正态曲线下总面积的特定百分数可以用标准偏差的倍数来表示。例如，正态曲线下以 $\mu \pm \sigma$ 为界限的面积为正态曲线下总面积的 68.27%。类似地，$\mu \pm 2\sigma$ 为 95.45%，$\mu \pm 3\sigma$ 为 99.73%，如图 5—9 所示。

所以，在正常情况下，按"3σ原则"的质量特性值落在控制界限之外的概率是 0.27%。这就是说，在 1000 次中约出现 3 次把正确的误断为不正确的错误，称为第 I 类错误，或称为"弃真"错误，发生这种错误的概率通常记为 α。若把界限扩大为 $\pm 4\sigma$，第 I 类错误的概率为 0.006%，这就是指在 10 万次中约有 6 次误断错误，概率显然是非常小的。可是把控制界限如此扩大，

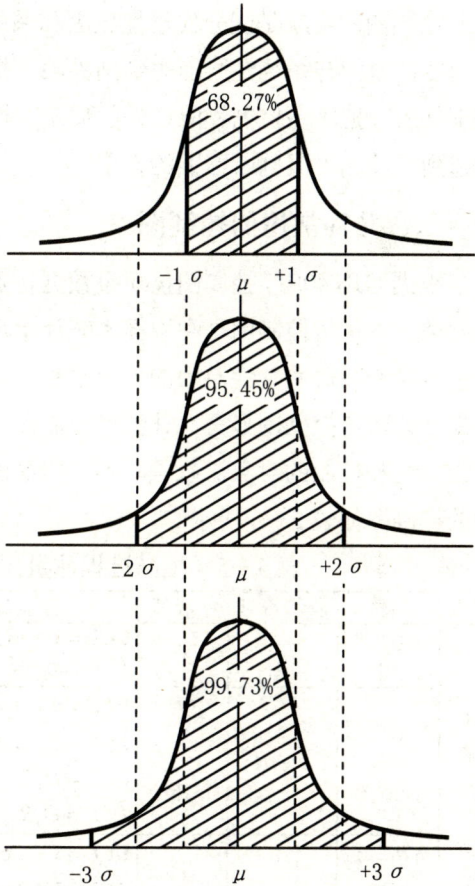

图 5—9 正态曲线下相对于标准偏差的面积百分数

失去发现异常原因而引起的质量变动的机会也扩大了，即把不正确的误断为正确的错误增大了，称为第 II 类错误，或称为"纳伪"错误，发生这种错误的概率通常记为 β。由于控制图是通过抽样来控制设备质量的，因此这两类错误是

不可避免的。对于控制图，中心线一般是对称轴，而且上下控制界限是平行的，因此所能变动的只是上下控制界限的间距。若将间距增大，则 α 减小而 β 增大；反之，则 α 增大而 β 减小，因此，只能根据这两类错误造成的总损失最小来确定上下控制界限。

长期实践经验证明，应用"3 σ"原则确定的控制界限能使两类错误造成的损失最小，这也就是为什么取 $\pm 3\sigma$ 作为控制界限的原因。

控制图的实质是区分偶然性原因和系统性原因两类因素，选用 $\mu \pm 3\sigma$ 作为偶然性原因与系统性原因的判别界限，把落在控制界限以内的质量特性看作是正常的，把落在控制界限以外的质量特性看作是异常的，这就对产品生产质量起到了控制界限判断标准的作用。

三、几种常用的控制图

根据 GJB 4091，控制图按质量数据特点可分为计量值控制图和计数值控制图两类。计量值控制图是利用样本统计量反映和控制母体的均值及标准偏差，计量值控制图对系统性原因的反应敏感，具有及时查明并消除异常的作用，其效果比计数值控制图显著，计数值控制图是以不合格品率、缺陷数等质量特性作为研究和控制的对象，以预防不合格品的发生。生产过程质量控制中几种常用的控制图如表 5—5 所示。

表 5—5 生产过程质量控制中几种常用的控制图

种类	名称	表示符号	中心线	控制界限	适用范围及特点
计量值控制图	单值控制图	x	$\bar{x}$	$UCL = \bar{x} + 3S$ $LCL = \bar{x} - 3S$	数据少时用； 反应迅速，检出能力弱
	均值—极差控制图	$\bar{x} - R$	$\bar{x}$ R	$UCL = \bar{x} + A_2\bar{R}$ $LCL = \bar{x} - A_2\bar{R}$ $UCL = D_4R$ $LCL = D_3R$	适用于各种参数； 检出能力强
	单值—移动极差控制图	$x - R_S$	$\bar{x}$ R_S	$UCL = \bar{x} + 2.66\bar{R}_S$ $LCL = \bar{x} - 2.66\bar{R}_S$ $UCL = 3.27\bar{R}_S$ $LCL = 0$	适用于在一定的时间内只能获得单个数据的情况； 检出能力强
计数值控	不合格品率控制图	p	$\bar{P}$	$UCL = \bar{P} + \sqrt{\dfrac{\bar{P}(1-\bar{P})}{n_i}}$ $UCL = \bar{P} - \sqrt{\dfrac{\bar{P}(1-\bar{P})}{n_i}}$	适用于不合格品率、故障千时率、提前拆换率、出勤率等；检出能力与样本大小有关

| 制图 | 缺陷数控制图 | c | $\bar{c}$ | $UCL = \bar{c} + 3\sqrt{\bar{c}}$ $UCL = \bar{c} - 3\sqrt{\bar{c}}$ | 适用于缺陷数、事故数、维修差错数等;要求每次检测样本大小 n 不变,检出能力与样本大小有关 |

表 5—5 中 x 为样本观察值,$\bar{x}$ 为样本均值,S 为样本标准偏差,R 为极差,$\bar{R}$ 为极差均值,R_S 为移动极差,$\bar{R}_S$ 为移动极差均值,p 不合格品率,$\bar{p}$ 为不合格品率均值,n_i 为第 i 个样本容量,c 为缺陷数,$\bar{c}$ 为缺陷数均值,A_2、D_3、D_4 均为系数,见表 5—6。

表 5—6　计算 3σ 控制界限的几种系数表（n 为分组样本容量）

N	2	3	4	5	6	7	8	9	10
d_2	1.128	1.693	2.059	2.326	2.534	2.704	2.847	2.970	3.078
d_3	0.8525	0.8884	0.8798	0.8641	0.848	0.833	0.820	0.808	0.797
A_2	1.880	1.023	0.729	0.577	0.483	0.419	0.373	0.337	0.308
D_3						0.076	0.136	0.184	0.223
D_4	3.267	2.575	2.282	2.115	2.004	1.924	1.864	1.816	1.777

四、控制图的判断准则

控制图的基本要点是按第 I 类错误概率 α 的大小来确定控制界限,进而判断点子是否出界。控制图绘制后,如果图中的点子绝大多数在控制界限内,且点子的排列没有缺陷,属于随机排列,则可判断此时维修过程处于控制状态;如果有一定量的点子越出界限或虽然没有越出控制界限但排列有缺陷,则判断生产过程失控。具体判断规则有两类:

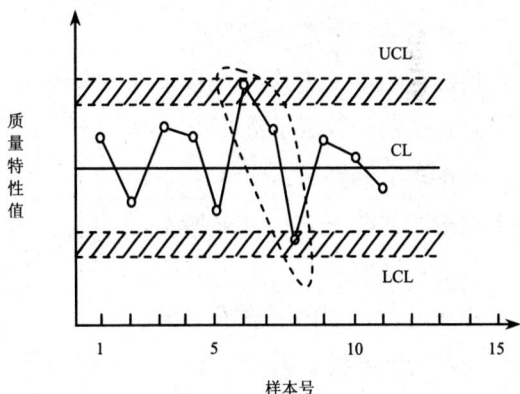

图 5—10 　（a）

（一）生产过程稳定状态判断

应满足下面两条要求:

1. 点子全部或绝大部分在控制界限内。具体讲，连续 25 个点子在控制界限内；或连续 35 个点子中仅有 1 个在控制界限外；或连续 100 个点子最多有 2 个在控制界限外。

2. 在控制界限内的点子排列无缺陷。

（二）生产过程异常状态判断

1. 点子越出控制界限（在控制界限上也算越限）。

2. 点子在警戒区内，即点子处于±（2～3）倍标准偏差的范围内，如图 5—10（a）所示。例如连续 3 个点子中有 2 个点子在警戒区内；或连续 7 个点子中有 3 个点子在警戒区内；或连续 10 个点子中有 4 个点子在警戒区内，均可判断为不稳定状态。

3. 点子在控制界限内，但其排列出现链、倾向性或周期性缺陷中的一种，则判断为不稳定状态。

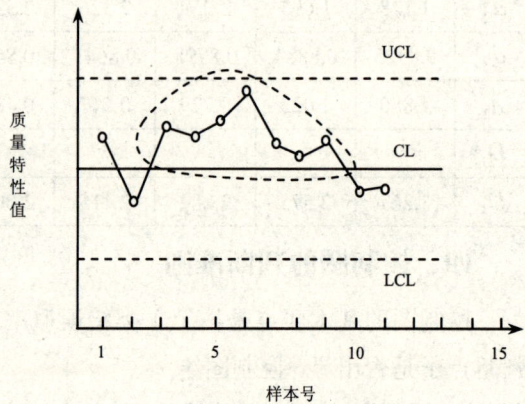

图 5—10 （b）

（1）连续链

在中心线一侧连续出现点子的情况称为链或连续链。用链内所含点子的个数表示链的长度，如链≥7，则判断工作过程为不稳定状态，如图 5—10（b）所示。

（2）间断链

在中心线一侧出现点子间断的情况称为间断链。例如连续 11 个点子中有 10 个点子在中心线一侧，如图 5—10（c）；或连续 14 个点子中有 12 点子在中心线一侧；或

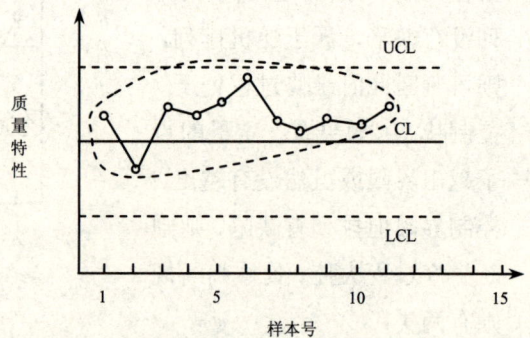

图 5—10 （c）

连续 17 个点子中有 14 个点子在中心线一侧；或连续 20 个点子中有 17 个点子在中心线一侧，则判断为不稳定。

（3）倾向性

点子逐渐上升或下降的状态称为倾向性。当有连续不少于 7 个点子的上升或下降的趋向，则判断为不稳定，如图 5-10（d）所示。

（4）周期性

点子发生周期性变动，预示存在着某种周期性的干扰，则判断为不稳定，如图 5-10（e）所示。

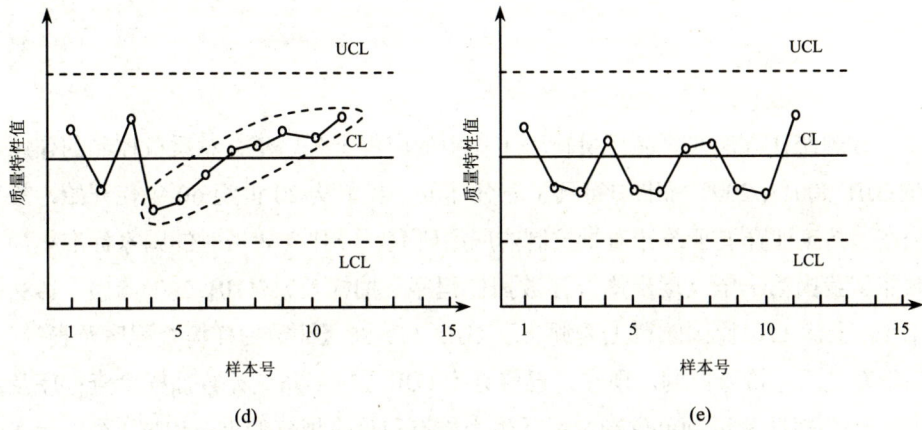

(d)　　　　　　　　　　(e)

图 5—10　点子排列有缺陷的几种情况

第六章　统计抽样检验

　　数理统计方法在军品质量检验工作中的应用十分广泛，对质量控制的作用在 GJB 9001A-2001 标准中得到了充分体现。我国从 20 世纪 60 年代开始，首先在国防工业开展了统计质量控制的应用研究。1981 年，当时的国家标准化局颁布了我国第一个《逐步检查计数抽样程序及抽样表》（GJB 2828-81）。1986 年 10 月 18 日，原国防科工委颁布了 GJB 179-86《计数抽样检查程序及表》，用于军品质量检验控制。现在，已修订为 GJB 179A-96《计数抽样检查程序及表》，成为军队和承制单位制定军品生产制造和验收规范的重要依据。军事代表掌握统计抽样检验的理论和方法，有助于提高军品生产过程质量控制和检验验收的科学性和有效性。

第一节　抽样检验及其分类

一、抽样检验

　　所谓抽样检验是指从交验的一批产品（批量为 N）中，随机抽取一个样本（由 n 个单位产品组成）进行检验，从而对批产品质量做出推断的过程。抽样检验示意图如图 6—1 所示。

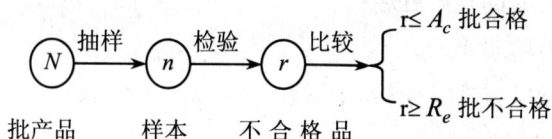

图中：N——批产品 n——样本 r——不合格品数

A_c——合格判定数 R_e——不合格判定数

图6—1 抽样检验示意图

抽样检验的步骤如下：

1．抽样。需要确定"怎样抽"和"抽多少"的问题。

2．检验。应在统计抽样检验理论的指导下，采用具有一定测量能力的设备和正确的方法进行检验。

3．推断。根据对样本的检验结果来推断总体（批）的质量水平。其中抽样和推断法则构成了抽样方案，即抽多少和怎样判断。

二、统计抽样检验

所谓统计抽样检验，是指抽样方案完全由统计技术所确定的抽样检验。统计抽样检验的优越性体现在可以用尽可能低的检验费用（经济性），有效地保证产品质量水平（科学性），且产品质量检验或评估结论可靠（可靠性），而且实施过程又很简便（可用性）。

三、抽样检验的分类

（一）计数抽样检验和计量抽样检验

按合格判定规则的不同，抽样检验分为计数抽样检验和计量值抽样检验。前者通过样本中不合格品数的多少来判断总体质量合格与否；后者则根据样本质量特性值的大小来判断总体质量合格与否。

（二）整型抽样检验与非调整型抽样检验

1．调整型抽样检验

其调整方式主要有：

（1）调整检验的宽严程度；

（2）调整检验水平；

（3）调整检验方式（全检、抽检、免检）。

2．非调整型抽样检验

（1）标准型抽样检验

标准型抽样检验只需判断批本身的质量是否合格，并作出保护供需双方利益的有关规定。

（2）挑选型抽样检验

挑选型抽样检验指需要预先规定检验方法的抽样检验。对合格批接收，对不合格批要逐个进行挑选，检出的不合格产品要换成（或修复）合格产品后再进行二次提交。

（3）连续型抽样检验

连续型抽样检验是相对于稳定批而言的一种抽样检验。产品在流水线上连续生产，不能预先构成批，检验是对连续通过的产品而进行的。

（三）一次、二次、多次抽样和序贯抽样

1．一次抽样检验

一次抽样检验只需从交验批中抽取一个样本，根据对这一个样本的检验结果就可判定该批产品合格或不合格。

2．二次抽样检验

二次抽样检验指第一次按规定样本大小抽样并进行检验后，可能作出合格与否的判定，也可能作不出。若不能作出合格判定时，应继续抽取第二个样本进行检验，此后根据累积检验结果作出（一定可以作出）合格与否的判定。

3．多次抽样检验

多次抽样检验是二次抽样检验的扩展。我国国家标准 GB 2828 规定有五次抽样检验。

4．序贯抽样检验

序贯抽样检验在抽样时每次只抽取一个单位产品进行检验，之后依次继续抽样并检验，直至能够作出合格与否的判定为止。

第二节 计数抽样检验原理

一、抽样检验方案及其接收概率

（一）抽样检验方案的构成

1. 一次抽样检验方案

一次抽样检验方案表现为：

$[N, \; n, \; A_c]$

其中：N 为交验批的批量；

n 为样本大小；

A_c 为合格判定数，

注；方案中还应包括不合格判定数 R_e，在一次抽样检验方案中总有 $R_e = A_c +1$，所以往往在方案中不标出。

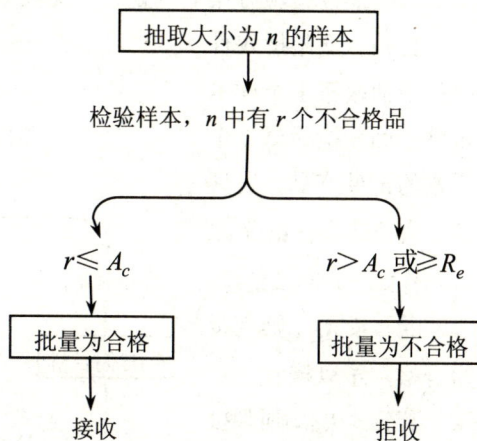

图6—2 一次抽样检验程序

一次抽样检验方案的判定程序如图6—2所示。

首先，从交验批 N 件产品中随机抽取 n 件产品组成样本，按标准预先设定一个合格判定数 A_c。

对样本中的 n 件产品进行检验，若发现样本 n 中的不合格品数为 r，则用 r 与 A_c 作比较后进行判定：若 $r \leq A_c$ 时，判批（N 件产品）为合格，对整批产品接收。

若 $r > A_c$ 时，判批（N 件产品）为不合格，对整批产品拒收。

可见，一次抽样检验只需抽取一个样本，就肯定会作出合格或不合格的判断。

2. 二次抽样（复式抽样）检验方案

二次抽样检验方案为：

$$\begin{bmatrix} n_1 & A_{c1} & R_{e1} \\ n_2 & A_{c2} & R_{e2} \end{bmatrix}$$

其中：n_1 为所抽取的第1个样本的大小；

n_2 为所抽取的第2个样本的大小；

A_{c1} 为第1个样本的合格判定数；

R_{e1} 为第 1 个样本的不合格判定数；

A_{c2} 为第 2 个样本与第 1 个样本的累积合格判定数；

R_{e2} 为第 2 个样本与第 1 个样本的累积不合格判定数。

二次抽样检验方案的判定程序见图 6—3 所示。

首先从交验批 N 件产品中抽取第 1 个样本 n_1 件产品。检验第 1 个样本的 n_1 件产品，发现其中有 r_1 件不合格品。

作如下判断及处理：

若 $r_1 \leqslant A_{c1}$，则判批为合格，予以接收。

若 $r_1 \geqslant R_{e1}$，则判批为不合格，予以拒收。

由于 R_{e1} 与 A_{c1} 之间没有加 1 的关系（即不是连续的自然数），因此，当 $R_{e1} > r_1 > A_{c1}$ 时，则暂不做决定，需要抽取第二个样本 n_2 件产品，检验第二个样本，发现其中有 n_2 件不合格品，继续作如下判断处理：

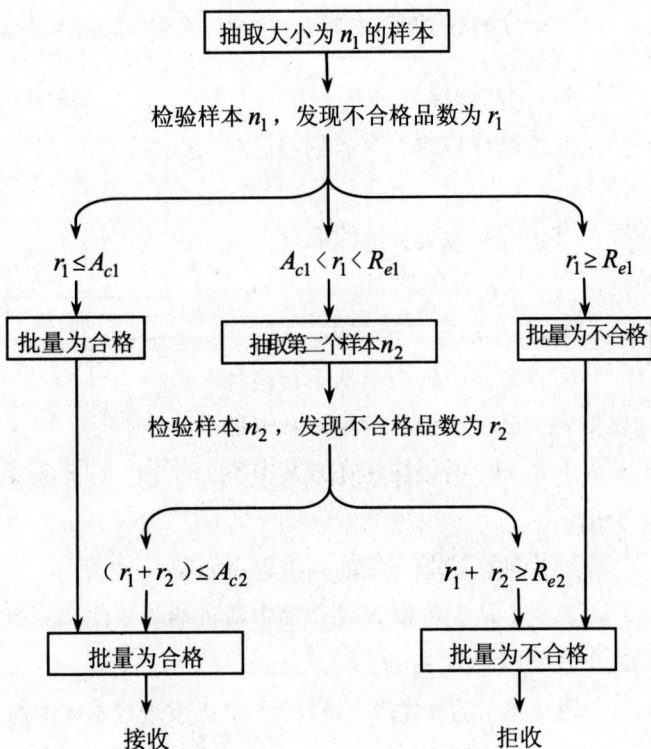

图 6-3 二次抽样检验程序

若 $r_1 + r_2 \leqslant A_{c2}$，则判批为合格，予以接收。

若 $r_1 + r_2 \geqslant R_{e2}$，则判批为不合格，予以拒收。

因为在第二次抽样检验方案中，总有 $R_{e2} = A_{c2} + 1$ 的关系，所以当抽取第 2 个样本后一定能做出合格或不合格的判断。

3．多次抽样检验方案

如果对一批产品需抽检三次以上的样本进行检验才能做出合格或不合格的判定时，称为多次抽样检验。目前国外（如国际标准 ISO 2859，美国军用标准

MIL—STD—105D 等）规定最多为七次抽样，而我国国家标准 GB 2829 规定最多为五次抽样。

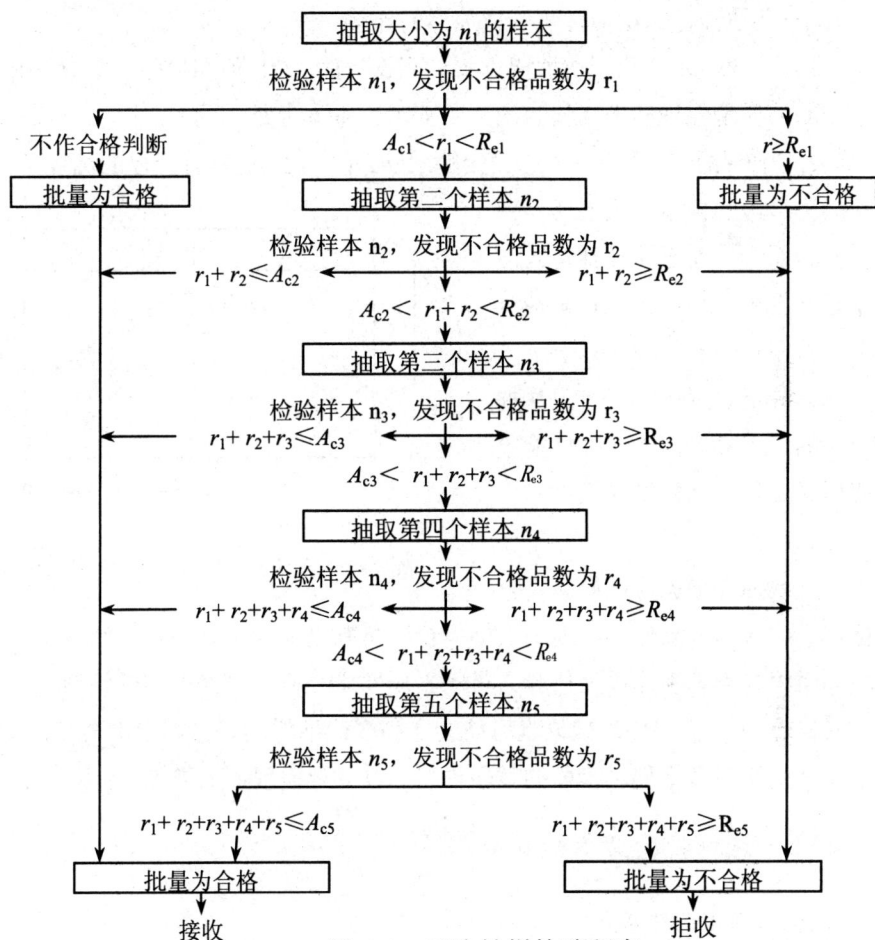

图 6-4 五次抽样检验程序

五次抽样检验方案：

$$\begin{bmatrix} n_1, & *, R_{e1} \\ n_2, A_{c2}, R_{e2} \\ n_3, A_{c3}, R_{e3} \\ n_4, A_{c4}, R_{e4} \\ n_5, A_{c5}, R_{e5} \end{bmatrix}$$

*：第一个样本不能作合格判断。五次抽样检验只不过是二次抽样检验的扩展，图 6-4 所示为五次抽样检验方案的判定程序，在五次抽样检验方案中总有 $R_{e5} = A_{c5} + 1$，因此，经第五次抽样后一定可以判定批合格或不合格。

4. 一次抽样、二次抽样与五次抽样的比较

（1）一次、二次和五次抽样方案只要设定的 AQL 值和检验水平 IL 相同，则对产品的质量保证能力（检验的判断能力）基本上是相同的。

（2）当产品批的质量水平与设定的 AQL 值相比较，具有明显的优或劣时，二次抽样检验的样本量明显比一次抽样检验要少，而五次抽样检验的样本是会更少。平均样本量与抽样次数的关系见图 6—5 所示。

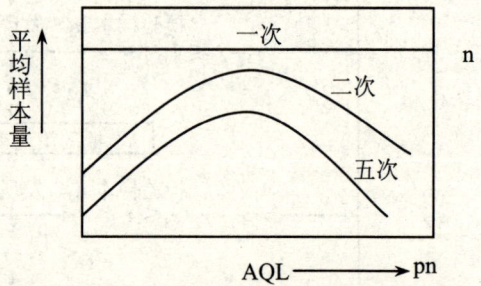

（3）从检验成本考虑，五次抽样检验的费用最低，二次抽样检验的费用又比一次抽样检验低。

（4）从检验的组织与管理工作考虑，一次抽样检验方法简单，批

图 6—5 平均样本量与抽样次数的关系

合格与否的误判危险性小，而二次抽样检验特别是五次抽样检验方法复杂，对检验的组织与管理工作以及检验人员的素质要求很高，需经专门的培训。

（5）往往人们在心理效果上可能会认为多次抽样的合格判定机会多，心理上满意，就认为多次抽样检验的效果更好，其实这是没有必要的。

（二）抽样检验方案的接受概率

1. 接收概率的概念

当交验批的不合格品率为 p 时，采用某一抽样检验方案时，交验批可能被接收的程度为该方案的接受概率。显然，影响接收概率的因素只能是交验批的不合格品率。因此，一个方案的接收概率是批不合格品率的函数，记为 $L(p)$。接收概率 $L(p)$ 与交验批不合格品率是反比关系。

2. 接收概率的计算

（1）接收概率的一般公式

一次抽样检验方案 $[N, n, A_c]$，只有在随机抽取的样本中，不合格品数 r

$\leqslant A_c$ 时，才能判该批产品被接收。若以 $P(r)$ 表示样本 n 中恰好有 r 件不合格品的概率，则接收概率 $L(p)$ 的一般公式为：

$$L(p) = \sum_{r=0}^{A_c} P(r)$$

（2）接收概率的具体计算公式

$P(r)$ 的计算根据图 6—6 所示的关系，$P(r)$ 可以用三种不同的公式计算。

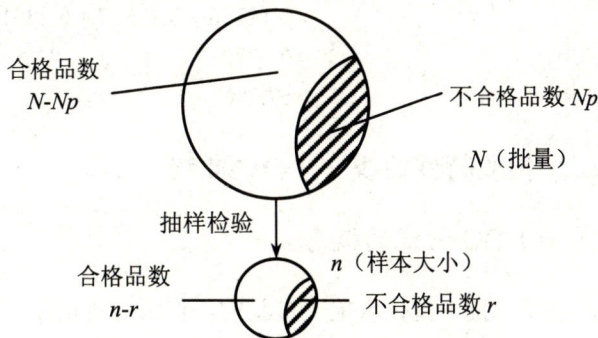

图 6—6 样本与批量的数量关系

超几何分布计算公式：

$$P(r) = \frac{\binom{Np}{r}\binom{N-Np}{n-r}}{\binom{N}{n}}$$

二项分布计算公式：

$$P(r) = \binom{n}{r} p^r (1-p)^{n-r}$$

泊松分布计算公式：

$$P(r) = \frac{(np)^r}{r!} e^{-np}$$

注：用三个公式中的哪一个公式计算都可以，但超几何分布的计算公式结果很准确，但很麻烦，一般不采用。

抽样检验有一个抽样率 $f = \dfrac{n}{N}$ 的概念。当 $f < p$ 时，采用二项分布近似计算公式比较准确，当 f 和 p 都很小时，应当采用泊松分布近似计算公式。

有了 $P(r)$ 的计算公式，接收概率 $L(p)$ 的计算就不成为问题。

例 6—1：若某抽样检验方案为[1000，20，2]，提交批的不合格率为 10%，问采用这一方案，其接收的概率为多少？

$$L(10\%) = \sum_{r=0}^{2} P(r) = P(0) + P(1) + P(2)$$
$$= 0.12158 + 0.27017 + 0.28518$$
$$= 0.6770$$
$$= 67.7\%$$

二、检验特性曲线——OC 曲线

（一）OC 曲线的概念

产品是一批一批依次提交检验的，但每一批的不合格品率不仅是一个未知数，而且也不是一个确定的数值（是随机变量 p_i）。对一个确定的抽样检验方案而言，有一个 P 值就有一唯一的接收概率值 $L(p)$ 与之相对应。我们不仅要知道某一特定的 p 值时的该方案的接收概率 $L(p)$，而且希望掌握当 p 值连续变化时，相应的接收概率 $L(p)$ 的变化情况和规律。这就是抽样检验方案的抽样检验特性。抽样检验特性（接收概率与交验批不合格品率的关系）的图像称为抽样检验特性曲线，简称 OC 曲线。有一个确定的抽样检验方案，就有一个确定的 OC 曲线与之相对应。

（二）OC 曲线的绘制

首先建立坐标系，横坐标表示自变量 p 值，纵坐标表示相应的接收概率 $L(p)$ 值。再分别计算若干不合格品率 p_i 值相对应的接收概率 $L(p_i)$ 值。根据计算结果描点连线，即得到 OC 曲线。

例 6-2：试绘制抽样检验方案[2000，20，2]的 OC 曲线。

现分别计算交验批不

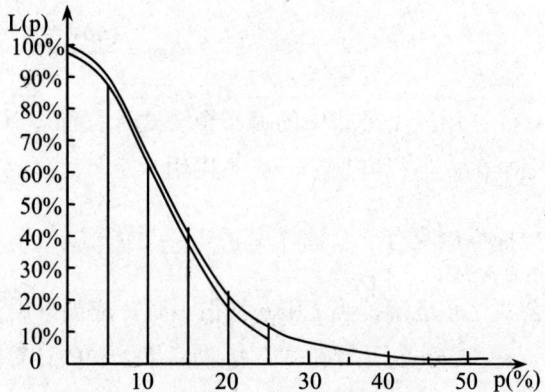

图 6—7　方案[2000，20，2]的 OC 曲线

合格品率为 0%，5%，10%，15%，20%，25%，50%，100%情况下的接收概率。

计算结果为：

$L(0)=100\%$

$L(5\%)=92.46\%$

$L(10\%)=67.70\%$

$L(15\%)=40.49\%$

$L(20\%)=20.60\%$

$L(25\%)=9.12\%$

$L(50\%)=0.02\%$

$L(100\%)=0\%$

根据以上计算结果，在平面直角坐标系中把相对应的数据描点并连接成一条光滑的曲线，即为 OC 曲线（图 6—7）。

（三）OC 曲线的讨论

1. 理想的 OC 曲线

若规定当批不合格品率 $P < p_0$ 时为好批，当 $P > p_0$ 时为坏批，则一个理想的抽样检验方案应当满足：

$$p \leq p_0 时，L(p)=1$$
$$p > p_0 时，L(p)=0$$

图 6—8 所示的为理想的 OC 曲线，这样的 OC 曲线只有在 100%检验而且保证不发生错检和漏检的情况下才能得到，而实际上是不存在的。

2. 不理想的 OC 曲线

当然，我们也不希望出现不理想的方案。如：方案[20，1，0]，我们从批中抽取一只产品，若检验合格则接收该批，若检验不合格则拒收该批。其接收概率计算公式为：

$$L(p) = \frac{\binom{20p}{0}\binom{20-20p}{1-0}}{\binom{20}{1}} = \frac{20-20p}{20} = 1-p$$

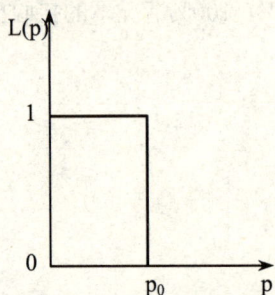

图 6-8 理想的 OC 曲线

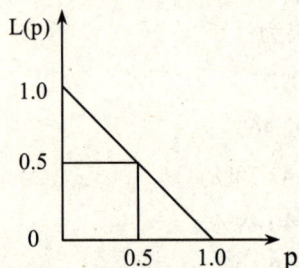

图 6-9 不理想的 OC 曲线

可见，其 OC 曲线为一条直线（见图 6—9）

从图中可以看出，这种方案的判断能力很差。比如规定，当 $p > 5\%$ 时为坏批，而在 $p=5\%$ 的接收概率为 $L(5\%)=0.95$，但当 $p=10\%$ 时其接收概率依然很大，达 $L(10\%)=0.90$。

那么，理想的 OC 曲线实际上做不到，不理想的 OC 曲线判断能力又很差，实际的 OC 曲线是什么样呢?我们希望实际的 OC 曲线应尽可能接近于理想的 OC 曲线，要具有相当好的判断能力，使质量好的批能以高概率接收，对质量差的批应以大概率拒收（即小的接收概率）。

3. 实际的 OC 曲线

实际使用的抽样方案一般具有三个特点：（1）对于合格的交验批，即 $p \leqslant p_0$ 这时以高的接收概率例如 $L(p) \geqslant 0.88$ 予以接收；（2）对于质量变坏的交验批，即超过规定值，这时接收概率迅速

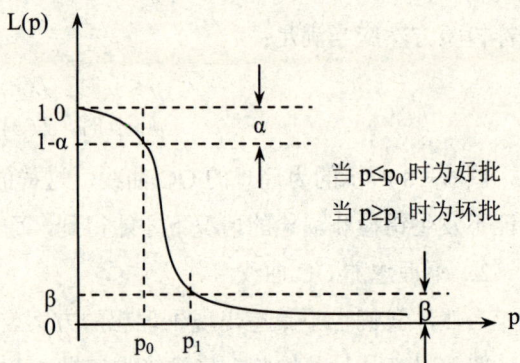

当 $p \leqslant p_0$ 时为好批
当 $p \geqslant p_1$ 时为坏批

图 6—10 OC 曲线上的供需双方的风险

减少，达到某个限度时（ p_1 ）以低概率接收（即以高概率拒收），这时的 $L(p_1)$ 一般为 0.1 左右；（3）抽样检验的工作量适当，即样本量大小合适。实际使用的抽样方案的 OC 曲线如图 6—10 所示。

三、抽样检验的两种风险

抽样检验自然不同于全检，从图 6—10 的 OC 曲线可以看出。合格批也可能有 α 的概率遭到拒收，而不合格批也会有 β 的概率被接收。前者称为生产方风险（α 为弃真概率），后者称为使用方（需方）风险（β 为取伪概率）。在实际应用中应照顾到双方的利益，使生产方风险和使用方风险都尽可能小。

四、N、A_c、n 对 OC 曲线的影响

（一）批量 N 对 OC 曲线的影响

当抽样检验方案中 n 和 A_c 为确定值时，N 的变化对 OC 曲线的影响如图 6—11 所示，4 个抽样方案[1000，20，0]、[200，20，0]、[100，20，0]、[50，20，0]，其中 $n=20$，$A_c=0$ 都是相同的，只有批量 N 分别为 1000，200，100，50。批量之间相差 20 倍之多，但从 OC 曲线可以看出没有多大区别，四条 OC 曲线的形状非常接近。说明批量 N 对 OC 曲线（也就是对抽样检验的检验特性）影响很小。所以，通常把一次抽样检验方案只写出 [n，A_c]就可以了。

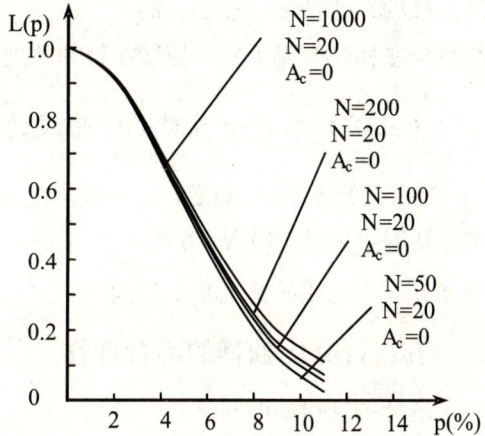

图 6—11　批量 N 不同时的 OC 曲线

实际上，如果再画出[∞，20，0]方案的 OC 曲线，它将基本上与[1000，20，0]方案的 OC 曲线相重合。实践证明，当 $n \geq \dfrac{N}{10}$ 时，无论 N 的数值有多大，其 OC 曲线基本上相同。所以在计算接受其概率时，若 $N \leqslant 10n$，采用二项分布计算公式来计算，其误差可以忽略不计。

（二）合格判定数 A_c 对 OC 曲线的影响

当抽样检验方案中的 N 和 n 确定，A_c 发生变化时的 OC 曲线如图 6—12

所示。方案中 $N=1000$，$n=20$ 不变，而合格判定数 A_c 由大变小时，OC 曲线由右向左移动，而且倾斜度变大，说明方案的检验特性也在变化。当处于同样的 p 值时，A_c 减小使接收概率 $L(p)$ 降低，这就意味着方案变严。反之若 A_c 值增加，接收概率 $L(p)$ 值也增加，则抽样检验方案放宽。另外，曲线向右向左移动并非是平行移动，曲线越向左移越变得更陡，使接收概率的变化率增大，也就是灵敏度增加。

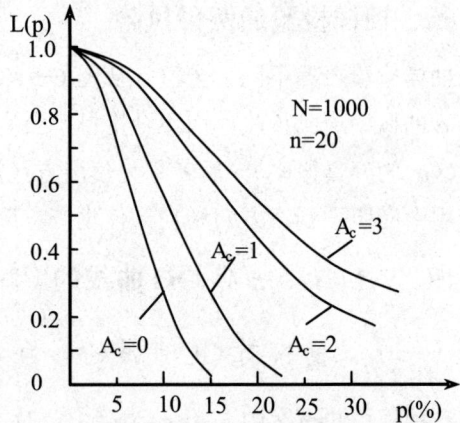

图 6—12 合格判定数对 OC 曲线的影响

（三）样本大小 n 对 OC 曲线的影响

当方案的 N 和 A_c 确定，而 n 发生变化时，其 OC 曲线的变化如图 6—13 所示。从图中可见，当 $N=1000$，$A_c=1$ 固定不变时，n 增加使 OC 曲线向左移动，与（二）中论述的情况基本相同。

五、百分比抽样的不合理性

统计抽样检验的科学性、合理性表现在当抽样检验的先决条件确定时，其 OC 曲线基本上相同，代表不同批量的抽样检验方案，对于相同质量水平的交验批，其接收概率基本上是相同的。而传统的百分比抽样检验却不然，从图 6—14 可以看出，是极其不合理的。

传统的百分比抽样检验方案的极其不合理表现在：不管交验批的批量 N 多大，规定一个确定的百分

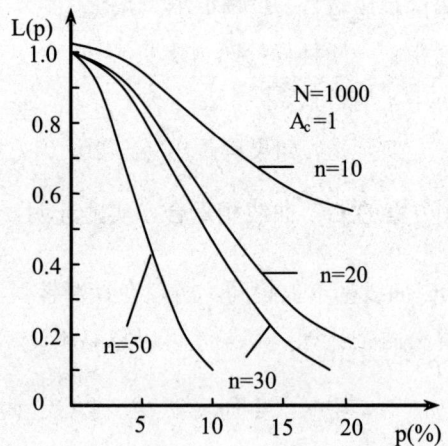

图 6—13 样本大小对 OC 曲线的影响

比去抽样（如按 10%抽样），如果样本中的不合格品数 $r=0$，则判批合格予以接收，只要样本中出现不合格品，就判该批不合格，予以拒收。表面看来这种抽样逻辑思想似乎是合理的，实际上这是一种十分错误的抽样检验方案。要说明其不合理性是很容易的，只要分析一下它们的 OC 曲线就可以知道。图 6—14 所示的四个方案的 A_c 值都为"0"，同时不管 N 多大都按 10%抽

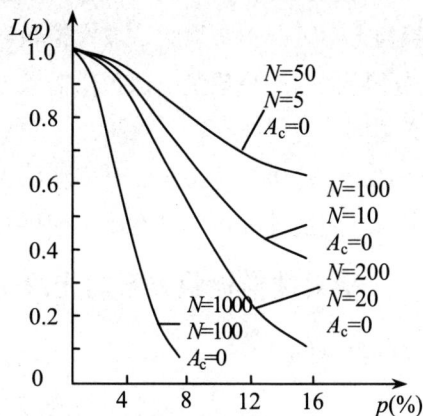

图 6-14　百分比抽样的不合理性

样，四个方案就有四条 OC 曲线。可以看出这四条 OC 曲线的形状、位置差异很大，说明四个方案的检验特性及判断能力相差甚远。按普通常识不难理解，既然以不合格品率来衡量质量水平，则不管交验批的批量有多大，只要交验批的不合格品率相同，其质量水平就是相同的，因此其接收概率应该相同。然而，实际上采用百分比抽样检验时，尽管交验批的不合格品率 p 是相同的，当批量 N 不同时其接收概率相差甚远，因此其不合理性显而易见，企业应淘汰这种不合理的抽样检验方法，采用科学的、合理的统计抽样检验方法。

总结百分比抽样的不合理性，有下列 4 条：

1．百分比抽样检验具有"大批严，小批松"的严重缺点；

2．百分比抽样检验的假设前提不确切；

3．百分比抽样没有明确的质量保证；

4．百分比抽样检验的抽样比例缺乏理论根据。

第三节　计数调整型抽样检验标准 GB 2828 的使用

GB 2828-1987 属于计数调整型抽样检验标准，它与国际标准 ISO 2859 相对应，有严密的数学理论基础和广泛的应用范围，适用于连续批的检验，是目前国内外广泛采用的统计抽样检验方案。

在抽样检验过程中，随着交验批质量的变化按照事先规定的"转移规则"，抽样检验方案可在正常检验、放宽检验和加严检验之间进行调整，以达到促进生产方不断提高产品质量，保护供需双方的权益的目的，抽样检验方案和转移规则必须同时使用。

GB 2828—1987 是以合格质量水平 AQL 为质量指标，标准设计了一次、二次、三次、五次抽样检验方案，供使用者选用。

一、检索抽样检验方案的先决条件

（一）批量 N

1. 交验批必须是由质量均匀的产品所构成的

（1）不同原材料、零部件制造的产品不得归为同一批提交检验；

（2）由不同设备、不同工艺方法所制造的产品不得归为同一批交付检验；

（3）不同时期或交替轮番生产的产品不得归为同一批交付检验。

2. 批量 N 的大小要适宜

对构成交验批的批量大小并无特殊规定，但应注意到：

（1）批量 N 过于小时，相对于批量 N 的抽样比例加大；

（2）批量 N 过于大时，一旦发生误判所造成的损失亦大；

（3）从交验批的批量 N 中抽取用于检验的样 n，一定要做到随机抽样。

（二）合格质量水平 AQL

1. AQL 的概念

AQL 是合格质量水平，也称可接受的质量水平，它表征连续提交批平均不合格品率的上限值（最大值），它是计数调整型抽样检验对交验批的质量标准。计数调整型抽样检验方案可以保证需方得到具有 AQL 水平的平均质量水平的产品。

2. AQL 的数值

AQL 的数值可以表征"每百件产品中的不合格品数"也可以表征"每百件产品中不合格数"。GB 2828—1987 标准中规定的 AQL 值取值范围为 $0.01\% \sim 1000\%$，按 E5 优先系列取值。当 AQL≤10%时，既可表征百件产品中的不合格品数又可表征百件产品中的不合格数。但当 AQL≥10%时，则只能表征百件产品中的不合格数。

3．AQL 值的确定原则

AQL 值一般在技术标准、质量标准或供需双方签订的订货合同或协议中明确规定。确定 AQL 值的总原则应根据需求的必要性和生产的可能性，由供需双方协商确定。其具体的确定原则表现为以下五个方面：

（1）单项检验的 AQL 值应严于多项目检验；

（2）原材料，零部件检验的 AQL 值应严于成品检验；

（3）A 类不合格的要求应严于 B 类不合格，B 类不合格的要求应严于 C 类不合格；

（4）航天产品检验的 AQL 值应十分严格，依次为军工产品、工业产品和民用产品；

（5）电气性能的检验 AQL 值应严于机械性能，其次是外观性能。

表 6—1、6—2、6—3、6—4 给出了不同情况下的 AQL 值的参考值。

表 6—1　轻、重不合格品与 AQL 值的参考值

轻不合格品		重不合格品	
检验项目数	AQL（%）	检验项目数	AQL（%）
1	0.65	1~2	0.25
2	1.0	3~4	0.40
3~4	1.5	5~7	0.65
5~7	2.5	8~11	1.0
8~18	4.0	12~19	1.5
19 以上	6.5	20~48	2.5
		49 以上	4.0

表 6—2　不合格品种类与 AQL 值的参考值

企业	检验类别	不合格品种类	AQL 值（%）
一般工厂	进货检验	A、B 类不合格品	0.65，1.5，2.5
		C 类不合格品	4.0，6.5
	成品出厂检验	A 类不合格品	1.5，2.5
		B、C 类不合格品	4.0，6.5

表6—3　不同性能与 AQL 的参考值

质量特性	电气性能	机械性能	外观质量
AQL（%）	0.4~0.65	1.0~1.5	2.5~4.0

表6—4　不同产品与 AQL 的参考值

使用要求	特高	高	中	低
AQL（%）	≤0.1	≤0.65	≤2.5	≤4.0
适用范围	卫星 导弹 宇宙飞船	飞机、舰艇 重要工业产品 军工产品	一般工、农业产品 一般军需产品	民用产品 一般工业产品

（三）检验水平 IL

1. 检验水平的概念

在抽样检验过程中，检验水平用于表征抽样检验方案的判断能力。即判断能力强时检验水平高。实际是，检验水平为确定判断能力而规定的批量 N 与样本大小之间关系的等级划分。

2. 检验水平的等级划分

一般检验水平分为三级：一般检验水平Ⅲ级、一般检验水平Ⅱ级、一般检验水平Ⅰ级。判断能力：Ⅲ＞Ⅱ＞Ⅰ。

在没有特殊说明的情况下，抽样检验的检验水平一律选用一般检验水平Ⅱ级。对判断能力要求高的抽样检验则选择Ⅲ级，而判断能力要求较低的抽样检验一律选择Ⅰ级。

特殊检验水平分为四级：特殊检验水平 S—4 级、特殊检验水平 S—3 级、特殊检验水平 S—2 级、特殊检验水平 S—1 级。其判断能力：S—4＞S—3＞S—2＞S—1。

特殊检验水平的判断能力低于一般检验水平，只有破坏性检验和外观检验时，才能采用特殊检验水平。

3. 检验水平的样本大小 n 与批量 N 的关系

现观察 N=3000，AQL=2.5%情况下，采用一次抽样正常检验方案时，不同检验水平的样本大小及供需双方的风险（在 $p=2.5\%$ 下计算 α 值，在 $p=12.5\%$ 下计算 β 值），数据见表 6—5。

表 6—5　供需双方风险数据表

IL	n	A_c	L（$p=2.5\%$）	α	L（$p=12.5\%$）	β
S—1	5	0	0.8817	0.1183	0.53	0.53
S—2	5	0	0.8817	0.1183	0.53	0.53
S—3	20	1	0.9094	0.0906	0.29	0.29
S—4	32	2	0.9533	0.0467	0.24	0.24
I	50	3	0.9608	0.0392	0.13	0.13
II	125	7	0.9842	0.0158	0.011	0.011
III	200	10	0.9860	0.0140	0.007	0.007

从表 6—5 中的数据可以看出，当检验水平提高以后，样本大小的比例不断增大，同时供需双方的风险都在逐渐减小，从而判断能力在不断增强。具体讲，体现了以下功能：

（1）检验水平 IL 越低，对单批的判断精度越差，误差概率增大。检验水平越高，对单批的判断精度越高，误差概率越小。

（2）检验水平 IL 越低，对交验总体的质量保证能力越差。检验水平 IL 越高，对交验总体的质量保证能力越强。

4．检验水平 IL 的选择原则

总的选择原则：

（1）没有特别规定时，首先应采用一般 2 级检验水平；

（2）比较检验费用时，若每个样品的检验费用为处理一个不合格品的费用相当时，选择一般检验水平 2 级，若高则改选 1 级，若低则选择 3 级；

（3）为保证 AQL 值，使劣于 AQL 值的产品批尽可能少漏过去，宜选用高的检验水平；

（4）检验费用（包括人力、物力、时间等）较低时，宜选用高的检验水平；

（5）产品质量不稳定，质量波动大时，选用高的检验水平；

（6）破坏性检验或严重降低产品性能的检验，选用低的检验水平；

（7）检验费用高时，选用低的检验水平；

（8）产品质量稳定，相对差异较小时，选用低的检验水平；

（9）历史资料不多或缺乏的试制品，为安全起见，检验水平必须选择高一些；

（10）间断生产的产品，检验水平选择要高些。

一般检验水平 1 的选用条件：

（1）即使降低判断的准确性，但对用户使用该产品并无明显影响时选用；

（2）单位产品价格较低时选用；

（3）产品生产过程比较稳定，随机因素影响较小时选用；

（4）各个交验批之间质量波动不大时选用；

（5）交验批内质量比较均匀时选用；

（6）产品批不合格时带来的危险性较小时选用。

一般检验水平 3 的选用条件：

（1）需方在产品使用上有特殊要求时选用；

（2）单位产品价格较高时选用；

（3）产品质量在生产过程中容易受随机因素影响时选用；

（4）各个交验批之间质量波动较大时选用；

（5）交验批内质量均匀性较差时选用；

（6）产品批不合格时，平均处理费用大于检验费用时选用；

（7）对于质量状况把握性不大的新产品检验时选用。

特殊检验水平的选用条件：特殊检验水平限用于检验费用极高或贵重产品的破坏性检验的场合，原则上是宁愿增加对批质量误判的危险性，也要尽可能减少样本的大小。

（四）抽样方式

抽样方式指是一次抽样、二次抽样还是五次抽样。在应用统计抽样检验方法时应事先选定抽样方式。

1. 不同抽样方式的特点

设交验批批量 N=3000 检验水平 IL=2，AQL=2.5%，可以从 GB 2828—1987 标准中查出一次抽样正常检验方案、二次抽样正常检验方案、五次抽样正常检验方案分别为：

$$[125，7，8]，\quad \begin{bmatrix} 80, & 3, & 6 \\ 80, & 9, & 10 \end{bmatrix}, \quad \begin{bmatrix} 32 & * & 4 \\ 32 & 1 & 6 \\ 32 & 3 & 8 \\ 32 & 5 & 9 \\ 32 & 9 & 10 \end{bmatrix}$$

分析以上三个不同的方案可以得到表 6—6 的结果。

表6—6　不同抽样方式的样本量分折

抽样方式	接收该批时最小样本量	拒收该批时最小样本量
一次抽样	118	8
二次抽样	77	6
五次抽样	61	4

分析结果说明，不同抽样方式的抽样次数越多，对批质量作出判定时所需的样本量越小；反之，抽样方式的抽样次数越少，对批质量作出判定时所需的样本量越大。

虽然不是在任何情况下都具有完全相同的规律，但对连续检验多批的平均样本量而言，抽样方式的抽样次数越多，所需的平均样本量就越小，使用的抽样方式的抽样次数越少，所需的平均样本量就越大（见图 6-15）

2. 选择抽样方式的原则

（1）检验费用很高，希望减少样本量时，选用高次抽样方式。

（2）检验单位产品耗时很长，用高次抽样方式不允许时，只能选用一次抽样。

（3）检验费用不高时优先选用一次抽样。

（4）多次抽样的检验组织工作难度大，判定复杂，对检验人员的素质要求高。企业在选择抽样方式时应充分考虑自己的正常检验技术能力、管理水平和人员素质。

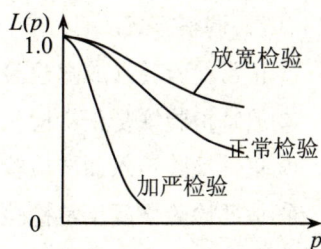

图 6—15　不同严格程度抽样方案的 OC 曲线

（5）对于给定的合格质量水平 AQL 和检验水平 IL，可以选用不同的抽样方式。应注意到，只要给定的合格质量水平 AQL 和检验水平 IL 相同，无论选用哪种抽样方式所对应的方案进行抽样检验，对批质量的判定能力及对总体质量的保证能力基本上相同。切不可受心理效果的影响，盲目选择多次抽样。

（五）检验的严格程度

1. 检验的严格程度划分

GB 2828—1987 标准规定有正常检验、放宽检验和加严检验三种不同严格程度的检验。当产品批初次被送交检验时，一律从正常检验开始。正常检验经历一段时间后，如果认为送交检验的每一批质量水平一致优于合格质量水平时，为鼓励生产方不断提高和保证产品质量方面所作的努力，应转为采用放宽检验。如果认为送交检验的各批质量水平低于合格质量水平，出现大部分批被拒收，极少部分被接收时，当然会认为被接收的批质量水平也是低劣的。为了弥补这种缺陷，必须由正常检验转入加严检验，通过降低接收概率来拒绝许多批的通过，促使生产方努力提高产品的质量水平。可见，调整型抽样检验，无论是放宽还是加严都应有利于促进生产方不断提高产品的质量水平。

2. 检验严格程度的调整

检验严格程度的调整是通过对抽样检验方案的调整来实现的。图 6-15 所示的是正常检验、放宽检验、加严检验所对应的三种抽样检验方案的 OC 曲线。显然，放宽检验时相应提高了批的接收概率，减小了生产方风险，反之当转入加严检验后，相应降低了批的接收概率，加大了生产方风险。

（1）调整方式：

①正常检验转入放宽检验；

②放宽检验恢复正常检验；

③正常检验转入加严检验；

④加严检验恢复正常检验；

⑤加严检验转入暂停交收。

（2）调整（转移）规则

从正常检验转入放宽检验：

当进行正常检验时，若下列条件均得到满足，则从下一批转入放宽检验。

①在正常检验的情况下连续 10 批（不包括拒收后再次提交检验的批）被接收；

②在上述连续 10 批被接收的批中所抽取的样本中包含的不合格品（或不合

格）总数应小于或等于规定的界限数 L_R（L_R 值可查界限值 L_R 表），见表6—7。

表6—7 统计抽样样本大小字码表

批量范围	特殊检验水平				一般检验水平		
	S—1	S—2	S—3	S—4	I	II	III
1~8	A	A	A	A	A	A	B
9~15	A	A	A	A	A	B	C
16~25	A	A	B	B	B	C	D
26~50	A	B	B	C	C	D	E
51~90	B	B	C	C	C	E	F
91~150	B	B	C	D	D	F	G
151~280	B	C	D	E	E	G	H
281~500	B	C	D	E	F	H	J
501~1200	C	C	E	F	G	J	K
1201~3200	C	D	E	G	H	K	L
3201~10000	C	D	F	G	J	L	M
10001~35000	C	D	F	H	K	M	N
35001~150000	D	E	G	J	L	N	P
150001~500000	D	E	G	J	M	P	Q
≥500001	D	E	H	K	N	Q	R

③生产过程稳定（从生产方提供的控制图判定）。

④需方质量部门同意转为放宽检验。

上述四条必须同时具备，才能由正常检验转为放宽检验，四条之中①条是基础，而且②条是以①条为前提的。

从放宽检验恢复为正常检验：

在放宽检验的情况下，若出现下列任一情况时，则从下一批恢复为正常检验。

①在放宽检验的情况下只要有一批不合格（拒收）；

②生产过程不稳定（从生产方提供的控制图判定）；

③需方质量部门认为有必要恢复为正常检验。

在放宽检验时判断的要求已经放松，若不能严格控制将有可能放过质量水平低的产品批，造成需方不应有的损失。在我国目前多数企业质量管理水平不高和生产技能还不先进的情况下，放宽检验应持慎重态度。

从正常检验转入加严检验：

在正常检验的情况下，若在不多于5批（连续交验批）中有2批不合格（拒收）（不包括经拒收后再次提交检验的批），则从下一批开始转入加严检验。

以 O 代表检验后被接收的批，⊗ 代表检验后被拒收的批，若有下列情况则转入加严检验：

○○○○⊗○○⊗→加严检验；

○⊗○○○○⊗⊗→加严检验；

⊗○○○○⊗○○○○○⊗○⊗→加严检验。

从加严检验恢复正常检验：

在加严检验的情况下，若连续5批检验（不包括拒收后再次提交检验的批）合格（被接收），则从下一批开始恢复正常检验。如下列情况：

○⊗○○○○○→正常检验；

⊗○⊗○○○○○→正常检验；

从加严检验转入暂停交收：

当加严检验开始后，被拒收的批累计达到5批时，应暂停按标准进行的交收。

被拒收的批不包括再次提交批，而累计到5批的被拒收批只是从正式转入加严检验后的被拒收批，不包括转入加严检验前在正常检验情况下被拒收的批，也不包括前次加严检验时被拒收的批。

一个企业提交的产品批进入加严检验，已经表明产品质量水平下降，应采取措施提高产品质量水平，争取早日恢复正常检验。如果累计5批被拒收，足以证明改进不力，停止交收是对生产方有效的惩治，以促进生产方加大力度，提高质量。

当停止交收后，生产方实施有效质量改进措施后，确认有质量改进的效果时，可以向需方提出恢复交收。但因质量问题而停止交收后再恢复交收时必须从加严检验开始。

对放宽检验的特殊规定：

在进行放宽检验中，对判为拒收的批，必须使用"特宽检验"条件重新加以判断。应注意在 GB 2828—1987 标准中所规定的"特宽检验"并不意味着"特别的宽"，而是对拒收批的判定应慎重考虑的意思。

总结以上各转移规则，可用图6—16表示。

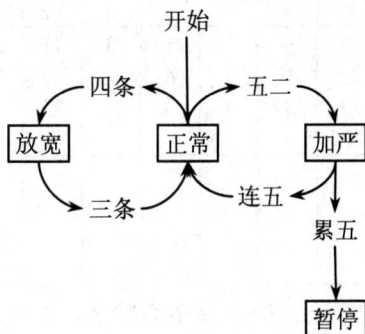

图6—16 检验严格程度转移规则示意图

二、一次抽样正常检验方案的检索

在 GB 2828—1987 标准中，由于有一次抽样、二次抽样和五次抽样共 3 种抽样方式及正常检验、放宽检验、加严检验和特宽检验共 4 种检验严格程度，经组合共有 12 种检索抽样检验方案的主抽样表。

表6—8 不同样本相应的大小字码表

累计样本大小	合格质量水平（AQL）												
	0.010	0.015	0.025	0.040	0.065	0.10	0.15	0.25	0.40	0.65	1.0	1.5	2.5
10~159	+	+	+	+	+	+	+	+	+	+	+	+	+
160~199	+	+	+	+	+	+	+	+	+	+	+	+	+
200~249	+	+	+	+	+	+	+	+	+	+	+	+	+
250~314	+	+	+	+	+	+	+	+	+	+	+	+	0
315~399	+	+	+	+	+	+	+	+	+	+	+	+	1
400~499	+	+	+	+	+	+	+	+	+	+	+	0	2
500~629	+	+	+	+	+	+	+	+	+	+	+	1	4
630~799	+	+	+	+	+	+	+	+	+	+	+	0	2	6
800~999	+	+	+	+	+	+	+	+	+	+	1	4	9
1000~1249	+	+	+	+	+	+	+	+	+	0	2	6	12
1250~1599	+	+	+	+	+	+	+	+	+	1	4	9	15
1600~1999	+	+	+	+	+	+	+	+	+	2	6	12	19
2000~2499	+	+	+	+	+	+	+	+	1	4	9	15	25
2500~3149	+	+	+	+	+	+	+	0	2	6	12	19	31
3150~3999	+	+	+	+	+	+	+	1	4	9	15	25	39
4000~4999	+	+	+	+	+	+	0	2	6	12	19	31	50

范围													
5000~6299	+	+	+	+	+	+	1	4	9	15	25	39	63
6300~7999	+	+	+	+	+	0	2	6	12	19	31	50	
8000~9999	+	+	+	+	+	1	4	9	15	25	39	63	
10000~12499	+	+	+	+	0	2	6	12	19	31	50		
12500~15999	+	+	+	+	1	4	9	15	25	39	63		
16000~19999	+	+	+	0	2	6	12	19	31	50			
20000~24999	+	+	+	1	4	9	15	25	39	63			
25000~31499	+	+	0										
31500~39999	+	+											
40000~49999	+	0											
50000~62999	+												
≥63000	0												

本教材只讲解一次抽样正常检验方案的检索，其他方案的检索程序都相类似，应用时只需从标准中去查不同的主抽检表即可。

（一）确定样本大小字码

根据批量 N 和规定的检验水平 IL，查"样本大小字码表"，见表6—9得到相应的样本大小字码。

表6—9　统计抽样放宽检验界限数（L_R）表

累计样本大小	合格质量水平（AQL）												
	4.0	6.5	10	15	25	40	65	100	150	250	400	650	1000
10~12	+	+	+	+	+	+	0	2	6	12	19	31	50
13~15	+	+	+	+	+	+	1	4	9	15	25	39	63
16~19	+	+	+	+	+	0	2	6	12	19	31	50	79
20~24	+	+	+	+	+	1	4	9	15	25	39	63	99
25~31	+	+	+	+	0	2	6	12	19	31	50	79	126
32~39	+	+	+	+	1	4	9	15	25	39	63	99	158
40~49	+	+	+	0	2	6	12	19	31	50	79	126	
50~62	+	+	+	1	4	9	15	25	39	63	99	158	
63~79	+	+	0	2	6	12	19	31	50	79	126		
80~99	+	+	1	4	9	15	25	39	63	99	158		
100~124	+	0	2	6	12	19	31	50	79	126			
125~159	+	1	4	9	15	25	39	63	99	158			
160~199	0	2	6	12	19	31	50						
200~240	1	4	9	15	25	39	63						
250~314	2	6	12	19	31	50							
315~399	4	9	15	25	39	63							
400~499	6	12	19	31	50								
500~629	9	15	25	39	63								
630~799	12	19	31	50									

800~999	15	25	39	63							
1000~1249	19	31	50								
1250~1599	25	39	63								
1600~1999	31	50									
2000~2499	39	63									
2500~3149	50										
3150~3999	63										
4000~4999											
≥5000											

注：表中"+"表示此合格质量水平，累计连续10批合格样本大小转入放宽检验是不够的，必须连续累计到合格批样本大小，直到表中有界限数可比较。如果接着累计时出现一批不合格，则此批以前检验的结果以后不能继续使用。

（二）查主抽检表

根据抽样方式和检验的严格程度确定查哪一个主抽检表，这里是要查一次抽样正常检验主抽检表。

根据样本大小字码CL和事先规定的合格质量水平AQL值在主抽检表上查得抽样检验方案。

1. 根据样本大小字码CL，在主抽检表上的第一列"样本大小字码"栏确定要查的行数。

2. 根据事先确定的合格质量水平AQL值从表头"AQL数值栏"确定要查的列数。

3. 用十字交叉法查表。

（1）若交叉点为一组数据（A_c，R_e），则同时在该行上查到样本大小 n 的数值。此时得到抽样检验方案[n，A_c，R_e]；

（2）若交叉点为箭头，则应沿着箭头所指的方向直到查到一组数据（A_c，R_e），则同时在这一组数据的同一行上可查得样本大小 n 的数值。此时得到抽样检验方案[n，A_c，R_e]。

总结以上查主抽检表的规则，简化为一句话："跟着箭头走，见数就停留，同行是方案，千万别回头。"

一次抽样方案的检索程序可表示为：

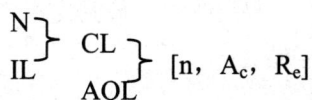

$$\left.\begin{matrix} N \\ IL \end{matrix}\right\} \left.\begin{matrix} CL \\ AQL \end{matrix}\right\} [n, A_c, R_e]$$

（三）方案检索案例

1. 某机械厂出厂检验，采用 GB 2828—1987 标准，规定 AQL=l.5%，IL=2，当交验批批量 N=2000 时，其一次抽样正常检验的方案为：

（1）从样本大小字码表查得 CL=K；

（2）从一次抽样正常检验主抽检表查得 A_c=5，n=125，则确定抽样检验方案为[2000，125，5]。

2. 某电子元件厂出厂检验，采用 GB 2828—1987 标准，交验批批量 N=500 时，其次抽样正常检验的方案为：

（1）从样本大小字码表查得 CL=H；

（2）从一次抽样正常检验主抽检表查得：对应于样本大小字码 H 的行和 AQL=0.10% 的列在交叉点上所遇到的是箭头。沿着箭头所指的方向，第一组数据为（0，1），而这一组数据同行上所查到的 n=125。

则确定方案为[500，125，0]。

注意：一定不可以取与字码 H 同行的 n=50，这等于沿箭头方向查得 A_c=0 后又回头来查样本大小，这种查法是错误的。

三、采用 GB 2828-1987 标准应注意的问题

（一）在产品技术标准或订货合同（协议）中引用 GB 2828-1987 标准规定的内容

1. 规定检验批；

2. 按不同的不合格分类分别规定合格质量水平 AQL 值；

3. 按不同的不合格分类分别规定检验水平 IL；

4. 按不同的不合格分类分别规定抽样方式。

（二）GB 2828-1987 标准适用于生产过程受控的连续批的逐批检验

生产过程受控需采用 GB 2828—1987 周期检验的统计抽样检验标准进行验证。因此，周期检验是逐批检验的前提。周期检验不合格或未进行周期检验的生产过程所生产的产品不能进行逐批检验或逐批检自动失效。

经抽样检验合格的批应整批接收，被判为不合格的批则全部退回供货方。

1. 关于不合格品的再提交

凡在抽样检验中发现的不合格品，不能再次提交（订货方有权拒绝接收），对不合格品经修理或校正，确认符合标准且经订货方同意后，才能按规定的方式再次提交。

2. 关于不合格批的再提交

凡被拒收的批应退回供货方，经供货方百分之百检验，将不合格品剔除或经修复后，允许再次提交检验。

GB 2828—1987 标准的抽样检验对提交批的全体负责（不是其中一件产品），若被检验批的样本中的不合格品数 $r > R_e$，则表明产品批的质量水平可能达不到规定标准，意味着质量水平下降，因此必须拒收整批产品。

第四节　计数周期抽样检验标准 GB 2829 的使用

一、计数周期检验

（一）计数周期检验的概念

周期检验指为判断在规定的周期（时间）内，生产过程的稳定性是否符合规定要求，从逐批检验合格的某批或若干批中抽取样本所进行的检验。

（二）周期检验与逐批检验的关系

1. 影响成批生产批质量有两大类因素，即系统因素（异常因素）和随机因素（正常因素）。周期检验是为判定生产过程中系统因素作用的检验（判定生产过程是否稳定），而逐批检验则是为判定随机因素的作用是否控制在合理范围内的检验，二者的组合是投产和维持正常生产的完整的检验，在企业正常生产过程中二者缺一不可。

2. 周期检验是逐批检验的前提，没有周期检验或周期检验不合格的生产系统不存在逐批检验（或逐批检验无效）。逐批检验是周期检验的补充，逐批检验是在经周期检验杜绝（消除）系统因素的作用的基础上而进行控制随机因素作用的检验。

3. 周期检验必须保证在确定的周期内如期进行，所以又称为例行试验。

（三）周期检验的特点及适用范围

1. 周期检验的特点

（1）周期检验的环境、应力条件恶劣：一般对产品要进行低温、高温、潮热、高压或低压、振动、冲击等项目的试验，并对产品进行质量特性（指标）的测试，因而对产品将进行严酷的考验。

（2）周期检验的质量指标用不合格质量水平 RQL 来表示。当生产过程的不合格品率等于或大于 RQL 值时，抽样方案要以高概率拒收（即低概率接收，概率值 0.1 左右），判定生产系统不稳定；当生产过程的不合格品率 p 远远小于 RQL 值时，抽样方案才能以高概率接，判定生产系统稳定。RQL 值较大，在工业产品生产中，一般在 30%~40%。GB 2828 逐批验的质量指标用合格质量水平 AQL 来表示，当产品的不合格品率 p 等于 AQL 时，抽样方案以高概率接收，概率值在 0.9 左右。AQL 值较小，在工业产品生产中，一般小于 4%。

（3）样本的抽取。周期检验的样本应从本周期制造的并经逐批检验合格的某个批或若干批中抽取；GB 2828 标准的样本抽取，则从交验批中抽取。

2. GB 2829 周期检验的适用范围

适用于在规定周期内判断生产过程是否稳定的检验。

二、计数周期检验程序

（一）确定检验周期

周期检验的检验周期不是随意确定的，在产品技术标准或订货合同中，应根据该产品生产过程稳定的大约持续时间、检验时间、检验费用等因素而规定适当的检验周期。对检验的不同试验组，允许规定不同的检验周期。

确定检验周期的一般原则为：

1. 充分考虑产品生产过程的大约持续稳定时间，综合分析产品形成过程所使用的设备、仪器、工装等失调、失修、损坏的时间，来规定生产过程保持稳定的大约持续时间。

2. 要考虑到试验项目和试验方法而形成的试验时间的长短，一般试验时间长，检验周期适当延长，试验时间短的，则检验周期适当缩短。

3. 试验所用的费用高时，检验周期适当延长，试验费用低时，检验周期可适当缩短。

4．一般以生产持续运行的时间规定检验周期，如：月、季、半年或年等。个别情况下也可以生产系统持续稳定运行时间内生产的产品数量规定检验周期，如：千件、万件等。

（二）选择试验项目并组成试验组

根据产品质量特性，从中选择能够反映生产系统的质量（稳定性和可靠性）的项目进行周期检验，但应符合以下原则：

1．根据保证产品质量的实际需要选择；

2．要充分考虑到实施的可能性；

3．能够归并成为尽可能少的试验组。

（三）确定试验方法并选择试验设备

（四）规定不合格分类

不合格的分类应与质量特性重要性分级相适应。

（五）规定不合格质量水平 RQL

1．RQL 的概念

RQL 是计数周期性检验判断生产过程稳定性的质量标准。当生产过程的不合格品率 p 大于 RQL 值时，抽样方案要以高概率判断生产过程不稳定（周期检验不合格）；当生产过程的不合格品率 p 远远小于 RQL 值时，抽样方案要以高概率判断生产过程稳定（周期检验合格）。RQL 是评价生产过程是否稳定的质量界限值。

2．　RQL 的数值

（1）RQL 以百件产品中的不合格品数，或百件产品中的不合格数计算；

（2）RQL 在数值上等于生产过程中平均不合格品率的下限值 $\bar{p}_{\min}$ 或 RQL 在数值上等于生产过程的稳定度最低时的质量水平。

3．RQL 值的确定

RQL 值应由供需双方协商确定，原则上每个试验组应分别规定 RQL 值，甚至还可以考虑同一试验组中的不同试验项目规定不同的 RQL 值，总之，规定 RQL 值的方式是比较灵活的。

（1）生产过程稳定性要求高时，对不合格品控制严格的生产过程，RQL 值应选择小一些（不合格质量水平高）；

（2）试验设备能力强，有条件检验难度大的试验项目时，不合格质量水平可高一些（RQL 值选择小一些）；

（3）检验费用大，经济上不合算时，RQL 值可选择大一些（不合格质量水平低）；

（4）根据产品质量特性的重要度分级而确定 RQL 值时，A 类不合格要小于 B 类不合格，B 类不合格要小于 C 类不合格；

（5）试验项目的类别不同时，RQL 值也不同，一般电气性能小于机械性能，机械性能小于外观性能。

表 6-9 给出选择 RQL 值的参考值。

表 6—9　RQL 选择的参考值（%）

使用要求	特高	高	中	低
RQL 值	≤5	10~15	20~30	≤40
示例	航天产品	军工产品	工业产品	一般日用品

（六）规定判别水平 DL

1. 判别水平的概念

判别水平是判断生产过程稳定性不符合规定要求的能力大小的等级。

2. 判别水平影响因素

判别水平越高，对生产过程的稳定性要求越高，判周期检验合格的可能性越小。根据统计抽样理论可知，接收概率随样本大小的增大而减小，即抽样的样本大小是影响判别水平的主要因素。抽样样本量大判别水平就高，但检验费用也高；抽样样本量小，判别水平低，检验费用也低。

3. 判别水平的等级

判别水平有三个等级：

DL—1（判别水平 1）；

DL—2（判别水平 2）；

DL—3（判别水平 3）。

4．判别水平的确定原则

一般应选择 DL—3，其选择原则是：

（1）对生产过程稳定性要求高时，应尽可能减少稳定性的误判，则应选择高的判别水平 DL—3

（2）生产过程稳定性的误判允许有限度的增大，出现不合格品所造成的损失可被接受或不致招致危害时，选择 DL—2；

（3）不强调生产过程的稳定性，只要求减少检验费用的情况下，选择 DL—1。

（七）选择抽样方式

在 GB 2829—1987 标准中，对抽样方式的规定与 GB 2828—1987 标准相同，有一次抽样、二次抽样、五次抽样，抽样方式的特点及选择原则亦相同。

（八）检索抽样方案

1．检索抽样方案的先决条件

确定周期检验的抽样方案，必须事先决定下列三个条件：

（1）不合格质量水平 RQL 值；

（2）判别水平 DL；

（3）抽样方式（一次抽样、二次抽样、五次抽样）。

2．抽样方案的检索程序

（1）选定抽样检验表

根据判别水平和抽样方式选定抽样检验表，GB 2829—1987 标准中给出 9 个抽样检验表。

（2）检索抽样方案

计数周期抽样检验具有特殊性，其一是计数周期抽样检验是把一个检验周期内生产的全部产品作为一批，批量很大；其二是在抽样检验表中规定的 RQL 值和 DL 查出的抽样方案不只是一个而是一组。如：给定 RQL=5.0，DL=Ⅰ 的一次抽样检验方案为 6 个。

N=20，A_c =0，R_e =1 的方案[20, 0, 1]；

N=40，A_c =1，R_e =2 的方案[40, 1, 2]；

N=65，A_c=2，R_e=3 的方案[65，2，3]；

N=80，A_c=3，R_e=4 的方案[80，3，4]；

N=100，A_c=4，R_e=5 的方案[100，4，5]；

N=125，A_c=5，R_e=6 的方案[125，5，6]；

因此，当检索计数周期检验抽样方案时，就有给定判定组数和不给定判定组数两种情况。

当事先给定判定组数时，在抽样表中按规定的 RQL 所在的列向下寻找给定的判定组，然后向左在同行内查出相应的样本大小 n，即为组成的抽样方案。

当事先未给定判定组数时，在抽样表中按规定的 RQL 所在的列向下寻找的是若干判定组数。每个判定组的左方同行均可查出相应的样本大小 n，因此，会得到若干抽样方案，然后根据实际情况选择其中一个抽样方案。

（九）一次抽样检验方案的检索案例

1. 某电子元件厂的例行试验，采用 GB 2829—1987 标准进行抽样。规定 RQL=30，DL=3，求一次抽样方案。

解：在判别水平Ⅲ一次抽样检验表中，由 RQL=30 所在的列向下查出 6 个抽样方案：

[6，0，1]　　　[12，1，2]　　　[16，2，3]

[20，3，4]　　　[25，4，5]　　　[32，6，7]

由于事先没有规定选用哪一个判定组数，因此，试验室根据试验费用和试验设备的能力从以上 6 个方案中选择[12，1，2]的抽样检验方案。

2. 某电子元件厂的例行试验，采用 GB 2829—1987 标准进行抽样。规定 RQL=l5，DL=3，采用一次抽样，确定在样本中不得有不合格品的抽样方案。

解：在判别水平Ⅲ的一次抽样检验表中，从 RQL=15 所在的列向下查，有 6 个抽样方案：

[12，0，1]　　　[32，2，3]　　　[50，4，5]

[25，1，2]　　　[40，3，4]　　　[65，6，7]

由于事先已规定只能选择判定组中 A_c=0 的方案，因此，从以上 6 个方案中选择第一组方案[12，0，1]。

三、周期检验不合格的处理

若周期检验不合格，首先，生产方或供方主管质量部门要认真调查不合格的原因，并报告企业领导或上级主管质量部门。

1. 若因试验设备出故障或操作上的错误造成周期检验不合格，则允许重新进行周期检验。

2. 若造成周期检验不合格的原因能立即纠正，则允许用纠正不合格原因制造的产品进行检验。

3. 若造成周期检验不合格的产品能通过筛选的方法剔除或可以修复，则允许用经过筛选或修复后的产品进行周期检验。

4. 如果周期检验不合格不属于上述三种情况，那么它代表的产品应暂时停止逐批检验，并将逐批检验合格入库的产品停止交付订货方；已交付订货方的产品原则上退回供货方或双方协商解决，同时暂时停止该周期检查所代表产品的正常批量生产。只有在主管质量部门的监督下，采用纠正措施后制造的产品，经周期检验合格后，才能恢复正常批生产和逐批检验。

第五节 计数标准型抽样检验标准 GB/T 13262 的使用

一、标准的适用范围

GB/T 13262—1991 是以批不合格品率 p 为质量指标的计数标准型一次抽样检验标准。所谓标准型抽样检验方案，即是同时满足生产方风险质量 p_0、使用方风险质量 p_1、生产方风险（率）α 和使用方风险（率）β 的抽样方案。该标准中规定生产方风险（率）为 0.05，使用方风险（率）为 0.10。标准适用于单批质量保证的抽样检验。

二、实施程序

1. 规定单位产品的质量特性；

2. 规定检验项目不合格分类；

3. 规定生产方风险与使用方风险，即采用本标准 $\alpha=0.05$，$\beta=0.10$；

4. 规定合格质量 p_0、极限质量 p_1（被认为不允许更劣的批质量水平）；

5. 规定或组成检验批 N；

6. 检索 GB/T 13262 不合格品率的计数标准型一次抽样方案（表），查出：n 和 A_c；

7. 随机抽取样本 n；

8. 检验样本，检查出不合格品数 r；

9. 判定交验批的接收或拒收，$r \leqslant A_c$ 时交验批合格，$r > A_c$ 时交验批不合格；

10. 检验后的处理，批产品合格入库或转入下工序，批产品不合格退货或隔离待处理。

三、应用举例

1. 北京建中科技公司从深圳光华电子元器件公司购入一批数字电路，因对该公司产品质量不了解，经双方协议，同意采用 GB/T 13262 标准，规定 $p_0 = 0.38\%$，$p_1 = 2.40\%$，求一次抽样方案。

解：查 GB/T 13262 一次抽样方案（表）。从 p_0 为 0.38 所在行与 p_1 为 2.40 所在列相交栏中查到：（220，2）即：样本大小 $n = 220$，合格判定数 $A_c = 2$，不合格判定数 $R_e = 3$。

2. 北京电机研究公司与某机械加工厂签订外协机械零件，双方协议采用 GB/T 13262 标准，规定 $p_0 = 1.50$（%），$p_1 = 8.50$（%）求一次抽样方案。

解：从表中查出 $p_0 = 1.50$，$p_1 = 8.50$ 栏为（58，2），即：$n = 58$，$A_c = 2$，$R_e = 3$。

第六节　计量抽样检验标准 GB 8053 的使用

一、标准的适用范围

GB 8053—1987 不合格品率的计量标准型标准，是以不合格品率 p 为质量指标，同时规定了生产方风险 $\alpha = 0.05$，使用方风险 $\beta = 0.10$，标准适用于产品质量特性以计量值表示的且服从或近似服从正态分布的批检验。

二、标准的有关规定

（一）合格质量与极限质量

合格质量用 p_0 表示。在抽样检验中，p_0 对应一个确定的较高接收概率，认为满意的批质量水平。

极限质量用 p_1 表示。在抽样检验中，p_1 对应一个确定的较低接收概率，被认为不允许更劣的批质量水平。

p_0 与 p_1 均以不合格品率为指标，其数值的确定有两种情况：

1. 用于企业（公司）内部的工序抽样检验，其数值应由企业的工艺技术部门作出规定；

2. 用于外购产品的抽样检验。其数值可由供需双方协商确定。

以上两种情况，均应满足 $p_0 < p_1$。

（二）上限值 U 与下限值 L

假设产品质量特征 $X \sim N(\mu, \sigma^2)$，在计量检验情况下，一个单位产品是否合格，通常有以下三种衡量方式：

给定 x 一个上限值 U，单位产品的特征值 $x \leq U$ 时为合格，否则不合格。此时所说的不合格品率 P，也就是随机事件 $x > U$ 的概率，即：$P = P(x > U)$

同理，给定 x 的下限值 L，单位产品特征值若满足 $L \leq x \leq U$ 时为合格，否则不合格，这时有 $P = 1 - P(L \leq x \leq U)$。

以上三种情况，均由产品的技术要求来选择其中的一种，并确定它的数值。

（三）抽样检验类型

本标准规定有两种类型，一是批的标准差已知，适用"σ法"；二是批的标准差未知，适用"S法"。两种类型又都规定有上规格限、下规格限和双侧规格限三种检验方式。

当产品质量稳定，且有近期（10，20）组样本数据能预先确定批标准差时，可采用"σ法"，否则应采用"S法"。

三、确定抽样方案的步骤

（一）σ法

1. 根据产品的技术要求和抽检方式规定质量要求，即规定 U、P_0、P_1；或 L、P_0、P_1；或 U、L、P_0、P_1；

2. 确定抽样方案。根据已知的 P_0 与 P_1 值在 GB 8053 表 1 检索出抽检方案

即 n 和 k 值；

3. 确定 σ 值：由企业近期的 10~20 组 $\overline{x}-s$（或 R）控制图数据，或近期 10~20 批的抽样检验数据估计出 $\sigma=\overline{S}/C_2$，或估计出 $\sigma=\overline{R}/d_2$。

（二）S 法

1. 按"σ 法"中步骤①、②确定抽检方案时，查表 GB 8053 表 2，从中检索出 n 与 k 值；

2. S 值，由技术工艺部门确定，或由供需双方协商确定。

（三）使用双侧规格限时的注意事项

不论"σ 法"还是"S 法"，使用双侧规格限时要满足以下两个条件：

1. $\dfrac{U-L}{\sigma}>2.89u_{1-p_0}-0.89u_{1-p_1}$ 2. $\dfrac{U-L}{\sigma}>2u_{1-0.2p_0}$

式中 u_{1-p_0}，$u_{1-0.2p_0}$，u_{1-p_1} 分别是标准正态分布上侧概率分位数。可查"常用不合格品率的分位数值表"，表 6—10 为常用不合格品率的分位数值表。

表 6—10　常用不合格品率的分位数值表

p（%）		u_{1-p}	p（%）		u_{1-p}
p_0	p_1		p_0	p_1	
0.100	-	3.09023	2.00	2.00	2.05375
0.125	-	3.02334	2.50	2.50	1.95996
0.160	-	2.94784	3.15	3.15	1.85919
0.200	-	2.87816	4.00	4.00	1.75069
0.250	-	0.80703	5.00	5.00	1.64485
0.315	-	2.73174	6.30	6.30	1.53007
0.400	-	2.65207	8.00	8.00	1.40507
0.500	-	2.57583	10.00	10.00	1.28155
0.630	-	2.49488	-	12.50	1.15035
0.800	0.80	2.40892	-	16.0	0.99446
1.00	1.00	2.32635	-	20.0	0.84162
1.25	1.25	2.24140	-	25.0	0.67449
1.60	1.60	2.14441	-	31.5	0.48173

（四）判断规则

"σ法"的判断规则是：

1. 对上规格限 U。计算质量统计量 $Q_U = \dfrac{U-\bar{x}}{\sigma}$，若 $Q_U \geq k$，批合格，接收；否则批不接收。

2. 对下规格限 L。计算质量统计量 $Q_L = \dfrac{\bar{x}-L}{\sigma}$，若 $Q_L \geq k$，若 $Q_L \geq k$，批合格，接收；否则批不合格，拒收。

3. 对双侧规格限 U，L_0 分别计算质量统计量

$Q_U = \dfrac{U-\bar{x}}{\sigma}$ 和 $Q_L = \dfrac{\bar{x}-L}{\sigma}$，若 $Q_U \geq k$ 且 $Q_L \geq k$ 时，批合格，接收；

若 $Q_U < k$ 或 $Q_L < k$ 时，批不合格，拒收。

四、GB 8053 应用示例

1. 某装置最小发电电流要求控制在 U=1800mA 以下，要求 p_0=1.0%，p_1=8.0%，σ=60，试求适合该要求的抽样方案（α=0.05，β=0.10）。

解：①已知 U=1800（mA），p_0=1.0%，p_1=8.0%，σ=60。

②根据 p_0，p_1 从 GB 8053 标准表 1 中查得抽样方案：n=10，k=1.81。

③抽取 10 个产品检验，记录检测每个单位产品的数值，并计算样本平均值 $\bar{x}$。

④计算质量统计量 $Q_U = \dfrac{U-\bar{x}}{\sigma}$。

⑤判断：当 $Q_U \geq k$ 时，批合格，接收；若 $Q_U < k$ 时，批不合格，拒收。

2. 某产品质量特性值规定 U=67，L=58，p_0=5%，p_1=16%，已知 σ=1.3，求抽样方案

解：①检验是否符合约束条件

由于 $u_{1-p_0} = u_{1-5\%} = 1.64485$　　　查表（4-10）

$\quad\quad u_{1-p_1} = u_{1-16\%} = 0.99446$　　　查表（4-10）

$\quad\quad u_{1-0.2p_0} = u_{1-1\%} = 2.32635$　　　查表（4-10）

所以 $2.89u_{1-5\%} - 0.89u_{1-16\%} = 2.89 \times 1.64485 - 0.89 \times 0.99446 = 3.8685 \approx 3.869$

$2u_{1-1\%} = 2 \times 2.32635 = 4.6527 \approx 4.653$

检验 $\dfrac{U-L}{\sigma} > 2.89u_{1-p_0} - 0.89u_{1-p_1}$

$\dfrac{67-58}{1.3} = 6.923, 6.923 > 3.869$符合上式要求

$\dfrac{U-L}{\sigma} > 2u_{1-0.2p_0}, 6.923 > 4.653$符合上式要求

②根据 p_0，p_1 从 GB8053 标准表 1 中查得抽样方案：$n=20$，$k=1.28$

③抽取 20 个单位产品进行检验，记录检测数值，并计算样本平均值 $\bar{x}$

④计算质量统计量 $Q_U = \dfrac{U-\bar{x}}{\sigma}$ 及 $Q_L = \dfrac{\bar{x}-L}{\sigma}$

⑤判断：若 $Q_U \geq 1.28$ 时，且 $Q_L \geq 1.28$ 时，接收此批；若 $Q_U < 1.28$ 或 $Q_L < 1.28$，则拒收此批。

附表　统计抽样[GB 2828]主抽检表、正常检查一次抽样方案

合格质量水平（每个单元格为 A_c R_e）

样本大小字码	样本大小	0.010	0.015	0.025	0.040	0.065	0.10	0.15	0.25	0.40	0.65	1.0	1.5	2.5	4.0	6.5	10	15	25	40	65	100	150	250	400	650	1000
A	2	↓	↓	↓	↓	↓	↓	↓	↓	↓	↓	↓	↓	↓	↓	↓	↓	0 1	1 2	2 3	3 4	5 6	7 8	10 11	14 15	21 22	30 31
B	3	↓	↓	↓	↓	↓	↓	↓	↓	↓	↓	↓	↓	↓	↓	↓	0 1	1 2	2 3	3 4	5 6	7 8	10 11	14 15	21 22	30 31	44 45
C	5	↓	↓	↓	↓	↓	↓	↓	↓	↓	↓	↓	↓	↓	↓	0 1	1 2	2 3	3 4	5 6	7 8	10 11	14 15	21 22	30 31	44 45	↑
D	8	↓	↓	↓	↓	↓	↓	↓	↓	↓	↓	↓	↓	↓	0 1	1 2	2 3	3 4	5 6	7 8	10 11	14 15	21 22	30 31	44 45	↑	↑
E	13	↓	↓	↓	↓	↓	↓	↓	↓	↓	↓	↓	↓	0 1	1 2	2 3	3 4	5 6	7 8	10 11	14 15	21 22	30 31	44 45	↑	↑	↑
F	20	↓	↓	↓	↓	↓	↓	↓	↓	↓	↓	↓	0 1	1 2	2 3	3 4	5 6	7 8	10 11	14 15	21 22	30 31	44 45	↑	↑	↑	↑
G	32	↓	↓	↓	↓	↓	↓	↓	↓	↓	↓	0 1	1 2	2 3	3 4	5 6	7 8	10 11	14 15	21 22	30 31	44 45	↑	↑	↑	↑	↑
H	50	↓	↓	↓	↓	↓	↓	↓	↓	↓	0 1	1 2	2 3	3 4	5 6	7 8	10 11	14 15	21 22	30 31	44 45	↑	↑	↑	↑	↑	↑
J	80	↓	↓	↓	↓	↓	↓	↓	↓	0 1	1 2	2 3	3 4	5 6	7 8	10 11	14 15	21 22	30 31	44 45	↑	↑	↑	↑	↑	↑	↑
K	125	↓	↓	↓	↓	↓	↓	↓	0 1	1 2	2 3	3 4	5 6	7 8	10 11	14 15	21 22	30 31	44 45	↑	↑	↑	↑	↑	↑	↑	↑
L	200	↓	↓	↓	↓	↓	↓	0 1	1 2	2 3	3 4	5 6	7 8	10 11	14 15	21 22	30 31	44 45	↑	↑	↑	↑	↑	↑	↑	↑	↑
M	315	↓	↓	↓	↓	↓	0 1	1 2	2 3	3 4	5 6	7 8	10 11	14 15	21 22	30 31	44 45	↑	↑	↑	↑	↑	↑	↑	↑	↑	↑
N	500	↓	↓	↓	↓	0 1	1 2	2 3	3 4	5 6	7 8	10 11	14 15	21 22	30 31	44 45	↑	↑	↑	↑	↑	↑	↑	↑	↑	↑	↑
P	800	↓	↓	↓	0 1	1 2	2 3	3 4	5 6	7 8	10 11	14 15	21 22	30 31	44 45	↑	↑	↑	↑	↑	↑	↑	↑	↑	↑	↑	↑
Q	1250	↓	↓	0 1	1 2	2 3	3 4	5 6	7 8	10 11	14 15	21 22	30 31	44 45	↑	↑	↑	↑	↑	↑	↑	↑	↑	↑	↑	↑	↑
R	2000	↓	0 1	1 2	2 3	3 4	5 6	7 8	10 11	14 15	21 22	30 31	44 45	↑	↑	↑	↑	↑	↑	↑	↑	↑	↑	↑	↑	↑	↑

第七章　可靠性试验与验证

可靠性试验是产品研制阶段的重要工作项目，是分析、评估和提高产品可靠性的有效途径。大量的工程实践表明，新设计研制出来的整机，开始的平均故障间隔时间（MTBF）通常只有预计值的 10%~30%，因此必须有计划地进行可靠性试验，实现产品可靠性的增长，并验证改进措施的有效性。

第一节　可靠性试验概述

一、可靠性试验的定义

可靠性试验是对产品的可靠性进行调查、分析和评价的一种手段。其目的是：

1. 发现产品在设计、材料和工艺方面的各种缺陷。

2. 为改善产品的战备完好性、提高任务成功性、减少维修费用及保障费用提供信息。

3. 确认是否符合可靠性定量要求。

因此，不要认为可靠性试验只是为了对产品作出接收、拒收或合格、不合格的结论，另一个重要的作用是通过可靠性试验发现产品的可靠性问题，采取有效的措施予以纠正，从而提高产品的可靠性。

当设备刚生产出来时，在理想情况下，它应该满足合同或任务书对它的可靠性要求。实际情况远非如此。对于复杂系统来说，可靠性问题是很突出的。例如，美国一个总结报告指出："大型的电子—机械系统的首台样机，初期的平均故障间隔时间（MTBF）只有要求的十分之一左右。必须经过一系列的各种可靠性试验，发现及判明存在的缺陷。据统计，元器件、零部件的缺陷，工艺缺陷，设计缺陷大体上各占三分之一左右。纠正这些缺陷，使产品的可靠性逐步增长到要求值，所花的可靠性试验时间，大体上是要求的 MTBF 值的 5～25 倍左右。"由于国情不同，我国的情况不完全与美国相同，但总的规律是相似的。例如，由于我国元器件水平比美国低，因此元器件、零部件缺陷不止占三分之一。据某些部门统计，上述缺陷占二分之一以上。

产品存在可靠性缺陷是坏事，但这又是不能绝对避免的。因此，通过一系列的可靠性试验，将缺陷尽可能多地诱发出来，予以发现、纠正，使坏事变成好事。这也是提高产品可靠性，使之符合要求的重要的工作。

一般来说，可靠性试验的费用较高。但如上所述，有效的可靠性试验可成十倍地提高初始样机的可靠性，因此，从费效比来权衡，还是值得的。当然，这并不排斥要充分利用其他试验的信息、或与其他试验结合起来节省费用。

二、可靠性试验的分类

（一）工程试验与统计试验

可靠性试验可分为工程试验与统计试验两大类。工程试验的目的在于暴露产品的可靠性缺陷并采取纠正措施加以排除（或使其出现率低于容许水平）。这种试验由承制方进行，以研制样机为受试产品。在试验过程中，如产品出现可靠性缺陷（故障），一般即时撤换故障件，修复后继续进行试验。并对故障原因进行分析，采取有效的针对性措施予以纠正，提高产品的可靠性。

工程试验包括环境应力筛选试验及可靠性增长试验。

筛选（Screening）是一种通过检验剔除不合格或有可能早期失效产品的方法。检验包括在规定环境条件下的目视检查，实体尺寸测量和功能测量等。某些功能测量是在强应力下进行的。应力筛选（Stress Screening）是一种特定的筛选，将机械应力、电应力和（或）热应力施加到产品上，以使元器件和工艺方面的潜在缺陷以早期故障的形式析出的过程。环境应力筛选（ESS—Environmental Stress Screening Test）是一种应力筛选，是为发现和排除不良零件、元器件、工艺缺陷和防止早期失效的出现在环境应力下所做的一系列试验。典型应力为随机振动、温度循环及电应力。

为暴露产品的可靠性薄弱环节，并证明改进措施能防止可靠性薄弱环节再现（或使其出现率低于容许水平）而进行的一系列可靠性试验，叫可靠性增长试验（Reliability Growth Test）。

统计试验包括可靠性测定试验及可靠性验证试验。

可靠性测定试验（Reliability Determination Test）是为确定产品的可靠性特性或其量值而进行的试验。这是一种目的不在验收与否的可靠性试验。承制方通过可靠性测定试验对产品当前达到的可靠性水平获取信息，来判断离要求的水平还有多大差距。这是一种经常被忽视但很重要的可靠性试验。

可靠性验证试验（Reliability Compliance Test）是为确定产品的可靠性特征量是否达到所要求的水平而进行的试验。它分为可靠性鉴定试验与可靠性验收试验。

可靠性鉴定试验（Reliability Qualification Test）是为确定产品可靠性与设计要求可靠性的一致性，由订购方用有代表性的产品在规定条件下所作的试验，并以此作为批准定型的依据（对维修性而言，亦称为验证试验）。

可靠性验收试验（Reliability Acceptance Test）是用已交付或可交付的产品在规定条件下所作的试验，其目的是确定产品是否符合规定的可靠性要求。

可靠性验证试验的目的是为了验证产品的可靠性，主要不是在于暴露产品的可靠性缺陷（当然，对可靠性验证试验中暴露的重大可靠性缺陷，承制方有责任找到原因并采取纠正措施）。可靠性验证试验的试验计划由承制方制订，但因牵涉到接收、拒收，合格、不合格的判决，故必须经订购方的认可。

在系统或设备的可靠性验证试验开始以前，必须对元器件、零部件及设备完成环境试验（Environment Test），即用容许的边缘环境条件考核产品。可以包括冲击、振动、离心、温度、湿度、沙尘、盐雾、核辐射、电磁干扰等。将产品置于容许的最严酷环境下，在相对来说不太长时间内，一般会暴露出一些在较长时间的可靠性验证试验中不易暴露出来的故障机理，对提高产品的可靠性有重要意义。美国空军于1971年的一份总结报告中说，所统计的设备故障中，52%是由于环境影响所致，因此说明在此以前的环境试验不够充分，未发现足够的环境可能激发的故障。这个教训值得我们重视。因为等到批生产装备部队后再发现严重的环境适应性故障，采取措施是非常花费人力物力的。

（二）实验室试验与使用现场试验

可靠性试验可以是实验室试验，也可以是使用现场试验。

实验室试验（Laboratory Test）是在实验室内模拟实际使用条件或在规定的

工作及环境条件下进行的试验。使用现场试验（Field Test）是在实际使用状态下所进行的试验。对产品的工作状态、环境条件、维修情况和测量条件等均需记录。实验室试验是在规定的受控条件下的试验。它可以模拟现场条件，也可以不模拟现场条件。大多数装备是在不同的、比较复杂的环境条件下使用的。产品在不同的环境下使用时，可靠性不一定相同。在实验室试验中，显然不可能去模拟各种使用环境。因此，必须根据各种可能的使用环境条件及其出现概率，综合出一个有代表性的典型的实验室试验用的环境条件，供实验室试验使用。GJB 899 提供了飞机、舰船等环境条件，可供参考。

从原理上说，使用现场试验能最忠实地反映产品的实际可靠性水平。但是这里也有很多问题，如上所述，不同使用环境的产品可靠性是不一定相同的。而使用现场试验的环境条件不可控，因此现场可靠性数据需要折算到标准的典型环境条件下的可靠性数据。由于这种折算关系相当复杂，一般只能作一些近似折算。更重要的问题是使用现场试验往往需要较长的试验时间，因此只有在投入使用现场试验较长时间后，人们才能测定产品的可靠性或发现它的潜在缺陷。这时再要采取纠正措施，即使还来得及，也是事倍功半的。

但是在产品研制过程中，不一定能发现产品所有的潜在缺陷。因此，在产品通过鉴定试验定型投入小批生产交付部队试用的早期阶段，还应把用户现场使用产品与现场可靠性试验结合起来，继续对产品可靠性进行测定，发现产品的可靠性缺陷并加以改进。按美国国防部 DODI 5000.2 规定，要测定可靠性、维修性和实施可靠性、维修性增长，以保证初始部署阶段可靠性、维修性目标值得到满足。

在某些情况下，系统（设备）的规模庞大，或是单价过于昂贵，在实验室内已不易或不可能进行系统（设备）的可靠性试验时，只能用非直接试验的办法对系统（设备）的可靠性进行分析、估计。这种测定、验证的办法不是完全可信的，需要通过现场使用积累数据，即把现场使用作为使用现场试验，来验证原先分析和估计得到的测定、验证结论的正确性。我国的卫星可靠性就是这样进行的。从卫星的元器件、整机的可靠性试验及以往的可靠性数据，通过可靠性分析综合，对卫星的可靠性在发射前作出估计。再通过卫星工作的实际数据，对卫星的使用现场可靠性作出估计。两者比较，现场可靠性比估计的还要高一些（原因之一是由于试验次数有限，统计估计略偏保守）。

产品的耐久性试验（Endurance Test）亦是一种可靠性试验，是为测定产品在规定使用和维修条件下的使用寿命而进行的试验。它既包括耐久性测定试验，亦包括耐久性的验证试验，耐久性的验证试验包括耐久性的鉴定试验及耐久性的验收试验。有的耐久性试验例如汽车的使用里程可以作实际试验，但很多使用寿命为若干年的产品往往等不及做多少年试验就希望得出结论。因而多采用加速试验（Accelerated Test）的办法，即所谓缩短试验时间。它是在不改变故障模式和失效机理的条件下，用加大应力的方法进行的试验。但用加速试验得到的使用寿命的估计值不一定很准确，需要用现场使用数据进行核对。因此亦需要把现场使用作为使用现场试验来核对原先的估计。

因此，有计划地把现场使用作为使用现场试验来收集数据、信息是很重要的。这种办法费用少、数据采集、信息多，并且环境是真实的。使用方及承制方都应重视现场使用信息的收集及分析。

三、试验的综合安排

可靠性试验一般是既费时间，又要花费较大人力物力的工作项目，因此产品可靠性大纲的试验计划的安排应该尽可能把可靠性试验、性能试验、环境试验和耐久性试验结合起来，构成一个比较全面的可靠性的综合试验计划，这样可以避免重复试验，且不漏掉在单项试验中经常易受忽视的缺陷，从而节省时间、费用。

产品的性能测试一般在产品的样机生产出来之后就立即进行。产品的性能特性参数有规定的容许限。如果性能特性参数值落入容许限，产品的性能是合格的，我们说："产品的性能可靠"；否则，产品的性能是不合格的，我们说："产品的性能是不可靠的"。

但是产品性能可靠与否不能只根据标准实验室条件下的测试结果下结论，还应在规定的容许的极限条件下进行测试，看产品性能是否合格？以半导体器件及集成电路为例，对军用级产品，不仅在标准实验室温度下测试的性能应是合格的，而且在$-55℃$温度下及$+125℃$温度下测试的性能也应是合格的。普通工业级半导体器件及集成电路，如果满足上述温度要求，则加以标识"M"（注意：这M不是代表"军用级"，只代表满足军用级的温度要求）。
由于试验条件不可能绝对一致地重复，再加上测量误差，因此同样试验条件下的重复测量存在再现性误差。但当重复测量的性能参数值相差过大时，说明产品的性能参数出现了过大的漂移，性能也是不可靠的。为此，在试验前、试验中、试验后，都应进行产品性能测试，记录试验前、中、后的性能。

1．试验前的性能。在开始进行任何试验以前，应该在标准环境条件下确定出与规定要求相关联的受试产品的性能参数的基准值。为在试验过程中或试验结束时，检测产品的设计性能提供基准或故障判据；

2．试验中的性能。应将每一次试验循环过程中受试产品的性能参数值记录下来，并与试验前的数据进行对比；

3．试验后的性能。试验结束时，应记录受试产品性能参数值，并与试验前、试验中的性能值及规定的基准及容许漂移量进行对比。

在可靠性测定试验、可靠性验证试验、可靠性增长试验之前，应该先进行产品的筛选、老炼，排除产品的早期故障，使产品的故障率趋于稳定，这样在可靠性试验中可反映出产品的固有可靠性，而不是暴露产品的早期故障。可靠性增长、验证试验都是很费人力、物力的。让它们来暴露产品的早期故障是太不值得了。因此，环境应力筛选试验必须在增长试验、验证试验及某些可靠性测定试验之前完成。

按 GJB 450A 规定，产品的可靠性置信下限应等于产品最低可接收的可靠性值。因此，据可靠性测定试验的结果分析，得出的产品可靠性置信下限已不低于产品最低可接收的可靠性值时，说明产品可靠性已达到鉴定试验的要求。如果可靠性测定试验与鉴定试验的条件是一致的，经订购方同意，可以追认测定试验的结果为鉴定试验的结果。

有时按系统验证可靠性参数是在不现实或不充分的情况下，允许用低层次产品的试验结果推算出系统可靠性值作为测定或验证。这叫系统的可靠性综合。但是系统组成部分都可靠不一定可证明系统可靠。因为组成部分合成一个系统时还有一个极为重要的协调、匹配问题。例如环境条件的协调、匹配，电磁兼容（EMC）问题、热匹配问题等。只有这些组成部分之间的协调、匹配是没有问题的，则从组成部分的试验结果综合得到的系统可靠性值才是可信的。只是组成部分之间的协调、匹配也还必须用少量的系统试验来核实，因此在任何情况下，少量的系统试验也是必不可少的。

可靠性验收试验所冒的风险可以比可靠性鉴定试验大一些。这是因为产品已通过了鉴定试验，加上生产过程的严格管理保证了质量可靠性水平不会显著低于定型水平，从统计学观点说，对质量可靠性提供了验前保证信息。可靠性增长试验是产品可靠性逐步提高的过程，尽管从统计学的观点看，产品可靠性总体参数不断变化。对于固定可靠性参数的总体来说，样本量不大，但从不断增长可靠性参数的一系列总体来看，总的样本量是不少的。如果对最后一个样本用经典方法对产品可靠性作出估计。则由于样本量不大，估计的效果一般是不好的。但从一系列可靠性不断增大的总体的一系列样本来看，信息量是不少的，也都提供了不少验前的质量可靠性保证信息。成功的产品可靠性增长试验也可以对产品的可靠性水平作出较好的测定，从而可以在订购方的认可下代替鉴定试验。

四、可靠性试验计划

可靠性试验计划(有些国军标中也称可靠性试验大纲)一般应包括如下内容：

1. 产品的可靠性要求；

2. 可靠性试验的条件；

3. 可靠性试验的进度计划及费用预算；

4. 可靠性试验的方案；

5. 受试产品的要求；

6. 可靠性试验中对产品性能的监测要求；

7. 可靠性试验用的设备、仪表；

8. 试验结果的数据处理方法；

9. 试验报告的内容。

可靠性试验往往需要一定的时间周期，人力、物力、费用一般也较大，因此需要与全局的进度计划、人力调动、费用统筹配合安排。

投入可靠性试验的受试产品应该已经过筛选、老炼，排除了产品的早期故障（这里的筛选、老炼是广义的。例如陀螺仪在金属切削加工后，存在残余应力。残余应力的缓慢作用会使质心变动，增加陀螺漂移。为此需要施加温度循环，使残余应力得以释放，这也叫老炼），应该已经通过环境适应性试验。因此，环境适应性试验及环境应力筛选应排在可靠性试验之前。

某些专门项目的可靠性测试或验证试验应该在产品的可靠性测试与验证试

验之前完成。例如电子、机电产品的热设计是一项专门的可靠性工作。产品的样机出来后，就应进行工作状态下的热测试（包括用热传感器测量关键部位的温升或用热象仪测温度）。验证原来要求的热环境是否达到。EMC 试验、振动试验亦是如此。

可靠性试验计划在进行试验前应经评审通过。提交评审的不仅是可靠性试验计划，还应提供下列文件：

1. 产品环境适应性试验报告；

2. 产品环境应力筛选报告；

3. 产品的可靠性预计报告；

4. 产品的 FMEA 或 FMECA 报告；

5. 专项可靠性试验（热测试、振动测定、EMC 等）报告。试验计划评审时，故障判据及故障分类准则（即判为关联故障与非关联故障的准则）应由订购方及承制方取得一致意见。

在进行可靠性试验之前应该取得试验设备、仪器、仪表工作状态符合规定要求的报告。其中应包括产品安装在试验设备上之后，产品通过夹具传递的振动特性，通过安装后的温度场经测试符合规定要求的测试报告（当然，测试振动及温度是按规定或在若干关键部位进行的）。

第二节 环境应力筛选

一、概述

（一）基本概念

1. 环境应力筛选

环境应力筛选（Environment Stress Screening）是通过向电子产品施加合理的环境应力和电应力，将其内部的潜在缺陷加速变成故障，并通过检验发现和排除的过程，是一种工艺手段。

环境应力筛选效果主要取决于施加的环境应力、电应力水平和检测仪表的能力。施加应力的大小决定了能否将潜在缺陷变为故障；检测能力的大小决定了能否将已被应力加速变成故障的潜在缺陷找出来并准确加以排除。因此，环境应力筛选可看作是质量控制检查和测试过程的延伸，是一个问题析出、识别、分析和纠正的闭环系统。

2. 常规筛选与定量筛选

（1）常规筛选

以能筛选出早期故障为目标。如果筛选条件不当，筛选后的产品不一定到达故障率基本恒定阶段，如图7—1所示。常规筛选的结果，产品的故障率可能到达理想的 F 点，也可能只到达还属于早期故障期的其他点如图7—1上的 A、B、C、D、E 等诸点。

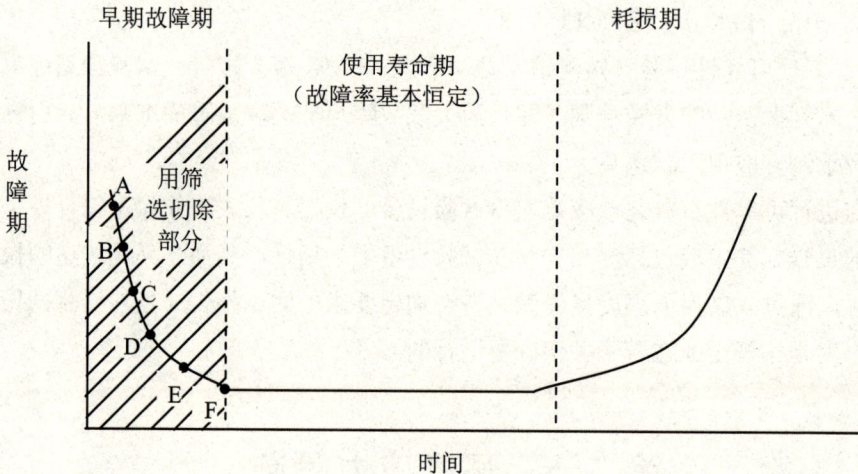

图7—1　筛选剔除寿命期浴盆曲线中早期故障部分示意图

（2）定量筛选

定量筛选是指要求在筛选效果、成本与产品的可靠性目标、现场故障修理费用之间建立定量关系的筛选。定量筛选有三大目标，第一个目标是使筛选后产品残留的缺陷密度与产品的可靠性要求值达到相一致的水平，即真正到达图7-1 中的 F 点；第二个目标是要保证筛选后所交付产品的无可筛缺陷概率达到规定的水平（满足成品率要求）；第三个目标是筛选中排除每个故障的费用低于现场排除每个故障的平均费用，即低于成本阀值。

（二）环境应力筛选作用

环境应力筛选是生产期间排除良好设计产品在制造过程中引入缺陷的工艺

手段。可靠性是设计到产品中的，但通过设计使产品的可靠性达到了设计目标值，并不意味着投产后生产的产品的可靠性就能达到这一目标值，实际上由于下列各种原因，会向产品引入各种缺陷，包括：使用了有缺陷的元器件、零部件、外购件、备件；制造过程操作不当；制造工艺不完善；制造过程检验工序不完善。

这些缺陷分为明显缺陷和潜在缺陷两类：明显缺陷通过常规的检验手段如目检、常温功能测试和其他质量保证工序即可排除；潜在缺陷用常规检验手段无法检查出来，这些潜在缺陷如果在工厂中不剔除，最终将在使用期间的应力作用下以早期故障的形式暴露出来。因此，筛选是对100%产品进行的。

（三）环境应力筛选的基本特性

环境应力筛选是一种工艺，而不是一种试验。筛选的目的是迫使存在于产品中的会变成早期故障的缺陷提前变成故障，以便在产品投入现场使用前就加以纠正。

环境应力筛选是通过施加加速环境应力，在最短时间内析出最多的可筛缺陷。其目的是找出产品中的薄弱部分，但不能损坏好的部分或引入新的缺陷。并且此应力不能超出设计极限。

每一种结构类型的产品，应当有其特有的筛选。严格说来，不存在一个通用的，对所有产品都具有最佳效果的筛选方法，这是因为不同结构的产品，对环境（如振动，温度）作用的响应是不同的。某一给定的应力筛选可能会对多种受筛产品都产生效果，这在研制线路组件或电路板这一组装等级上可能性更大。然而，某一给定筛选应力析出缺陷而又不产生过应力的有效性取决于产品本身及其内部元器（部）件对施加应力的响应。

筛选是一个动态的闭环过程，在适当的组装等级上采用能将已知的或预计的制造过程缺陷析出的应力筛选作为基线方案加以实施，而后通过连续监视环境应力筛选的结果加以控制，以保证筛选始终有较高的效费比。对筛选进行有效的管理的结果，可能取消在选定组装等级上的某些筛选，或根据能否析出缺陷来修改环境应力筛选参数，或根据出现某类新缺陷的迹象增加某种筛选。生产工艺、组装技术和操作熟练程度是随着生产的进展而不断完善和成熟的，制造过程引入缺陷会随这种变化而变化，这种变化包括缺陷量的减少和缺陷类型分布的变化，随着这种变化，生产早期确定的筛选方法同样需要进行改变。

要想制订或保持一个动态的环境应力筛选大纲，必须加强对筛选的管理，管理应考虑的因素及采取的措施如表 7—1 所示。

表 7—1 环境应力筛选管理考虑事项

考虑因素	采取的措施
制造过程	计划和评价
制造劳动力	稳定、合格　　训练/再训练
缺陷类型和数量	连续分析评估
返修费用、筛选费用	计算确定
改正措施	保证对制造过程有好影响
用户的故障数据	保证数据质量可用性

环境应力筛选的有效性是指其迫使潜在缺陷变成可检测出的故障，以便对缺陷源实施改正措施的技术效果及费用效益。一个良好的环境应力筛选具备以下特性：

1．能够很快析出潜在缺陷，包括能析出适当数量的固有（设计）缺陷；

2．不会引起不适当的设计故障，诱发附加的故障，消耗受筛产品寿命；

3．不应对制造过程控制增加限制。

得到一个良好的环境应力筛选大纲需要专门进行有关的工作，例如一开始就应对每一组装等级的受筛产品进行研究，对每一筛选进行设计，利用经验信息对产品中可能的缺陷数和与某一筛选目标相适应的缺陷析出数进行估计，研究受筛件的响应特性，制订周密的功能测试大纲等，选用业已证明能有效析出估计存在的潜在缺陷的应力筛选类型，制订一个能改善受筛产品可靠性和质量、而不会对受筛产品性能和寿命产生有害影响的环境应力筛选大纲。

（四）环境应力筛选与有关工作的关系

1．环境应力筛选与可靠性增长

环境应力筛选一般只用于揭示并排除早期故障，使产品可靠性接近设计的固有水平。

可靠性增长则是通过消除产品中的由设计缺陷造成的故障源或降低由设计

缺陷造成的故障的出现概率，提高产品的固有可靠性水平。

2. 环境应力筛选与可靠性统计试验

环境应力筛选是可靠性统计（鉴定和验收）试验的预处理工艺。任何提交用于可靠性统计试验的样本必须经过环境应力筛选。只有通过环境应力筛选、消除了早期故障的样本，其统计试验的结果才代表其真实的可靠性水平。它们之间的比较见表 7—2。

表 7—2 环境应力筛选与可靠性验证试验的比较

		可靠性验证试验	环境应力筛选
应用目的		验证产品的可靠性	将潜在缺陷加速发展成为故障并加以排除
样本量		抽样	100%
接收/拒收准则		有	无
故障数要求		允许出规定数量的故障	希望找出故障
环境应力	应力水平	动态模拟真实环境	加速应力环境，以能激发出缺陷不损坏产品为原则
	典型环境	振动、温度、湿度、电应力或现场使用环境	温度循环、随机振动、电应力
	应力施加次序	综合模拟使用环境或现场使用实际情况	根据筛选效果组合如振动——温度——振动

3. 环境应力筛选与生产验收

准备交付验收的批生产产品应 100%地进行环境应力筛选。

二、筛选用典型环境应力

（一）典型筛选应力

环境应力筛选使用的应力主要用于激发故障，而不是模拟使用环境。根据以往的实践经验，不是所有应力在激发产品内部缺陷方面都特别有效。因此，通常仅用几种典型应力进行筛选。常用的应力及其强度和费用效果如表 7—3 所示。从表 7—3 可看出，应力强度最高的是随机振动、快速温变率的温度循环及其两者的组合或综合，但它们的费用也较高。

产品中存在对某一特定筛选敏感的潜在缺陷时，该筛选将缺陷以故障形式析出的概率叫筛选度（Screening Strength），是筛选效果的一种量化表达法。

表 7—3 典型筛选应力

	应力类型		应力强度	费用
温度	恒定高温		低	低
	温度循环	慢速温变	较高	较高
		快速温变	高	高
	温度冲击		较高	适中
	扫频正弦		较低	适中
振动	随机振动		高	高
组（综）合	温度循环与随机振动		高	很高

（二）应力筛选效果比较

图 7—2 是某部门的各种筛选应力效果比较图，是对 13 种应力的筛选效果有限调查统计得出的，有一定的代表性。它说明温度循环是最有效的筛选，其次是随机振动。但激发的缺陷种类不完全相同，两者不能相互取代。

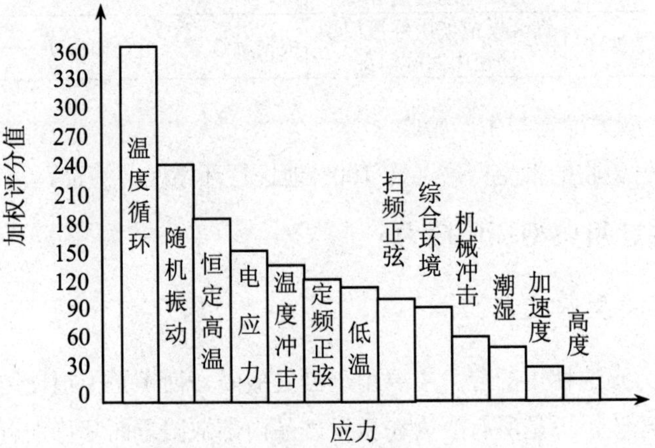

图 7—2 各种应力筛选效果的比较

三、常规筛选大纲的设计

（一）概述

无论是研制阶段还是生产阶段，均应制订切实可行的环境应力筛选大纲，作为备件和修理件单独采购的低组装等级的产品也应制订相应的筛选大纲。环境应力筛选大纲是 GJB 450A 工作项目 300 系列的内容之一，应通过承制方和订购方协商后将剪裁的环境应力筛选大纲纳入可靠性工作大纲。

环境应力筛选大纲至少应包括以下内容：

1．受筛产品的组装等级（单元、分组件、模件），技术状态，物理尺寸、重量，复杂程度等；

2．筛选用的设备（温度箱，振动台等）及其状态说明；

3．检测仪表及其精度说明；

4．筛选方法：

（1）使用的应力类型及应力参数；

（2）通／断电要求；

（3）检测要求；

（4）无故障要求。

5．性能检测（筛选前后和筛选期间）项目；

6．筛选过程及故障记录要求；

7．详细的筛选操作步骤。

（二）筛选大纲设计的基本准则

筛选大纲的设计，应考虑以下准则，在充分考虑这些准则并进行合理权衡后作出决定。

选择的筛选应力强度，应当能激发出最多的早期故障，但不损坏产品中原来完好的部分，又不影响使用寿命。

如果产品在未来应用中十分关键，产品一旦出现故障对完成军事任务具有决定性的影响，甚至会贻误战机或带来重大经济、政治损失，则应使用最严格的筛选。

四、环境应力筛选的实施

（一）一般要求

仪器、筛选过程操作等方面一般应满足以下规定的要求。

1．试验室大气条件

（1）标准大气条件

一般情况下，受筛设备应在以下试验室环境条件下进行筛选前后的工作性能检测：

温度：15~35º C

相对湿度：室内环境湿度（不加控制）

大气压力：试验室所在处压力

（2）仲裁大气下条件

必要时，受筛产品应在以下严格控制的环境条件下进行筛选前后的工作性能检测：

温度：（23±2）℃

相对湿度：（50±5）%

大气压力：86～106 kPa

2．环境应力条件容差

（1）温度容差

除必要的支承点外，受筛产品应完全被温度试验箱内空气包围。箱内温度梯度（靠近受筛设备处测得）应小于1℃／m；箱内温度不得超过筛选温度±2℃的范围，但总的最大值为 2.2℃（受筛产品不工作）。

（2）随机振动容差

振动试验控制点谱形容差见表 7—4，对功率谱计算其容差的分贝数（dB）为：

$$dB = 10\lg\frac{W}{W_0},$$

式中 W——实测的加速度功率谱密度（g^2/Hz）；

W_O——规定的加速度功率谱密度（g^2/Hz）。

均方根加速度容差不大于 1.5dB，其容差分贝数（dB）的计算：

$$dB = 20\lg\frac{G_{RMS}}{G_{RMSO}},$$

式中 G_{RMS}——实测的均方根加速度（g）；

G_{RMSO}——规定的均方根加速度（g）。

表 7—4　振动应力容差

频率范围	分析带宽	容差（dB）	
（Hz）	（Hz）	一般	放宽
20~200	25	±3	-
200~500	50		
500~1000	50	±3	-6（允许累积带宽为 100Hz）
1000~2000	100	±6	-9（允许累积带宽为 100Hz）

（3）试验时间允差

试验时间的允差为标称值的±1%。

3．筛选设备要求

（1）温度循环试验箱

试验箱应满足如下要求：

受筛产品在箱内安装应保证除必要的支点外，全部暴露在传热介质即空气中；

应具有足够的高低温工作范围，温度变化速度（平均值）不小于 5℃ / min；

试验箱热源的位置布置不应使辐射热直接到达受筛产品；

用于控制箱温的热电偶或其他型式的温度传感器应置于试验箱内部的循环气流中，并要加以遮护以防辐射影响；

应有能提供均匀的高低温循环气流的装置；

箱内空气及致冷系统的冷却介质——空气的温度和湿度应加以控制，使其在试验期间受筛产品上不出现凝露。

（2）随机振动试验设备

任何能满足本标准规定的随机振动条件的振动激励装置都可用于振动筛选。

4．检测仪表要求

所用检测仪表的精度至少应为被测变量容差的三分之一。

所用检测仪表应能实时传输一切关键性能参数的数据。

所用检测仪表应能提供全部环境应力条件的连续的、永久性的记录。

所有检测仪表应有计量合格证明并定期进行检定，试验过程在合格期内。

5．受筛产品要求

（1）批生产产品的筛选中，提交筛选产品应处于交付状态，具有检验合格证明。

（2）提交温度循环筛选的产品，应涂好使用中要涂的保护漆，除去包装物或保护罩。

（3）提交振动的产品，不允许临时加固、加支撑，且不带减振装置。

6. 筛选中修理和修理用备件要求

（1）筛选中故障修理时，应注意修理操作，避免碰伤好的元器件，引入新的缺陷。

（2）筛选中出现故障进行修理中，换上的备用元器件和备件应是经过按与被换元器件和备件同样的条件筛选过的元器件和备件。

7. 支架和夹具要求

（1）支架要求

如果温度箱中没有搁架，应当预先准备受筛产品支架，支架必须有足够高度，不阻碍箱内空气流动，又保证受筛产品处于试验箱有效容积内。

（2）夹具要求

在设计上，应当根据振动台面安装孔和受筛产品结构形状设计专用夹具，并保证产品受激励方向是其敏感方向。要在几个方向进行振动时，应便于轴向转换。设计的夹具要保证最轻而又刚度大，一般采用铝合金、镁合金，也可用钢或其他材料。设计的夹具在筛选频率范围内避免共振或把共振放大因子控制在允许范围内。

在检验方面验证共振特性和传递特性可用正弦扫频或随机激励振动系统进行，加速度为 1～2g（低频时可用定位移），扫描速率一般不大于 1oct / min。

控制用的加速度计可安装在振动台面与夹具的连接点处，对于大型夹具，可采用多点平均值控制方式，以减少各连接点处振动量值的差别。用于测量夹具响应点处传递性的加速度计要安装在受筛产品与夹具的连接处，以测量夹具的动态特性。

检验结果应是在筛选频率范围内无共振或无过大的优势频率；正弦传递性应保证其给受筛产品任何安装点（与夹具连接）处在加振轴向上的振动输入在规定频率范围（20～2000Hz）内都能保持在规定输入值的±3dB 以内，横向振动不应超过规定输入量值。在 500～2000Hz 范围内，偏离输入量不能超过±6dB，累积带宽不超过 300Hz。如表 7—5 所示。

表 7—5　夹具传递性要求

频率范围 （Hz）	传递函数不平坦允差（dB）	
	一般	放宽
20~500	±3	±6（累积带宽≤300Hz）
500~2000		

8．温度箱及振动台上的安装要求

（1）温度箱内安装

受筛产品在箱内的安装，除必要的支点外，产品应被空气包围，不能直接放在箱底，也不能放在实心垫板上，以保证受筛产品四周都能直接与空气进行热交换。

受筛产品体积不能大于温度箱有效容积的 1／5（不发热产品）或 1／10（发热产品），受筛产品必须置于温度箱的有效容积内。

一台产品进行筛选时，尽量置于试验箱中央，多台产品同时进行筛选时，除了其总体积不能违反上述规定外，各台产品之间应保持一定距离，以利于箱内空气的流动，保持试验箱内温度均匀。

（2）振动台上的安装

振动筛选的目的是激发故障，施加的应力并不模拟使用情况，为了提高筛选效果，不管受筛产品原来带不带减振装置，筛选时一律不带减振装置。

振动中受筛产品的固定安装要保证使整个产品能产生宽带响应。为了保证筛选的有效性和避免增加筛选中可变性，一次筛选一个产品最为理想。如果在同一夹具上安装多个受筛产品进行筛选，则在评价其有效性时必须：用安装在应有位置上的所有产品进行振动调查，以测量包括所有产品的总的响应；用安装在应有位置上的所有产品（实际产品，而不是模拟质量块）进行筛选；筛选期间将每个受筛产品在夹具上的位置记录下来。

（3）检测系统线路连接

筛选中要检测性能时，无论是在温度箱还是振动台上，安装好后要连接好各种检测线路和测试仪表，保证接触良好，严格避免施加振动应力或测试中仪表移动后出现接触不良造成的虚假故障。

（4）性能测试要求

无论是在温度箱还是振动台上，安装好后，均应进行一次施加应力前的全面的性能测量，并作好记录，以保证受筛产品性能完好，未因安装受损。

9．传感器安装要求

（1）温度箱中传感器安装

应当在受筛产品附近和热惯性大的表面等处安装温度传感器，以监测空气温度变化速率和产品表面等处的温度变化速率。若有关键元部件，还应监测关键元部件的温度，避免其受过应力。

（2）振动传感器安装

应当在固定夹具和受筛产品连接处附近，安装一个或多个传感器，用以控制振动输入；

应当在受筛产品适当或关键部位安装振动传感器，以监测该部位的振动响应，避免受到过应力。

传感器位置选择要适当，保证能准确地测量受筛产品受到的振动输入和对输入的响应。

传感器的特性不应对受筛产品产生影响。传感器的敏感轴方向应平行于激励方向。

控制加速度计的安装要采用机械方式，避免只用粘合固定。

响应加速度计的固定方法的选择应与试验期间将遇到的最大振动量值和频率范围相协调。

10．性能检测和记录要求

（1）筛选前

产品进入筛选前，安装在温度箱或振动台上后，应进行全面的性能检测并作好记录，以确认用于筛选的产品是否完好并提供用以比较的性能基准。进行完筛选前测试后的受筛产品不能再进行如清洗、保形涂覆等工艺处理。

（2）筛选期间

筛选期间的性能检测的目的是为了发现故障，包括只有在筛选应力作用下才出现的软故障，以便能及时修理，缩短筛选时间。

筛选期间性能检测项目可适当简化，但不能影响发现故障的能力。

筛选期间应详细记录故障出现时的应力、时间、故障行为和修复情况。

（3）筛选后

产品筛选后进行全面的性能检测并作好记录，以确定受筛产品性能是否完好。

11．建立故障记录和纠正措施系统

从筛选一开始就应配合 FRACAS 系统工作。记录筛选期间、筛选后使用中出现的故障和修理情况，这些信息可用于以后对筛选效果的评价和作为筛选大纲调整的依据，也能为相似设备的可靠性工作提供有益信息。

12．安装后的试运行

（1）温度箱安装后的试运行

受筛产品安装在温度箱中后，应按规定的循环参数要求使温度箱试运行，观察试验箱能否按规定的温度变化速率进行温度循环。试运行二个循环后，若能满足要求，则可投入筛选，若达不到要求，则应更换试验箱或筛选条件。

为了节省时间，可以在试运行期间按正常筛选要求进行通、断电和性能检测。如果试运行中温度箱能提供满意的温度循环参数且产品未出现故障，则可将此二个循环作为正式试验循环，并从试验运行开始计算试验循环数。

（2）振动台试振动和振动谱的最终调整

受筛产品安装在振动台上后，应采用低置值正弦扫频或随机振动调查产品的振动响应特性，若发现有明显的共振高峰或低谷，则应设法修改振动谱，使高峰频率处输入减少，低谷频率处输入增加，直到正式振动时，响应处在容差范围内或不超过合格鉴定的等效值。

13．筛选条件保证措施

（1）定期检定无频谱反馈控制下的筛选频谱特性

推荐每一季度或使用 200 次（以频数多者为准）检定一次筛选谱。应在夹具上安装惯性相当的质量块代替要筛选的正式产品。

（2）标定

必须使振动设备和测量仪器处于适当的标定状态，以保证筛选按预定量值进行，均方根值表、显示仪、分析仪应按规定要求标定。

（3）预防性维修

为保持夹具处于适当状态，需要对连接硬件、螺纹插入件等进行鉴定。应根据使用情况制订一个定期更换所有连接硬件的计划。这将消除不适当的安装、固定可能引起的振动筛选的变化。像热交换器、过滤器等产品应严格地实行预防性维修，以减少由筛选装置造成的停工时间。

（二）常规筛选实施过程

以 GJB 1032 中规定的筛选为基础，说明典型的环境应力筛选全过程，表 7—6 是 GJB 1032 中安排的环境应力筛选组成图。这里结合此图说明常规环境应力筛选如何实施。

1. 筛选前的准备工作

（1）检查

筛选前应按本章一般要求中的规定检查受筛产品的技术状态，筛选用试验设备和检测仪表、夹具等是否符合要求。

（2）筛选前测试

对受筛产品进行全面的性能检测并作好记录。

2. 寻找和排除故障阶段（3—1）

（1）随机振动（3—1A）

①安装

将受筛产品安装在振动台上，不管实际使用中是否带减震器，安装时不加减震器；固定好振动输入控制传感器和振动响应传感器；连接好产品功能测试线路和传感器线路；检查有否因安装损坏情况或接线不当之处，并测量性能；

②振动

施加振动，观察响应加速度计测得的响应特性，以调整谱形（此工作最好事先进行），当响应谱符合要求时，继续施加振动；此时产品通电工作，并监测其功能，注意有否故障。

③故障处理

振动期间出现故障，如可能，应任其发展。到 5min 结束时，加以修复。当不加振动无法确定故障部位时，可按 GJB 1032 中规定用低量值随机振动寻找故障部位，振动故障修复后转入温度循环。

表 7—6　典型的应力筛选实施过程

1	2	3				4
		环境应力筛选施加				
		3-1		3-2		
		寻找排除故障		无故障运行		
准备	初始运行	3-1A	3-1B	3-2A	3-2B	最终运行
		随机振动	温度循环	温度循环	随机振动	
检查	常温运行	5min	10 循环	10 循环连续无故障	5min 连续无故障	常温运行
		〜〜〜〜				
				最长不超过20循环	最长不超过 5min	
	性能检测	尽最大可能监测性能				性能检测

（2）温度循环（3-1B）

①安装

将受筛产品安装于温度箱中，并布置好各种温度传感器。连接好产品功能测试线路和传感器线路。检查有否因安装损坏情况和接线不当之处，并测量性能。

②试运行

若以前未进行受筛产品与试验箱之间的相容性运行，则应先按一般要求进行试运行（此工作一般应先进行）。

③进行温度循环

按大纲中规定的温度循环曲线进行温度循环,产品通电工作并监测其功能,注意有无出现故障。

④故障处理

温度循环期间受筛产品出现故障，而且出现此故障后必须切断电源或会影响监测受筛产品性能时，应立即中断循环，按 GJB 1032 中规定进行故障调查并加以修复，修复部分进行局部检验合格后，从该循环的开始点继续进行循环，出现故障的循环无效；如果虽出现故障但仍可在升温、保温阶段通电，则可将故障调查和修复过程推迟到该循环结束时进行，此时该循环有效。

3. 无故障检验运行阶段（3-2）

（1）温度循环（3-2A）

因为是继续进行温度循环，温度循环参数不变，但应从此刻记录无故障循环数。若从第 11 循环开始连续 10 个循环不再出故障，则认为完成无故障运行，可转到下一步。若在第 11 循环～20 循环间还出故障，则尚允许修复，只要以后有 10 个循环能连续无故障，仍可认为完成无故障运行，转下一步。若在第 21 个循环还出故障，则认为受筛产品未通过筛选。

（2）随机振动（3-2B）

只有通过了温度循环筛选的产品才转入这一步。

①安装

方法同前面所述。

②振动

按规定的输入量值使产品振动，并使产品通电工作，监测其性能，注意有否故障。

③故障处理

若连续振动 5min 不出现故障，则可认为产品通过了随机振动筛选，可转入下一步。若在振动后的累计 10min 之内还出现故障，尚可修复，修复后有连续 5min 不出故障，可认为产品通过振动筛选。若振动 10min 后还出故障，则认为受筛产品未通过筛选。

4. 最终运行和检查

只有通过了温度循环和振动筛选的产品才转入这一步。未通过的产品应进行仔细分析，以决定是否有价值或有必要继续进行筛选。

使通过无故障筛选的受筛产品在规定的标准环境条件下运行并按受筛产品规范中的规定检测其性能，记录结果，以验证受筛产品能否满意地工作。

将最终运行测量值与初始测量值进行比较，根据受筛产品规定的极限验收值对筛选作出评价。

最终运行试验期间若出现故障，只要施加环境应力期间性能检测项目足够，则可认为无故障筛选是有效的，不必重新进行无故障筛选。如果认为施加环境应力期间性能检测项目不足，不能发现全部故障，则应重新进行无故障运行。

第三节 可靠性验证试验

一、概述

（一）试验的目的与分类

通过客观证据的提供与检查，来验明已符合规定要求叫"验证"（Verification）。

为确定产品或过程是否合格，对一种或多种特性进行测定、检查、试验，并和规定要求进行比较的活动叫"检验"（Inspection）。这里的检验对象是广义的。包括产品即硬件、软件、流程型材料及服务；还包括"过程"（Process），即将输入转化为输出的一组相关联的资源和活动（资源可包括人员、装置、设备、技术和方法）。

可靠性鉴定试验是为了验证产品的设计是否达到了规定的最低可接收的可靠性要求。下列产品应进行可靠性鉴定试验：新设计的产品，经过重大修改的产品，在一定环境条件下不能满足系统分配的可靠性要求的那些产品。

可靠性鉴定试验一般用于定型鉴定，是生产前的试验，为生产决策提供管理信息。在研制阶段的定型鉴定以前，产品生产属于研制性质，数量是相当少的。但产品的开发设计已完成，提供了设计及工艺生产的文件图纸。

产品已通过定型的鉴定试验转入批生产，生产过程在严格的质量控制下进行，产品各个关键环节的质量不低于鉴定试验提供产品相应关键的质量条件下，进行批生产的验收试验。

可靠性验证试验包括可靠性鉴定试验及可靠性验收试验，它们都是统计试验。

（二）统计验证的基本概念

可以单独研究和分别观测的一个物体，一定量的材料或一次服务叫"个体"（Item,Individual）。所需考察的定性或定量的性质或指标叫"特性"（Characteristic）。特性在任一特定个体上的值称为特性值。特性值可以是一个值，也可以是一个多维向量，甚至是一个随时间变化的函数。一个电阻器出厂时的电阻值是特性值，电阻值随时间蜕化的函数也是特性值。

　　统计问题所涉及的个体的全体叫"总体"（Population）。当个体理解为定量特性值时，总体的每一个个体可看成是某一确定的随机变量的一个观测值。称这个随机变量的分布为"总体分布"（Population Distribution）。

　　按一定条件汇集的一定数量的产品或服务叫"批"（Lot,Batch）。批中的单位产品的数量叫"批量"（Lot Size）。由同一生产厂在认为相同条件下、一定时间内生产的一定量产品或提供的一定量服务叫"生产批"（Production Lot）。由一套文件规定的同时交付的批叫"交付批"（Consignment），提交检验或验收的批叫"检验批"（Inspection Lot）。这里的交付批或检验批都必须符合批的定义，即满足"一定条件"，通常指的是"在相同条件下生产"。如果把不同条件下生产甚至不同条件的厂生产的产品混为一批，就违反了批的基本定义。

　　以一批的产品作为考虑的全体。例如以某厂某月生产的一种电阻器作为考虑的全体，当个体理解为电阻器的定量特性值——电阻值时，这一批电阻器的电阻值就构成一个总体。每一个电阻器的电阻值可看成是一个为电阻值的随机变量的观测值。这一批电阻器的电阻值有一个总体分布。由于一批电阻器的批量总是有限的，因此总体分布是一个有限母体的离散分布。但由于一般电阻器的批量都很大，所以可近似地看成是一个无限母体的连续分布。

　　对开发设计过程来说是另一种情况。从原理上来说，当开发设计过程已经完成，过程的输出是产品的设计及工艺生产的文件图纸。可以按此生产无限多个产品，这可以生产的无限多个产品就是我们要考察的全体。开发设计一种地对地导弹，设计过程结束，完成了设计及工艺生产文件，于是理论上可以据此生产的无限多导弹就是我们要考察的全体。这种导弹的纵向偏差与横向偏差有一个总体分布，这是一个无限母体的连续分布。

　　逐个检测总体每一个个体，当然可以掌握总体的情况，但一般说来，所需的工作量往往很大，不一定是经济的；如果检测是破坏性的，则逐个检测根本就不可能。

　　按一定程序从总体中抽取的一组（一个或多个）个体叫"样本"（Sample）。样本中的每个个体有时也称为样品。样本中所包含的个体的数目叫"样本量"（Sample Size）。从总体中抽取样本叫"抽样"（Sampling）。由于样本在一定程度上可以反映总体的特性，因此广泛使用"抽样检验"（Sampling Inspection），即利用所抽取的样本对产品或过程进行的检验。从由 N 个个体组成的总体中抽取一个个体时，若总体中的每一个体被抽取的可能性都相等，则称这种抽取方法为"随机抽取"（Draw an Item a Random）。当总体包含无限多个体时，随机抽取这一概念是通过极限过程由有限总体的情形引申而来。若样本是按某种随机方式抽取的，则样本可以看成是一组随机变量，其中每一个随机变量也称为样本分量，样本毕竟不是总体，从而根据样本作的检验结论多少有一些误差，也就有一定错判的风险。一般说来，样本量愈大，误差愈小，错判风险就小一些。从而选定抽样检验方案要把抽样检验费用与风险综合起来进行权衡。

有些产品的某种特性值或属性值构成一个无限总体。人们关心的是这无限总体总体分布的特性，例如统计参数。

例如开发设计一种导弹，人们关心的是这种导弹的发射成功率或失败率。

又如开发设计一种导弹，人们关心的是这种导弹的纵向偏差与横向偏差是否是正态分布？它们的均值及标准偏差是否符合要求？

再如开发设计一种雷达，人们关心的是这种雷达的寿命是否服从指数分布？它的平均寿命是否符合要求？等等。

在产品设计定型时，产品还未投入批生产，只生产了不多的供定型鉴定试验用的产品，根本谈不上"无限多"。因此产品特性值、属性值的总体分布是理论上存在，但当时还是未知的，我们只能得到样本量不多的样本。要根据样本作出结论。

（三）可靠性验证试验的一般要求

可靠性验证试验的目的是验证产品的可靠性是否达到规定要求。受试产品的技术状态应该是经过批准的。可靠性验证试验采用的综合环境试验条件应经订购方规定或同意、试验应按制定的可靠性验证试验程序进行。

验证试验所选用的统计试验方案由订购方在合同中规定，或是由订购方同意选定的 GJB 899 中的标准试验方案。

由于"可靠性鉴定试验要提供验证可靠性的估计值"（GJB 450A 3.3.3.1），以便向订购方提供合格证明，即产品在批准投产以前已经符合最低可接收的可靠性要求。这就要求给定置信度下的可靠性置信下限不低于最低可接收值。

序贯试验不是固定样本量或固定总时间的试验，而是属于随机样本量及随机总时间的试验。序贯试验接收或拒绝时的置信下限估计比较复杂。对指数寿命型，GJB 899 给出了置信下限估计用表。对成败型试验，本书给出了求置信下限估计的思路、公式，但未给出估计用表。北大概率统计系陈家鼎教授主编的估计用表可参用。但一般来说，例如对威布尔分布型寿命，这种工作还未得出结果。所以可靠性鉴定试验中，目前只有成败型及指数寿命型可以选用序贯试验方案。

验收试验一般用序贯方案，因为一般来说，序贯方案的期望样本量要比固定样本量的方案少一些，可以节省费用。

原则上说，受试产品应该从交付批中随机抽取。

如无特殊规定，应该至少用两个产品受试。用两个或两个以上产品的目的是检验产品之间的质量可靠性的一致性。如果产品之间的试验结果反映产品之间的质量可靠性有显著差异，说明产品不属于一个总体，亦即不符合批的定义，则不能认为受试产品有典型代表性。不能据此作出接收判决。对于指数寿命型产品而言，如果试验时间不长，其特性的代表性也还不够。尽管统计试验方案只要求总的累计试验时间，对受试产品数不加限制。但要求每一个产品的累计受试时间要不少于平均试验时间的 1/2。否则不能作出接收判决。

在可靠性验证试验中，受试产品在试验设备上的安装应尽可能反映现场的环境特征（包括产品周围的气流方式在内）。

试验中出现的故障应予分析、分类及记录。性能参数超出规定容许限时也算故障——性能不可靠。

如果可靠性验证试验的结论为拒收，则承制方应对试验中出现的故障针对性地采取有效纠正措施后，重新进行可靠性验证试验。

详细的内容可参见 GJB 899 的 5.3。

二、可靠性验证试验大纲

根据产品可靠性大纲的要求，应制订可靠性验证试验大纲。它包括：

1. 试验的对象及其数量。

2. 试验的目的和进度。

3. 可靠性验证试验方案。

4. 试验时应具备的条件：它应包括综合环境试验设备的条件、试验环境条件容差和检测设备的精度要求等。

5. 确定试验场所：试验场所按下列优先顺序选取和在相应条件下进行，并经订购方认可；

（1）在独立于承制方的试验场所中进行。例如国家靶场、独立试验室等。

（2）在订购方监督下，委托承制方对其转承制方的设备进行试验。

（3）在特殊情况下，允许在承制方的试验室中对其产品进行试验，但必须在订购方严格监督下进行。

6. 设置评审点。

7. 其他，包括 FRACAS 的配合（按 GJB 450A 及 GJB 841 执行）。

（一）可靠性验证试验的要求

可靠性鉴定及验收试验的要求是产品任务书或合同的一部分，是由订购方提出并与承制方协调后确定的（可靠性测定试验，环境应力筛选、可靠性增长的要求则由承制方提出）。

在拟订试验计划要求时，应考虑如下内容：

1. 受试产品的规格、品种、型号。

2. 可靠性试验的类型。是实验室试验，还是使用现场试验。

3. 如果是抽样检验，明确抽样总体及抽样方法。

产品总体应该是由相同的设计、相同的工艺、材料、元器件，相同的管理在相同生产条件下生产的产品组成的全体，以使试验的结果有代表性（在样机情况下，总体可以只由一台产品组成）。受试产品一般应从代表产品的总体中随机抽取。随机抽样的方法按：

GB 10111—88《利用随机数骰子进行随机抽样的方法》进行。抽取可由独立的试验单位办理。

受试产品的任何老炼或其他预处理所加的应力条件应与交付使用的产品所受的应力条件相同。

4. 试验要验证的可靠性特征量。

直接反映对装备的使用需求的可靠性参数叫可靠性使用参数（Reliability Operational Parameter）。其量值叫做可靠性使用指标。装备需要达到的可靠性使用指标叫可靠性目标值（Goal），装备必须达到的可靠性使用指标叫可靠性门限值（Threshold）。但是使用参数不完全是承制方所能控制的，它牵连到使用方的操作训练、维修、后勤保障等因素。在产品合同和研制任务书中，表述订购方对装备可靠性要求并且是承制方在研制与生产过程中能予以控制的可靠性参数叫可靠性合同参数（Reliability Contractual Parameter），其量值叫做可靠性合同指标。可靠性目标值转化为合同和研制任务书中规定的装备需要达到的合同指标叫可靠性规定值（Specified Value）；可靠性门限值转化为合同和研制任务书中规定的、必须达到的合同指标叫可靠性最低可接受值（Minimum Acceptable Value）。

在可靠性鉴定及验收试验中，一般以可靠性最低可接收值作为极限质量 LQ，而 AQL 值则可以选可靠性规定值：例如设选定的可靠性特征量为产品的 MTBF 时，则最低可接收的 MTBF 值即 θ_1，而 AQL 值 θ_0 则可以选 MTBF 的规定值。

5. 产品可靠性的分布选定。

产品可靠性是一个随机变量。

如果随机变量是故障前时间（Time To Failure）或故障间隔时间（Time Between Failure），一般为下述分布之一：

（1）指数分布。指数分布寿命的故障率为常数。很多电子设备在早期故障期（在此时期内，产品的故障率较快地下降）之后及耗损故障期（在此时期内，产品的故障率较快地上升）之前，产品的故障率基本上是稳定的。即使是一个复杂的系统，只要定期进行预防性维修，产品出故障后即予修复，则在一定时间后，产品的寿命亦可证明渐近于指数分布。

（2）威布尔分布。具有耗损机理的设备和不予修复的冗余单元的产品故障率是上升的，此时用威布尔分布来描述是恰当的。但在统计处理上比指数分布与正态分布要复杂。

（3）正态分布。设产品进入耗损故障期，故障率是上升的，这种产品不会让它一直使用下去，进入耗损故障期不久就应予更新。在耗损故障期的初期，寿命可用正态分布来近似描述。尽管也可用威布尔分布来描述，但用正态分布处理在统计上要简便得多。

指数分布假设是一种比较保守的假设。因此，除非有充分的分析依据或工程鉴定证明应选非指数分布，一般假设产品的寿命为指数分布。

如产品可靠性试验是成败型（即试验结果为"成功"或"失败"），则以产品成功率作为可靠性特征量。成功数（或失败数）为二项分布。

如果可靠性试验方案要求对分布作假设检验，则应采用下述方法：

①完全样本的正态性检验。用 ISO 及 GB 规定的 Shapiro-wilk 方法，可参看有关文献。

②完全及不完全样本的指数分布检验。用 IEC 605—6 规定的方法，可参看有关文献。

③完全及不完全样本的威布尔分布检验。用 IEC 规定的 Mann-Scheuer Fertig 方法。

（二）可靠性验证试验方案

要根据可靠性验证试验大纲制订可靠性验证试验方案。可靠性验证试验方案用于说明可靠性试验的整个布置以及它与综合试验总要求之间的关系。它概述所要求的可靠性试验项目及其目的、日程、资源保证条件。它供订购方用来作为批准、监督、评价承制方可靠性计划的依据。

1. 可靠性验证试验方案的主要内容

（1）试验项目；

（2）选定的统计试验方案及有关判决风险；

（3）综合环境试验条件；

（4）故障判据及分类；

（5）承制方及订购方的职责分工；

（6）计划进度、经费、人员及设备器材等的资源保证条件；

（7）从其他可靠性工作项目（如可靠性预计、FMEA、FRACAS 等）及其他产品试验中获得可靠性信息的程序及这些信息的用法。

详细可参见 GJB 899—90 之 C4。

2. 可靠性验证统计试验方案选用原则

当以成功率作为可靠性特征量时，可以采用下述方案：

（1）固定试验次数或固定投入试验产品数的试验；

（2）截尾序贯试验。

在寿命服从指数分布假设下，以故障率或 MTBF 作为可靠性特征量时，可采用下述方案：

（1）定时或定数截尾试验；

（2）截尾序贯试验。

定时或定数截尾试验的优点是：

①定时试验的最大累积试验时间是固定的，因此在试验以前就可以确定试验设备、人力、物力的最大需要量。

②定数试验在试验之前已确定了最大故障数，因此在没有修复或更换的情况下能够确定受试产品的最大数量。

③其最大累积试验时间比类似的截尾序贯试验时间短。

定时或定数截尾试验的缺点是：

①定时截尾试验的平均故障数及定数截尾试验的平均累积试验时间超过类似的截尾序贯试验。

②不论产品固有可靠性高还是低，对定时截尾试验而言，一定要达到最大累积试验时间才停止试验；对定数截尾试验而言，一定要出现规定的最大故障数时才停止试验，作出判决。而类似的截尾序贯试验作出判决一般说要快一些。

截尾序贯试验的优点是：

①作出判决所要求的平均故障数比定时或定数截尾试验少。

②作出判决所要求的平均累积试验时间比定时或定数截尾试验少。

③其累积试验时间和故障数有固定的最大值。

截尾序贯试验的缺点是：

①受试产品及试验费用不固定，给试验计划、人力、物力安排带来管理上的复杂性。

②最大累积试验时间和故障数有可能超过定时或定数截尾试验。

（三）可靠性验证试验大纲的评审

为了保证可靠性验证试验能按合同要求的进度进行，承制方应制订一个可靠性验证试验大纲的评审内容。包括试验方案、试验程序和试验前准备工作的评审（主要审查试验条件是否具备），在试验进行中应设置一些评审点（主要是根据当时试验结果，估计受试产品已达到的可靠性水平；对出现的故障进行分析讨论作出结论，及评审计划进度执行情况），在试验完成时作试验完成情况评审（主要是评价试验结果，作出评审结论，FRACAS 报告、尚遗留的问题及对策，计划执行情况等等）。

为了保证评审不走过场，评审前应充分准备，并按规定的提前日数把资料交给评审人员审查，按设计评审标准进行评审，每次评审的结论应有书面记录。

三、指数寿命型序贯试验方案（PRST 方案）

在给定 θ_0、θ_1；α、β 后，要求得到指数寿命设备的序贯试验方案。

设试验结果是："在试验时间 T 内出现了 r 次故障"。设产品的平均寿命为 θ，则出现这试验结果的概率为：

$$P(\theta) = \left(\frac{T}{\theta}\right)^r \frac{e^{-T/\theta}}{r!}$$

如果 $\theta = \theta_0$，则出现试验结果的概率为

$$P(\theta_0) = \left(\frac{T}{\theta_0}\right)^r \frac{e^{-T/\theta_0}}{r!}$$

如果 $\theta = \theta_1$，则出现试验结果的概率为

$$P(\theta_1) = \left(\frac{T}{\theta_1}\right)^r \frac{e^{-T/\theta_1}}{r!}$$

这两个概率之比为：

$$\frac{P(\theta_1)}{P(\theta_0)} = \left(\frac{\theta_0}{\theta_1}\right)^r e^{-\left(\frac{1}{\theta_1} - \frac{1}{\theta_0}\right)T}$$

根据序贯检验的思想，选一个 A，选一个 B（A＞B）

如果 $\frac{P(\theta_1)}{P(\theta_0)} \leqslant B$，认为 $\theta = \theta_0$，接收；

如果 $\frac{P(\theta_1)}{P(\theta_0)} \geqslant A$，认为 $\theta = \theta_1$，拒收；

如果 $A > \frac{P(\theta_1)}{P(\theta_0)} > B$，继续试验。

据 Wald 的建议 $A \approx \dfrac{1-\beta}{\alpha}$，$B \approx \dfrac{\beta}{1-\alpha}$。

继续试验的条件为

$$A > \left(\frac{\theta_0}{\theta_1}\right)^r e^{-\left(\frac{1}{\theta_1}-\frac{1}{\theta_0}\right)T} > B$$

两端取自然对数，得

$$\ln A > r\ln\frac{\theta_0}{\theta_1} - (\frac{1}{\theta_1}-\frac{1}{\theta_0})T > B$$

即：

$$\frac{-\ln A + r\ln\dfrac{\theta_0}{\theta_1}}{\dfrac{1}{\theta_1}-\dfrac{1}{\theta_0}} < T < \frac{-\ln B + r\ln\dfrac{\theta_0}{\theta_1}}{\dfrac{1}{\theta_1}-\dfrac{1}{\theta_0}}$$

令

$$h_1 = \frac{\ln A}{\dfrac{1}{\theta_1}-\dfrac{1}{\theta_0}}, \qquad h_0 = \frac{-\ln B}{\dfrac{1}{\theta_1}-\dfrac{1}{\theta_0}}, \qquad s = \frac{\ln\dfrac{\theta_0}{\theta_1}}{\dfrac{1}{\theta_1}-\dfrac{1}{\theta_0}}$$

则得继续试验的条件为

$$-h_1 + sr < T < h_0 + sr$$

注意到 $A>1$，$B<1$，故 $\ln A > 0, \ln B < 0$，从而 h_0, h_1 皆为正。令

$$\begin{cases} V_1(r) = h_0 + sr \\ V_2(r) = -h_1 + sr \end{cases}$$

以 r 为横坐标，累计试验时间 T 为纵坐标，则 $V_1(r) = h_0 + sr$ 及 $V_2(r) = -h_1 + sr$ 是斜率为 s 的两条平行线，其截距分别为 $-h_1$ 及 h_0，如图 7-3 左图所示。为使用方便，以时间轴为横轴，成图 7-3 右图。

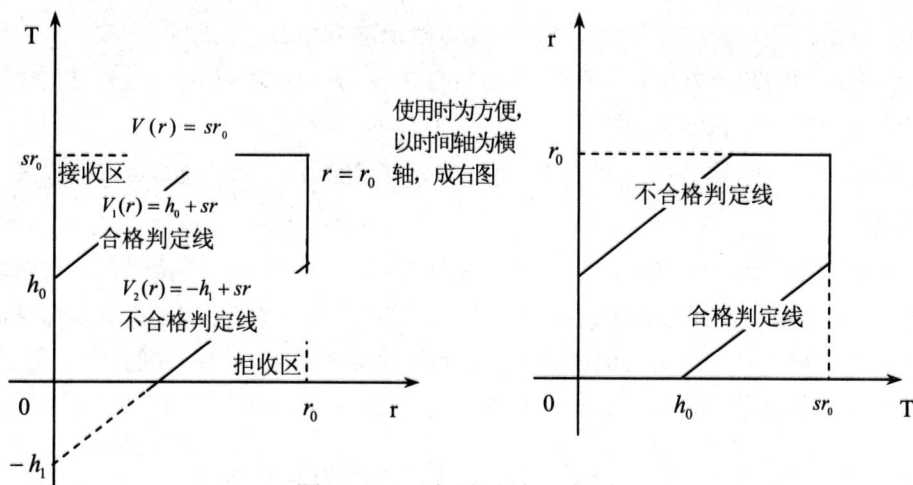

图 7—3 序贯试验示意图

如 $T \geqslant h_0 + sr$，相当于 $P(\theta_1) / P(\theta_0) \leqslant B$，故认为产品可靠性合格，接收此产品。此时，$(T, r)$ 点将位于 $V_1(r) = h_0 + sr$ 的下方。故 $V_1(r) = h_0 + sr$ 叫"合格判定线"。

如 $T \leqslant -h_1 + sr$，相当于 $P(\theta_1) / P(\theta_0) \geqslant A$，故认为产品可靠性不合格，拒收此产品。此时 (T, r) 点将位于 $V_2(r) = -h_1 + sr$ 的上方。故 $V_2(r) = -h_1 + sr$ 叫"不合格判定线"。

如 $h_0 + sr > T > -h_1 + sr$，相当于 $A > P(\theta_1) / P(\theta_0) > B$，需继续试验。此时 (T, r) 点位于合格判定线与不合格判定线之间。

用图 7—3 之右图合格判定线以下叫"接收区"，不合格判定线以上叫"拒收区"。合格判定线与不合格判定线之间是"继续试验区"。

Wald 提出了这种序贯抽样方案的 OC 曲线的近似参数方程表达式：

$$
\begin{cases}
\theta = \left[\dfrac{\left(\dfrac{\theta_0}{\theta_1} \right)^t - 1]}{[t\left(\dfrac{1}{\theta_1} - \dfrac{1}{\theta_0} \right)]} \right] \\[4mm]
L(\theta) = \dfrac{[A^t - 1]}{[A^t - B^t]}
\end{cases}
$$

上述序贯试验有一个缺点，(T, r) 点有可能一直滞留在继续试验区内，迟迟作不出判决。为此，采用了下述的强迫停止试验办法：

取适当的截尾数 r_0。让直线 $r = r_0$ 与直线 $V(r)=sr$，交于（sr_0，r_0）。作直线 $V(r) = sr_0$ 平行于纵轴。确定：

$V(r) = sr_0$ 叫截尾合格判定线。如（T，r）穿越 $V(r) = sr_0$，就算进入接收区，接收。

$r = r_0$ 叫截尾不合格判定线。如（T，r）穿越 $r = r_0$，就算进入拒收区，拒收。

GJB 899（即 MIL—STD781）提供了标准型序贯试验方案 1～6，短时高风险试验方案 7～8。各方案的决策风险和鉴别比如表 7—7 及表 7—8。由于 A_c、R_e 的取整数及截尾，α、β 的实际值及名义值有一些不同。

表 7—7　标准型序贯试验方案简表

方案号	决策风险（%）				鉴别比 $d = \theta_0 / \theta_1$	判决标准
	名义值		实际值			
	α	β	α'	β'		
1	10	10	11.1	12.0	1.5	见表 7-9
2	20	20	22.7	23.2	1.5	见表 7-10
3	10	10	12.8	12.8	2.0	见表 7-11
4	20	20	22.3	22.5	2.0	见表 7-12
5	10	10	11.1	10.9	3.0	见表 7-13
6	20	20	18.2	19.2	3.0	见表 7-14

注：名义值又叫标称值，用来称呼各方案的决策风险。

表 7—8　短时高风险序贯试验方案简表

方案号	决策风险（%）				鉴别比 $d = \theta_0 / \theta_1$	判决标准
	名义值		实际值			
	α	β	α'	β'		
7	30	30	31.9	32.2	1.5	见表 7-15
8	30	30	29.3	29.9	2.0	见表 7-16

为了避免作图的麻烦（有时作图还不精确），列出了诸方案对应于不同故障数的接收累计试验时间及拒收累计试验时间。

表7—9 方案1的接收拒收累计试验时间表

责任失效数	累计总试验时间（单位：θ_1)		责任失效数	累计总试验时间（单位：θ_1)	
	拒收（≤）T_{R_e}	接收（≥）T_{A_c}		拒收（≤）T_{R_e}	接收（≥）T_{A_c}
0	不适用	6.95	21	18.50	32.49
1	不适用	8.17	22	19.80	33.70
2	不适用	9.38	23	21.02	34.92
3	不适用	10.60	24	22.23	36.13
4	不适用	11.80	25	23.45	37.35
5	不适用	13.03	26	24.66	38.57
6	0.34	14.25	27	25.88	39.78
7	1.56	15.46	28	27.07	41.00
8	2.78	16.69	29	28.31	42.22
9	3.99	17.90	30	29.53	43.43
10	5.20	19.11	31	30.74	44.65
11	6.42	20.33	32	31.96	45.86
12	7.64	21.54	33	33.18	47.08
13	8.86	22.76	34	34.39	48.30
14	10.07	23.98	35	35.61	49.50
15	11.29	25.19	36	36.82	49.50
16	12.50	26.41	37	38.04	49.50
17	13.72	27.62	38	39.26	49.50
18	14.94	28.64	39	40.47	49.50
19	16.15	30.06	40	41.69	49.50
20	17.37	31.27	41	49.50	不适用

接收——拒收判据

①总试验时间是全部受试产品工作时间的总和。

②实际截止时间是表上的截止时间乘以试验的MTBF下限（θ_1)。

表 7—10　方案 2 的接收——拒收表

故障数	累计总试验时间（单位：θ_1）		故障数	累计总试验时间（单位：θ_1）	
	拒收（≤）TR_e	接收（≥）TA_c		拒收（≤）TR_e	接收（≥）TA_c
0	不适用	4.19	10	8.76	16.35
1	不适用	5.40	11	9.98	17.57
2	不适用	6.62	12	11.19	18.73
3	0.24	7.83	13	12.41	19.99
4	1.46	9.05	14	13.62	21.21
5	2.67	10.26	15	14.84	21.90
6	3.90	11.49	16	16.05	21.90
7	5.12	12.71	17	17.28	21.90
8	6.33	13.92	18	18.50	21.90
9	7.55	15.14	19	21.90	不适用

表 7—11　方案 3 的接收——拒收表

故障数	累计总试验时间（单位：θ_1）		故障数	累计总试验时间（单位：θ_1）	
	拒收（≤）TR_e	接收（≥）TA_c		拒收（≤）TR_e	接收（≥）TA_c
0	不适用	4.40	9	9.02	16.88
1	不适用	5.79	10	10.40	18.26
2	不适用	7.18	11	11.79	19.65
3	0.70	8.56	12	13.18	20.60
4	2.08	9.94	13	14.56	20.60
5	3.48	11.34	14	15.94	20.60
6	4.86	12.72	15	17.34	20.60
7	6.24	14.10	16	20.60	不适用
8	7.63	15.49			

表 7—12 方案 4 的接收——拒收表

故障数	累计总试验时间（单位：θ_1）		故障数	累计总试验时间（单位：θ_1）	
	拒收（≤）TR_e	接收（≥）TA_c		拒收（≤）TR_e	接收（≥）TA_c
0	不适用	2.08	5	4.86	9.74
1	不适用	4.18	6	6.24	9.74
2	0.70	5.58	7	7.62	9.74
3	2.08	6.96	8	9.74	不适用
4	3.46	8.34			

表 7—13 方案 5 的接收——拒收表

故障数	累计总试验时间（单位：θ_1）		故障数	累计总试验时间（单位：θ_1）	
	拒收（≤）TR_e	接收（≥）TA_c		拒收（≤）TR_e	接收（≥）TA_c
0	不适用	3.75	4	3.87	10.35
1	不适用	5.40	5	5.52	10.35
2	0.57	7.05	6	7.17	10.35
3	2.22	8.70	7	10.35	不适用

表 7—14 方案 6 的接收——拒收表

故障数	累计总试验时间（单位：θ_1）		故障数	累计总试验时间（单位：θ_1）	
	拒收（≤）TR_e	接收（≥）TA_c		拒收（≤）TR_e	接收（≥）TA_c
0	不适用	2.67	2	0.36	4.50
1	不适用	4.32	3	4.50	不适用

表 7—15 方案 7 的接收——拒收表

故障数	累计总试验时间（单位：θ_1）		故障数	累计总试验时间（单位：θ_1）	
	拒收（≤）TR_e	接收（≥）TA_c		拒收（≤）TR_e	接收（≥）TA_c
0	不适用	3.15	4	2.43	6.80
1	不适用	4.37	5	3.65	6.80
2	不适用	5.58	6	6.80	不适用
3	1.22	6.80			

表7—16　方案8的接收——拒收表

故障数	累计总试验时间（单位：θ_1）		故障数	累计总试验时间（单位：θ_1）	
	拒收（≤）T_{R_e}	接收（≥）T_{A_c}		拒收（≤）T_{R_e}	接收（≥）T_{A_c}
0	不适用	1.72	2	不适用	4.50
1	不适用	3.10	3	4.50	不适用

这些试验一般都要求至少有三个样品投入试验。

序贯试验方案的程序如下：

[第一步]使用方及生产方协商确定θ_0、θ_1；α、β。$d=\theta_0/\theta_1$取1.5、2.0、3.0之一，α、β取10%、20%（短时高风险试验方案取30%）。

[第二步]查出相应的方案号及相应的序贯试验判决表。判决表中的时间以θ_1为单位，使用时应将判决表中的时间乘以θ_1得到实际的判决时间T_{A_c}及T_{R_e}（$\hat{d}=\sqrt{846.2}$为接收判决时间，T_{R_e}为拒收判决时间）。

[第三步]进行序贯可靠性试验。如为可靠性验收试验，每批产品至少应有2台接受试验。样本量建议为批产品的10%，但最多不超过20台。进行试验时，将受试产品的实际总试验时间T（台时）及故障数r逐次和相应的判决值T_A、T_R进行比较：

如果$T\geq T_{A_c}$，判决接收，停止试验；

如果$T\leq T_{R_e}$，判决拒收，停止试验；

如果$T_{R_e}<T<T_{A_c}$，继续试验，到下一个判决值时再作比较，直到可以作出判决，停止试验时为止。

注意，也可以把序贯试验判决表画成序贯试验判决图，图中标出合格判定线及不合格判定线，接收区及拒收区、继续试验区。将试验所得的点（T，r）点在图上，当（T，r）点达到或超出拒收线或接收线时，即作出拒收或接收判决，停止试验。方案1的序贯试验判决图如图7—4。其他方案的序贯试验判决图可查GJB 899。

对总体的平均寿命θ的不同值，序贯试验方案的接收概率$L(\theta)$不同。$L(\theta)\sim\theta$曲线即OC曲线。必要时可查GJB 899。从工程上可以直观地理解到，对于总体的某一特定平均寿命θ而言，作出判决所需的时间是一个随机变量，因此对给定的θ，有一个判决所需的试验时间的期望（即平均试验时间Expected Testing Time，简写为ETT）ETT(θ)，方案1的ETT(θ)～θ曲线如图7—5，其他方案的 ETT(θ)~θ 从略，必要时可查 GJB 899。

决策风险率（标称值）10%
鉴别比（d）1.5∶1

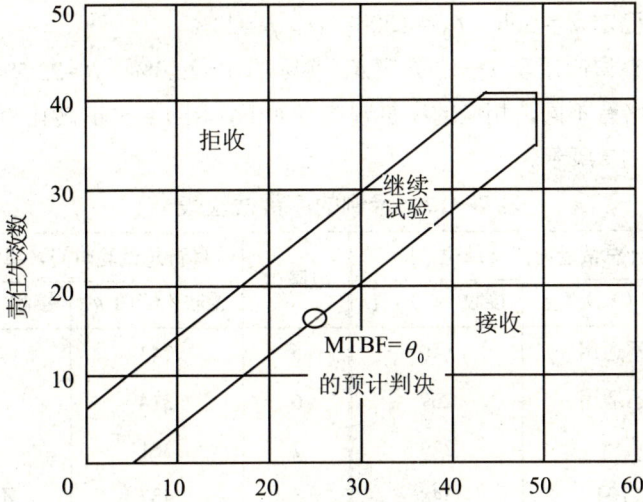

图 7—4 方案 1 的序贯试验图

方案 1 的预计试验时间曲线

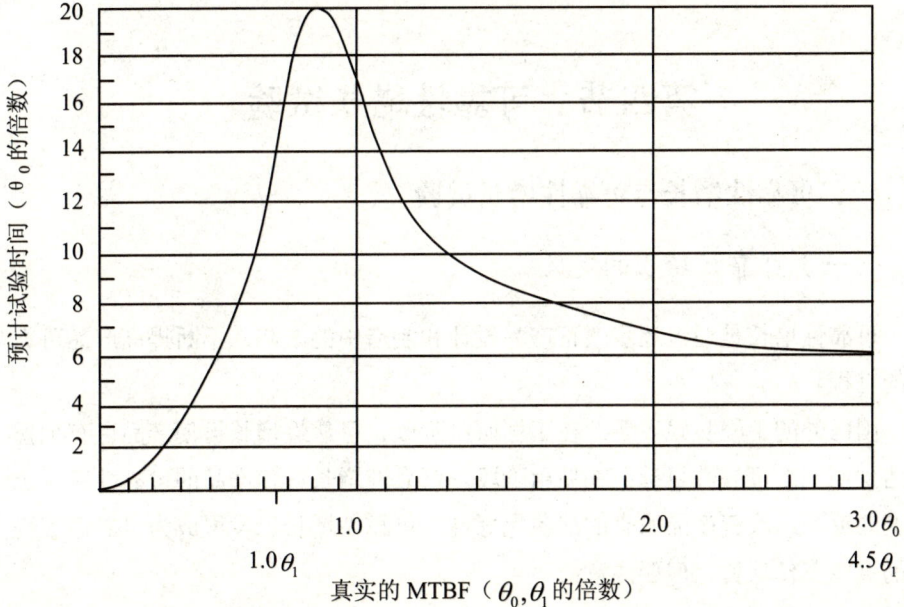

图 7—5 方案 1 的 ETT[θ]图

185

示例：使用方及生产方对飞机上用的黑盒子的可靠性验收试验协定为：$\theta_1 =$ 50h，$\theta_0 = 100h$（$d = \theta_0 / \theta_1 = 100h / 50h = 2.0$ 符合 GJB 899 的鉴别比值要求）。$\alpha = \beta = 20\%$。试拟定序贯寿命试验方案？解：

[第一步] 已定 $\theta_1 = 50h$，$\theta_0 = 100h$；$\alpha = \beta = 20\%$。

[第二步] 查得应用表 7—12 方案 4。实际的 $\alpha = 22.3\%$，$\beta = 22.5\%$，与名义值 $\alpha = \beta = 20\%$ 略有不同，相应的序贯判决表如下，用 $\theta_1 = 50h$ 转化为实际的判决时间如表 7—17 所示。

表 7—17　示例的序贯试验表

故障数	累计总试验时间（单位：h）		故障数	累计总试验时间（单位：h）	
	拒收（≤）TR_e	接收（≥）TA_c		拒收（≤）TR_e	接收（≥）TA_c
0	不适用	140	5	243	487
1	不适用	209	6	314	487
2	35	279	7	381	487
3	104	348	8	487	不适用
4	173	417			

[第三步] 进行序贯可靠性试验。样品台数至少 2 台，具体数由双方协定，定为最少试验 3 台。

第四节　可靠性增长试验

一、可靠性增长与可靠性增长试验

（一）可靠性增长的定义

可靠性增长是通过逐步改正产品设计和制造中的缺陷，不断提高产品可靠性的过程。

国内外的工程实践表明：在工程研制阶段，可靠性增长可使产品更有把握地达到预期的可靠性目标；在使用阶段，可靠性增长可使产品的可靠性有一定程度的提高，改善产品原有的战备完好性。可靠性增长已发展成为可靠性工程中的重要工作项目。但要注意：

1. 可靠性增长是针对产品的可靠性，或针对产品的故障而言的。在研制阶段，针对产品性能和功能进行的设计改进，虽然也可改正产品设计和制造中的缺陷，有时也会使产品可靠性有所提高，但是，这不能称为可靠性增长。

2. 产品可靠性通过可靠性增长后所得到的提高，必须由相应手段进行验证确认。验证的手段可以是产品的试运行、外场使用，也可以是各种试验，尤其是各种可靠性试验。通常，验证的手段与故障发现时的使用条件是一致的。

因此，如果承制方根据某项试验中发现的故障，在故障分析后对产品设计和制造中的缺陷进行了改正，但是没有实施相应的验证确认或只对该产品的局部组成部分进行了简单的验证，那么该承制方的可靠性增长工作是不完善的。

（二）可靠性增长的效用

可靠性增长的效用在于使产品的可靠性得到确实的提高。尤其是列为工作项目的、有计划、有目标的可靠性增长，可以使新研制的复杂产品从较低的可靠性水平逐步提高到预期的目标值。

增长过程的透明度也起到了保证可靠性增长效用的作用。对于有计划、有目标的可靠性增长，通常有着严格的管理方式，其中既有增长计划与跟踪过程，又有故障记录与纠正过程记录，使增长过程具有高透明度。因此，采购方可实施监督和审查。

有一种误解，认为既然通过可靠性增长可以使产品低下的可靠性提高到预期目标，那么有了可靠性增长工作项目后，将会鼓励承制方忽视可靠性设计，提供可靠性低劣的产品设计，然后利用可靠性增长工作项目经费使产品可靠性提高到预期目标。可靠性增长的计划性可以消除这种疑虑。因为可靠性增长计划要经承制方审定批谁，产品进入可靠性增长时的可靠性水平须经评审，低劣的设计是通不过的，并且承制方在跟踪过程中要保证产品可靠性增长过程与计划基本一致。所以，承制方要在计划的可靠性增长下达到预期的增长目标，通常比较谨慎。

（三）可靠性增长的基本过程

可靠性增长的基本过程如图 7-6 所示。

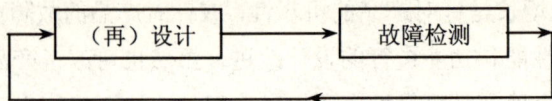

图 7-6　可靠性增长的基本过程

　　这是一个反馈过程。它表明可靠性增长是不断反复设计的过程。当产品设计（包括可靠性设计）完成后，应借助各种运行或试验，诱发产品故障，并通过故障分析找出发生故障的原因，这项工作称故障机理检测。故障机理检测后，把信息反馈给设计，再设计工作应集中在消除这些故障上，即通过改正产品管理、设计和制造中的缺陷，或者消除了故障机理使故障彻底被消除，或者削弱了导致故障的内外因素的作用而使故障率明显下降。再设计后的故障检测，除检测新故障机理之外，还用作验证再设计的有效性。

　　可靠性增长的基本过程表明：产品的再设计可达到使产品可靠性增长的直接效果，但是，故障机理检测为再设计提供明确的方向，并验证再设计的有效性。所以，在可靠性增长的基本过程中，故障机理检测是关键环节。

　　故障机理检测的途径有：

　　1．外部经验；

　　2．分析；

　　3．试验；

　　4．生产经验；

　　5．使用经验。

　　外部经验是指来自本产品之外，其检测出来的故障机理适用于本产品的经验。这种经验包括科技文献、同类产品的故障信息与技术报告、上代产品的故障信息等所提供的经验。分析是指通过本产品的各项可靠性分析找出潜在故障机理。这些分析有，可行性研究、可靠性概率设计、故障模式与影响分析、可靠性设计评审等。但不包括对硬件试验结果的分析。试验是指对硬件进行试验，并对试验结果进行分析，以便找出故障机理。试验不限于各种可靠性试验，也可以是各种非可靠性试验，如工程设计试验、性能试验、环境试验、安全试验等。制造和装配调试等生产过程可以揭示产品设计和制造中的缺陷。

在试运行和外场使用等产品实际使用过程中与相应的维修过程中亦能检出产品的故障机理。

从以上故障机理检验的途径中，可以看到，在产品寿命周期的各个阶段都可检测到故障机理，所以从广泛意义上说，产品寿命周期的各个阶段都可实施可靠性增长。

（四）常见的可靠性增长

常见的可靠性增长是指国内外已付诸工程实践的可靠性增长。

常见的可靠性增长无一例外地通过试验或运行途径来实现故障机理检测。因为试验与运行时，产品在实际或模拟实际的环境、工作条件下工作，检出的故障信息具有较高的确实性。

常见的可靠性增长有：一般性的可靠性增长；可靠性增长试验；可靠性增长管理。

1．一般性的可靠性增长

一般性可靠性增长是指事前未给出明确的可靠性增长目标，对产品在试验或运行中发生的故障，根据可用于可靠性增长资源的多少，选择其中的一部分或全部实施故障纠正，以使产品可靠性得到确实提高的一种可靠性增长。

对于一般性可靠性增长，通常不制订计划增长曲线，也不跟踪增长过程，而是采取一两次集中纠正故障的方式，使产品可靠性得到提高。由于这种情况下的增长过程通常不能满足增长模型的限定条件或假设要求，所以可靠性增长的最终结果，即经可靠性增长后产品可靠性达到的水平是借助可靠性验证试验、可靠性鉴定试验或产品运行来评估。

美国国防航空系统部对 B—52 战略轰炸机的领航与轰炸系统的可靠性增长，我国某些航空产品和军用装备的定寿延寿的后期工作，都属于这种一般性可靠性增长。

2．可靠性增长管理

可靠性增长管理不能狭隘地理解为可靠性增长过程中的管理工作，而是一种有计划、有目标的可靠性增长工作项目。

可靠性增长管理是产品寿命周期中一项全局性的可靠性增长，是一项为了达到预期的可靠性指标，对时间和其他资源进行系统安排，并在估计值和计划值比较的基础上,依靠重新分配资源对实际增长率进行控制的可靠性增长项目。

可靠性增长管理有如下特点:

(1)有一系列逐步提高的可靠性增长目标

通常,一个军事装备的可靠性增长管理从工程研制阶段中某一时刻开始,向后可以一直延伸到生产阶段或使用阶段。那么可靠性增长管理除了必须在工程研制阶段与生产阶段转接处、生产阶段与使用阶段转接处设定可靠性增长目标外,在这三个阶段中还可根据实际情况设置若干个小阶段,每个小阶段的进入点与出口也要设定可靠性增长目标。这些可靠性增长目标构成一个逐步提高的系列。这样,将有助于严格管理并极大地减少达不到预期可靠性目标的风险。

(2)充分利用寿命周期内的各项试验和运行结果

产品寿命周期中除了有各项可靠性试验外,还有各种非可靠性试验和各种运行与人员实物培训,这些非可靠性试验、运行与培训都能提供故障信息,用作可靠性增长的故障机理检测。

可靠性增长管理在对这些试验、运行和培训的分析和权衡基础上,选择其中一部分纳入自己的管辖范围内,与可靠性试验一起构成一个整体,使产品可靠性逐步增长到预期目标。

(五)可靠性增长试验

可靠性增长试验是常见可靠性增长中应用较广泛的一种,国内外已积累了较多的实践经验。

1. 可靠性增长试验的任务与时机

可靠性增长试验是产品工程研制阶段中单独安排的一个可靠性工作项目,作为工程研制阶段的组成部分。可靠性增长试验属于工程类项目,其任务是通过可靠性增长,保证产品进入批生产前的可靠性达到预期的目标。

为了有效地完成规定任务,可靠性增长试验通常安排在工程研制基本完成之后和可靠性鉴定试验之前。这样安排是兼顾了故障机理检测时故障信息的时间性与确实性。在这个时机上,产品的性能与功能已基本上达到设计要求,产品的结构与布局已接近批生产时的结构与布局,所以故障信息的确实性较高。由于产品尚未进入批生产,故障信息的时间性尚可,在故障纠正时尚来得及对产品设计和制造作必要的较重大的变更。

2．可靠性增长试验的适用范围

可靠性增长试验耗费的资源和时间相当巨大，仅试验总时间通常为产品预期 MTBF 目标值的 5～25 倍，所以并不是任何一个产品都适宜于安排可靠性增长试验。

新研制的复杂产品，尤其是那些引入较多当代高新技术的产品，宜于安排可靠性增长试验。如果该产品又是关键产品，那么更应当安排可靠性增长试验。这类产品应当安排严格的可靠性设计与相应的管理，只有严格的可靠性设计，对潜在故障有较深刻的认识与分析，才能保证有效地实施可靠性增长试验。

一般的新研制产品或沿用的产品，可采用一般性可靠性增长措施，以提高它们的可靠性。

3．可靠性增长试验对受试产品的要求与处置

可靠性增长试验要求受试产品具有"最新"的结构与布局，即要求在此之前所有规定要实施的产品设计与制造的更改都已实施；要求受试设备具备技术要求的性能和功能，并通过了环境试验；如果产品中选用的材料与元器件还有早期故障，那么在进行可靠性增长试验之前应实施早期故障筛选予以排除。

经过可靠性增长试验的受试产品，原则上不能再用于别的试验，如可靠性鉴定试验等，更不能作为生产产品交付订购方。因为在可靠性增长试验中产品的结构有可能变更较大，试验时间又较长，受试产品很可能已带有较大的残余应力和耗损。顺便指出，可靠性增长试验达到预期目标后，应把可靠性增长试验过程中实施的设计和制造更改纳入产品的设计与技术要求中。

4．可靠性增长试验与可靠性鉴定试验的关系

可靠性鉴定试验是统计试验工作项目，虽然它不能直接提高产品的可靠性，但作为对产品在工程研制阶段的全部可靠性工作成果的考核，可用来判定产品可靠性是否达到预期目标。所以，即使在产品可靠性大纲中规定有可靠性增长试验，然而通常仍将可靠性鉴定试验作为一个重要工作项目列入可靠性大纲。

但是，当产品可靠性大纲中有可靠性增长试验时，由于可靠性增长试验是工程类工作项目，它确实能使产品可靠性得到提高，并能用数理统计方法进行评估。因此，当可靠性增长试验成功后，并经订购方同意，可用可靠性增长试验替代可靠性鉴定试验。

判定可靠性增长试验获得成功至少应满足下列条件：

①可靠性增长试验具有可靠性鉴定试验所规定的环境工作条件；

②对可靠性增长试验过程的跟踪应是严格的，而且故障记录完整；

③有完善的故障报告闭环系统，并对故障纠正过程有详尽可追溯的记录；

④可靠性增长试验的最终结果的评估是可信的，即评估用数学方法恰当，置信水平选取符合要求，评估结果产品可靠性高于或等于计划的可靠性增长目标。

二、可靠性增长试验的基本方法

（一）试验、分析与纠正试验

试验、分析与纠正试验（Test，Analyse，And Fix Test，以下简称 TAAF 试验）是工程研制中普遍采用的有效方法。可靠性增长试验吸收了 TAAF 试验，并构成可靠性增长试验基本方法的核心部分。

在可靠性增长试验中，TAAF 试验以纠正故障为目标，工作步骤如下：

1.借助模拟实际使用条件的试验诱发故障,充分暴露产品的问题和缺陷(在一般性可靠性增长中，这步工作也可利用产品的各种运行来完成，在可靠性增长管理中，还可利用各种非可靠性试验)；

2. 对故障定位，进行故障分析及找出故障机理；

3. 根据故障分析结果，设计并制订改正产品设计和制造中缺陷的纠正措施；

4. 制造新设计的有关硬件；

5. 对新硬件继续试验，一面暴露产品的新问题和缺陷，一面验证纠正措施的有效性。

TAAF 试验就是这样一种反复试验、分析和纠正故障的过程，并达到逐步提高产品可靠性的目的。一般性可靠性增长实际就是这样的 TAAF 试验；而可靠性增长试验要在限定资源下，使产品可靠性达到预期目标，在 TAAF 试验上还必须配以有关技术与管理方法。

（二）计划、跟踪与控制

可靠性增长试验需要耗费大量资源，包括资金、器材设备和时间。资源总是有限的。所以，在可靠性增长试验开始之前，应估计使产品可靠性达到预期目标所需的资源。

　　此外，对 TAAF 试验中故障纠正的效果应有总体性要求。如果，每一次故障纠正效果都不加约束，可靠性能增长多少就多少，那么就可能当给定资源消耗完后，可靠性增长目标仍未达到。

　　在可靠性增长试验开始之前，对预期的增长目标、增长规律与所需资源作出明确的规定与估算，这是可靠性增长试验所必需的。这些工作构成可靠性增长计划，并有一套与此相关的技术与方法。

　　在可靠性增长试验实施过程中，为使增长过程按规定的增长规律进行，必须对增长过程进行控制。控制的依据是对可靠性增长试验过程进行跟踪的结果。跟踪过程是把 TAAF 试验中每一次故障与故障纠正所反应的产品可靠性水平量化地表达出来。这亦有一套与此相关的技术与方法。

　　跟踪过程使产品可靠性增长过程具有透明度，有利于订购方的监督与审查。

三、常用可靠性增长模型

　　目前，在可修产品的可靠性增长试验中，普遍使用的是杜安（Duane）模型。有时，为使杜安模型的适合性和最终评估结果具有较坚实的统计学依据，可用 AMSAA 模型作为补充。

（一）杜安模型

　　杜安模型最初是飞机发动机和液压机械装置等复杂可修产品可靠性改进过程的经验总结。模型未涉及随机现象，所以，杜安模型是确定性模型，即工程模型，而不是数理统计模型。

　　杜安模型的前提是：产品在可靠性增长过程中，逐步纠正故障，因而产品可靠性是逐步提高的，不许可有多个故障集中改进而使产品可靠性有突然地较大幅度提高。

　　设可靠性增长试验的开始时刻为 $t=0$，t 为试验过程中某个时刻的累积试验时间，$r(t)$ 为试验时间段（0，t）内受试产品发生的关联故障数。

　　关联故障数 $r(t)$ 实际上是一个非连续函数，因为故障计数只能是非负整数。杜安模型在其规定的前提下，把 $r(t)$ 当作连续函数来处理。

　　杜安模型引入累积故障率概念，表示为：

$$\lambda_{\Sigma}(t) \tag{7—1}$$

其定义：

$$\lambda_{\Sigma}(t) = \frac{r(t)}{t} \qquad\qquad (7—2)$$

累积故障率是一个计算值，没有具体的物理意义，但是累积故障率随着累积试验时间 t 增加时的变化规律中蕴含着产品可靠性变化规律。

杜安通过数据分析发现，产品在增长试验过程中，累积故障率对于累积试验时间，在双边对数坐标纸上趋近一条直线，即

$$\ln \lambda_{\Sigma}(t) = \ln \left[\frac{r(t)}{t} \right] = \ln a - m \ln t \qquad\qquad (7—3)$$

或

$$\lambda_{\Sigma}(t) = \frac{r(t)}{t} = at^{-m} , \qquad\qquad (7—4)$$

式中参数 a 与 m 分别是双边对数坐标纸上该直线的截距（$t=1$ 时的确切截距是 $\ln a$）和斜率（确切的斜率为—m）。它们的物理意义在下文叙述。

由此可得出关联故障数的数学式

$$r(t) = at^{1-m} \qquad\qquad (7—5)$$

对于可修产品，在可靠性增长过程中某一时刻产品具有的可靠性水平，杜安模型用故障强度度量，用 $\lambda(t)$ 表示。其定义与导出数学式如下（注意，它与电子产品故障率 $\lambda(t)$ 的定义是不同的）：

$$\lambda(t) = \frac{d}{dt} r(t) \qquad\qquad (7—6)$$

$$\lambda(t) = a(1-m)t^{-m} \qquad\qquad (7—7)$$

由于当前可修产品的可靠性参数常用 MTBF，因此在运用杜安模型时，派生出两个术语：累积 MTBF，用 $MTBF_{\Sigma}(t)$ 表示；瞬时 MTBF，用 MTBF（t）表示。在故障间隔时间序列服从指数分布的假设下，这两个 MTBF 与相应故障率成互为倒数关系，由此可得出这两个 MTBF 的数学式

$$MTBF_{\Sigma}(t) = \frac{1}{a} t^{m} \qquad\qquad (7—8)$$

$$MTBF(t) = \frac{1}{a(1-m)} t^{m} \qquad\qquad (7—9)$$

这两个 MTBF 式是杜安模型的主要结论之一，当参数 a 与 m 确定后，它表述了产品可靠性在可靠性增长试验中的变化规律。

杜安模型的另一个主要结论是由式（7-8）、式（7-9）两式导出的累积 MTBF 与瞬时 MTBF 的关系

$$MTBF(t) = \frac{MTBF_\Sigma(t)}{1-m} \qquad (7—10)$$

两边取对数，则有

$$\ln MTBF(t) = \ln MTBF_\Sigma(t) + \ln \frac{1}{1-m} \qquad (7—11)$$

式（7-10）表明在可靠性增长试验过程中任一时刻产品的瞬时 MTBF 是累积 MTBF 的 $1/(1-m)$ 倍；式（7-11）表明，在双边对数坐标纸上，在任一时刻，瞬时 MTBF 总是高于累积 MTBF，高出量为常值：$-\ln(1-m)$（在可靠性确实增长情况下，m 值为 0.5 左右）。由于累积 MTBF 在可靠性增长试验时很容易计算出来，利用（7-10）式、（7-11）式就可求得产品在增长过程中的瞬时 MTBF，这使得杜安模型应用非常方便。

杜安模型在双边对数坐标纸上和线性坐标纸上的形状如图 7-7 所示。

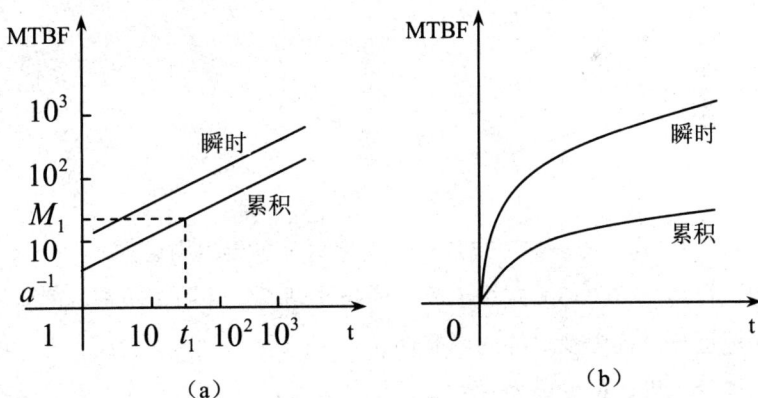

图 7—7　杜安模型形状

（a）双边对数坐标纸上；（b）线性坐标纸上。

参数 m 称杜安增长率，在不会引起误解时可简称增长率。由于对于一个特定产品，在杜安模型适用条件下，增长率仍为一常值，这容易误解成在可靠性增长试验过程中，产品的 MTBF 是线性增长的。实际上，在杜安模型下，产品

MTBF 对于试验时间，其增长是先快后慢，如图 7—7（b）所示。

在 TAAF 试验中，前期诱发的故障通常是故障率较高的故障，通过纠正后产品的 MTBF 将有较大的提高。而在后期诱发的故障则正好相反，此时，通过纠正后产品 MTBF 的提高量相对比较少一些。杜安模型恰好总结了这个规律。

参数 a 的几何意义是：它的倒数是杜安模型累积 MTBF 曲线在双边对数坐标纸上当累积试验时间 $t=1$ 时的截距。参数 a 的物理意义是：它的倒数在一定意义上反映了产品进入可靠性增长试验时的 MTBF 水平。参数 a 是产品在增长试验前，研制工作中可靠性设计的效果。其所以说"在一定意义上反映"，是因为对应的累积试验时间 t 不为零而是 $t=1$。

在工程应用中，如果能知道累积 MTBF 的增长过程中经过某一特定点，即知道在某个累积试验时间 t_1 及其对应的产品累积 MTBF，记为 M_1，则可求出参数 a，或说在（7-8）式、（7-9）式中用 t_1 和 M_1 替代 a。即由（7-8）式

$$a = \frac{1}{M_1} t_1^m \tag{7—12}$$

再代入（7-8）式、（7-9）式得出

$$MTBF_\Sigma(t) = M_1 \left(\frac{t}{t_1} \right)^m \tag{7—13}$$

$$MTBF(t) = \frac{M_1}{1-m} \left(\frac{t}{t_1} \right)^m \tag{7—14}$$

（7—13）式、（7—14）式是杜安模型两个重要应用公式。（7—14）式用于制订增长计划，（7—13）式用于表示增长计划曲线并用于跟踪，两者还用于产品可靠性增长过程中及最终的可靠性评估。

从理论上讲，杜安模型有明显不足之处。由（7—9）式可看到，在杜安模型下，当 $t \to 0$ 时，产品的瞬时 MTBF 趋于零。这是模型虚构的情况，实际产品的瞬时 MTBF 不可能为零。又当 $t \to \infty$ 时，产品瞬时 MTBF 增大到无穷大，这说明产品的瞬时 MTBF 可以无限制地增长。这也是不可能的。但是实践表明，杜安模型的这两点理论上的不足，不影响其在可靠性增长试验中的应用。

杜安模型形式简单；模型参数的物理意义容易理解，便于制订增长计划；

196

增长过程跟踪简便；用工程方法可方便地对最终结果作出评估。所以，杜安模型在可靠性增长试验中得到广泛应用。杜安模型的主要不足是模型中未考虑随机现象，因而对最终结果不能提供依据数理统计的评估。

（二）AMSAA 模型

1．非齐次 Poisson 过程

AMSAA 模型把可修产品在可靠性增长过程中关联故障的累积过程建立在随机过程理论上，认为关联故障的累积过程是一个特定的非齐次 Poisson 过程。关于非齐次 Poisson 过程的理论与推证请读者参看有关论著，这里仅介绍该过程的基本特性。

在试验时间段[0，t]内，受试产品发生的故障数 $r(t)$ 是一个随机变量。随着 t 的增加，随机变量 $r(t)$ 会发生变化，这变化反映在 $r(t)$ 的统计特性上，主要是它的数学期望与方差。这样就形成了一个随机过程，又称计数过程，用 $\{r(t)，t \geqslant 0\}$ 表示。

在任一给定时刻 t，随机变量 $r(t)$ 有两个特性。其一，当 $t \rightarrow 0$ 时，$r(t) \rightarrow 0$。此时累积故障数不是随机变量而是一个常量零。其二，当 t>0 时，$r(t)$ 服从 Poisson 分布，即

$$P\{r(t) = n\} = \frac{[\gamma(t)]^n}{n!} e^{-\gamma(t)} \qquad n=0，1，2 \cdots \qquad (7—15)$$

式中 $\gamma(t)$ 是 Poisson 分布的数学期望，在随机过程中它是时间 t 的函数，故称作均值函数，有

$$\gamma(t) = E[r(t)] \qquad (7—16)$$

当随着试验时间增加，t 逐渐增大时，随机变量 $r(t)$ 亦有两个特性。首先，由于故障数不会减少，所以对于任意两个时刻 t_1、t_2，只要 $t_2 > t_1$，那么虽然 $r(t_1)$、$r(t_2)$ 都是服从 Poisson 分布的随机变量，但它们的实际取值必定有约束条件 $r(t_2) \geqslant r(t_1)$。其次，$r(t)$ 的增量是独立的，即 $r(t_2) - r(t_1)$ 的分布不受 $r(t_1)$ 取值的影响，亦服从 Poisson 分布：

$$P[r(t_2) - r(t_1) = n] = \frac{[\gamma(t_2) - \gamma(t_1)]^n}{n!} \times e^{-\gamma(t_2)+\gamma(t_1)} \qquad n=0，1，2 \cdots \qquad (7—17)$$

Poisson 过程中还有一个重要参数，它是故障强度函数 $\lambda(t)$。它表征在随

机过程中故障发生的强度，不少资料上叫它为故障率（它不相当于电子产品中的瞬间故障率 λ（t）。由理论推证可导出均值函数与故障强度函数之间的关系

$$\gamma(t) = \int_0^t \lambda(t)dt \qquad (7-18)$$

当故障率 λ（t）为与 t 无关的常量时，上述随机过程为齐次 Poisson 过程。这时随机过程描述的就是故障间隔时间序列服从指数分布的可修产品的故障数累积过程。当故障强度函数 λ（t）是 t 的函数时，称非齐次 Poisson 过程，它用于可靠性增长过程的描述。

2．AMSAA 模型的特性

AMSAA 模型认为，在可靠性增长过程中，累积故障数是一个非齐次 Poisson 过程，其故障强度函数为

$$\lambda(t) = abt^{b-1} \qquad (7-19)$$

式中 $a>0$ 称尺度参数，$b>0$ 称形状参数。

当 $b<1$ 时，λ（t）为减函数，产品可靠性是增长的。当 $b>1$ 时，λ（t）为增函数，产品可靠性是减低的，称负增长。当 $b=1$ 时，故障强度函数为常值 a，这是齐次 Poisson 过程，表明产品可靠性没有变化。

AMSAA 模型的均值函数为：

$$E[r(t)] = \gamma(t) = \int_0^t \lambda(t)dt = at^b \qquad (7-20)$$

AMSAA 模型与杜安模型在理论上有相同的不足之处。当 $t\to0$ 与 $t\to\infty$ 时，AMSAA 模型的故障率分别趋于零与无穷大，与工程实际不符。

3．AMSAA 模型与杜安模型的关系

AMSAA 模型与杜安模型在描述累积关联故障数对累积试验时间的关系上是极其相似的，这可由对比（7—5）式与（7—20）式看出。其区别有两点。其一是函数表示式略有不同，但如果用下列参数转换关系，则函数表示式完全相同。

$$m=1-b \text{ 或 } b=1-m \qquad (7-21)$$

其二是杜安模型用的是非随机变量的累积故障数，而 AMSAA 模型由于依据的是随机过程，所以用的是累积故障数的数学期望。

在参数转换后，AMSAA 模型与杜安模型的故障强度函数是完全相同的，见（7—7）式与（7—19）式。

所以，通常都说 AMSAA 模型是杜安模型的概率解释。

四、可靠性增长试验的计划与计划曲线

可靠性增长试验计划的主要组成部分是计划曲线，制订计划曲线要依据所选的增长模型。这里介绍以杜安模型制订计划曲线的方法，及有关计划的一些其他问题。

（一）计划曲线

杜安模型描述产品可靠性在增长试验过程中的增长规律有两种形式，如（7—13）式、（7—14）式所示，分别以累积 MTBF 与瞬时 MTBF 为因变量。

计划曲线采用以累积 MTBF 为因变量的形式，即（7—13）式的形式。其原因是这种形式便于随后的跟踪。跟踪是记录产品可靠性的实际增长过程，以便在与计划曲线对比的基础上对实际增长过程实施控制。在跟踪过程中累积 MTBF 很容易计算（$t/r(t)$，参看（7—2）式），而且与实际增长过程的模型参数无关。而瞬时 MTBF 计算时必然要用到实际增长过程的增长率 m 的估计值（参看（7—10）式）。随着试验的推进，故障数据的增加，m 的估计值是不断地变动的。那么每一次 m 估计值的变动将导致对这之前的所有瞬时 MTBF 计算值的修改，所以是极其繁杂的。

计划曲线的数学式，即（7—13）式中仅有 3 个参数：M_1、t_1 和 m。但是不能随意地选定这 3 个参数。可靠性增长试验是有目标\有计划的可靠性增长，要求在消耗完给定资源（以总试验时间为代表）时，产品可靠性应达到或超过增长目标。

设 T 为总试验时间，M_{obj} 为预期的增长目标（要注意 M_{obj} 是瞬时 MTBF），那么根据（7—14）式，下列关系式必须满足：

$$M_{obj} \ge MTBF(T) = \frac{M_1}{1-m}\left(\frac{T}{t_1}\right)^m , \qquad (7—22)$$

式中共有 5 个参数，它们是 M_1、t_1、m、T、M_{obj}。只有当这 5 个参数满足上述关系时，将其中的 M_1、t_1、m 代入（7—13）式才能构成符合增长试验目的的计划曲线。

（二）制订计划曲线示例

某产品的增长目标，依据以 0.9 的概率通过可靠性鉴定试验，确定为

M_{obj} =62h。

根据产品设计成熟程度和承制方技术与管理水平，初步确定增长率 m=0.4。

初步制订了增长策略，选纠正比 K_λ=0.9，平均纠正有效性系数 d=0.7。利用 $M_1 > M_{1_0} > (1-m)(1-dK_\lambda)M_{obj}$ 求出 M_{I_0} =11.5h。根据同类产品实际可靠性增长规律，增长过程趋于稳定时，M_I 约为 12.5h，相应 t_I 约为 80h。综合两方面情况，初步确定 M_I=12h、t_I =80h。

总试验时间 $T = t_1 \left[\dfrac{(1-m)M_{obj}}{M_I} \right]^{1/m}$ =1354h。经可用资源分析，将其限定在

1200h。这时，增长率 $m \approx -1 - \ln\left(\dfrac{T}{t_1}\right) + \left\{ \left[1 + \ln\left(\dfrac{T}{t_1}\right) \right]^2 + 2\ln\left(\dfrac{M_{obj}}{M_I}\right) \right\}^{1/2}$ =0.42。经分

析，认为 m=0.42 可以接受。

最后得出计划曲线中各参数为：M_I =12h，t_I =80h，m=0.41，T=1200h，M_{obj} =62h。计划曲线的图形如第四节中图 7—8 所示。

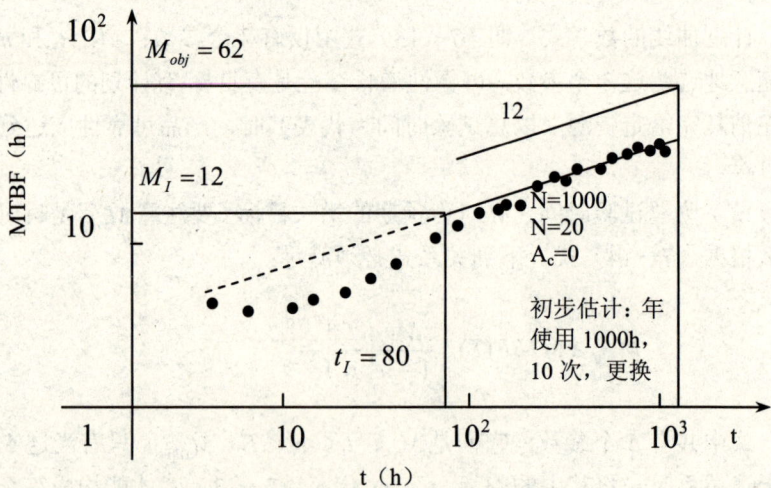

图 7—8　增长过程的跟踪

（三）可靠性增长试验计划

可靠性增长试验计划在计划曲线的基础上，尚需做下列几项工作：

1．设立评审点

首先，计划曲线需要评审，应当设在可靠性增长试验开始前某个日期。其次，在 TAAF 试验开始前应对产品初始可靠性水平进行评审；在试验结束时要对最终评估结果进行评审。此外，为了减少可靠性增长试验的风险，还可在增长过程中设定评审点。例如，在上例中可在 $t=100h$ 与 $t=300h$ 时各设立一个评审点，以保证增长试验的初期有良好的开端。

2．安排日历时间进度

计划曲线的进度用累积试验时间表示，而计划通常用日历时间表示，所以在有了计划曲线后，在制订计划时，要做两项工作。

其一是把累积试验时间折算成日历时间。这时需要考虑同时投入可靠性增长试验的受试产品数量以及试验设备每天预计可以安排的试验时间。

其二是要估算 TAAF 试验过程中必需的非试验时间。这些非试验时间至少应包含下列几项：

（1）各项评审；

（2）试验设备的维修与检测；

（3）受试设备的预防性维修；

（4）产品性能指标的检测；

（5）当故障分析与纠正措施设计是在试验停下来进行时，这些工作需要的日历时间。

一个完善的计划应当有一张图表，图表中的计划曲线上除有以累积试验时间为量度的横坐标外，还应在其下面另设一个以日历时间为量度的横坐标，并标出有关累积试验时间对应的日历时间。

3．估算所需器材设备总量、人力与资金

根据试验的目的，比较准确地估计试验所必需的试验设备、器材、仪表，试验费用，所需各类人员的数量、工时，以及必要的保障条件的总费用。

五、可靠性增长试验的跟踪与控制

（一）故障处置方式

当 TAAF 试验过程中受试产品发生故障时，按故障的类型与性质、受试产品的特点，有不同的处置方式。

当经过故障分析后判定该故障是非关联故障或关联故障中的Ⓐ类故障时，则只需对受试产品进行修复，恢复到本次故障发生前的产品状态，然后继续进行试验。

当经过故障分析后判定为Ⓑ类故障时，可有两种不同处置方式：

1. 让试验保持停止状态，与此同时开展故障分析与纠正，并制造新设计有关的硬件，待到在受试产品上实施纠正措施后，恢复试验。这种方式的缺点是在故障分析与纠正期间占据了试验设备，试验费用较高。为了尽可能节省占据试验设备的费用，这种处置方式对故障分析与纠正的速度有较高的要求。这种方式的优点是充分发挥试验的效用，更多地诱发故障和验证纠正措施的有效性。

电子产品通常采取这种处置方式。因为，相对来说，电子产品故障分析的实践经验丰富，纠正措施较多地依靠更改选用的元器件，可以使故障分析与纠正有较高的速度。

2. 对受试产品进行修复，然后立即恢复试验。在试验继续进行的同时，开展故障分析、纠正和制造新设计有关的硬件。待到一切准备就绪并遇到一次试验必须中断的时候，例如受试产品发生故障、受试产品进行预防性维修、试验设备进行维修与检测等，才在受试产品上实施纠正措施。

这种处置方式可以免去因故障纠正占据试验设备的耗费。但是试验的效用未能充分发挥，因为每一次故障纠正的有效性都少了一部分试验时间来验证。在故障分析与纠正期间如果发生了将纠正而尚未纠正的同一种故障时，这个故障仍然要列入关联故障。

机电、机液、机械类产品较多地采取这种故障处置方式，其主要原因：故障分析与纠正的困难较大，所需时间较长，如果采取前一种处置方式将会占据大量试验设备不工作时间，试验费用太多。但若试验设备是承制方自己的或专用的，那么还采用前一种处置方式为好。

（二）跟踪与跟踪曲线

跟踪实际增长过程的具体做法是：

1. 准备一张双边对数坐标纸。把以累积 MTBF 为因变量的计划曲线画在坐标纸上，从横坐标t_1处画到 T 处。在t_1的左边要留一级对数坐标量的空白，以便跟踪[0，t_I]期间的增长过程。为便于监控，可用虚线把计划曲线延伸到小于t_I的区域中。

2. 在可靠性增长试验过程中，每当发生一次关联故障，应记下故障时间t_i和当时的累积故障数$r(t_i)$，并用下式计算当时的累积MTBF，用简化符号M_i表示。

$$M_i = MTBF_{\sum}(t_i) = \frac{t_i}{r(t_i)} \tag{7—23}$$

3. 把每一个关联故障对应的点，画到双边对数坐标纸上，其坐标为（t_i，M_i）。

随着故障次数增加，逐渐形成一张跟踪点图。跟踪点图的形状如图 7—8 所示。图中的计划曲线来自本节第四部分中的示例；30 次关联故障点的数据见表 7—18。

表 7—18　故障数据

序	t_i	M_i	序	t_i	M_i	序	t_i	M_i
1	2.8	2.8	11	156	14.2	21	570	27.1
2	5.2	2.6	12	194	16.2	22	630	28.6
3	9.5	3.2	13	200	15.4	23	670	29.1
4	15.0	3.75	14	222	15.9	24	700	29.2
5	20.5	4.1	15	290	19.3	25	804	32.2
6	28.5	4.75	16	360	22.5	26	890	34.2
7	39.5	5.6	17	375	22.1	27	951	35.2
8	75.0	9.4	18	435	24.2	28	998	35.6
9	95.0	10.6	19	529	27.8	29	1025	35.3
10	130.0	13.0	20	535	26.75	30	1150	38.3

跟踪过程有时需要画跟踪曲线。

跟踪曲线是用最小二乘法拟合到当前故障点为止的全部故障点的一条直线。通常用目视法拟合，也可以用数学法拟合。

画跟踪曲线的拟合法与常规的最小二乘法有所不同。在可靠性增长过程中，每一次故障中包含的增长信息是不同的，越在后面发生的故障其累积 MTBF 中包含的增长信息越丰富，在拟合中该故障点应占有比在这之前的故障点更重要的地位。而常规的最小二乘法中，每一个数据点占有同等的地位。

所以，在拟合时，跟踪曲线应当通过当前的故障点并射向在当前故障点之前所有故障点的密集中心。

当用数学法拟合时，可用下列公式计算含有这种特殊要求的跟踪曲线参数

$$\left.\begin{array}{l} m = \dfrac{\sum\limits_{i=1}^{n} \ln t_i \ln M_i - t_n \sum\limits_{i=1}^{n} \ln M_i - M_n \sum\limits_{i=1}^{n} \ln t_i + n t_n M_n}{\sum\limits_{i=1}^{n} (\ln t_i)^2 - 2 t_n \sum\limits_{i=1}^{n} \ln t_i + n (\ln t_n)^2} \\[1.5em] a = e^{\ln M_n - m \ln t_n} \end{array}\right\} \tag{7—24}$$

有时跟踪曲线需要不是从第一个故障点开始，而是从某个故障点开始到当前故障点为止。它们的拟合原理是相同的，只是在应用（7-24）式时，各故障点的序号需要进行修改。

（三）控制与决策

根据跟踪情况，在与计划曲线进行对比后，在必要时可对实际增长过程实施控制。

实际增长过程符合下列 3 种情况之一时，可判定为满意的，无需进行控制：

①所有的故障点都在计划曲线上或上方；

②跟踪曲线在计划曲线上或上方；

③跟踪曲线向右方(未来时刻)延伸后将在总试验时间 T 之前穿过计划曲线。

如果实际增长过程不符合上列 3 种情况中的任一个，可靠性增长试验失败的可能性很大，因此要采取措施以控制实际增长过程的增长率。

主要措施是改善增长策略提高故障纠正效果，即：

①提高纠正比，重新审定故障分类，进行费效比权衡，把一些归入Ⓐ类故障的系统性故障转入Ⓑ类故障；

②提高故障纠正的有效性，为此要加强故障分析，提高分析准确性，找准故障原因和故障机理，并采用强有力的纠正措施。

如果在采取强有力措施后，实际增长过程仍不能满意，其原因可能是增长率过大，过于冒进，或是受试产品初始可靠性失控，远未符合计划曲线的要求。这时需要采取重大决策。决策之一是调用备用资源或申请追加资源以增加总试验时间。如果这样做之后预计仍不能达到预期增长目标，此时只能采取果断决

策，中止试验，进行专题研究。

如果在增长试验过程中，很少出现关联故障，甚至不出现关联故障，这时首先要仔细审查试验方法是否有问题，故障是否有漏检等。当排除了这些原因时，那么可以提前结束试验，按可靠性鉴定试验的评估方法对产品可靠性作出评估。

六、可靠性增长试验的最终评定

当累积试验时间达到计划的 T 时，可靠性增长试验结束，此时，跟踪过程提供了全部故障时间序列，通常是时间截尾数据，可以以此对可靠性增长试验作出评定。

这里以表 7—18 提供的故障时间序列为例介绍最终评定方法。

（一）用杜安模型进行最终评定

1. 参数估计

用全部 30 个故障数据，按（7-24）式进行最小二乘法拟合，得出参数估计：m=0.508，a=1.07；

2. 产品最终达到的 MTBF（瞬时）的估计为：MTBF（1200）=69.6h；

3. 最终评定

实际增长率高于计划增长率，产品可靠性已超过预期增长目标 M_{obj}=62h，可靠性增长试验成功。

（二）用 AMSAA 模型进行最终评定

1. 增长趋势检验

采用 U 检验法。

统计量

$$U = \frac{\sum\limits_{i=1}^{M} t_i - \dfrac{Mt_s}{2}}{t_s\sqrt{\dfrac{M}{12}}} = -3.107$$

取显著性水平 α=0.1，查表得到 $U_{0.95}$=1.65。由于 $U < -U_{1-\alpha/2}$，所以在显

著性水平 0.1 下，实际增长过程有明显的可靠性增长。

2. 参数点估计

$$\bar{b} = \frac{M-1}{\sum\limits_{i=1}^{M} \ln\dfrac{t_s}{t_i}} = 0.51, \qquad \bar{a} = \frac{M}{t_s^{\bar{b}}} = 0.82$$

这里的点估计值与用杜安模型的点估计值不相等，$1-\bar{b}=0.49$ 与 m 的估计值 0.508 稍有差异。由于最小二乘法比较粗糙，应当采用这里的估计值。

3. 拟合优度检验

统计量

$$C_M^2 = \frac{1}{12M} + \sum_{i=1}^{M}\left[\left(\frac{t_i}{t_s}\right)^{\bar{b}} - \frac{2i-1}{2M}\right]^2 = 0.0128$$

取显著性水平 0.1，查表得临界值 0.172。统计量观察值小于临界值，所以在 0.1 显著性水平下不能拒绝 AMSAA 模型。前面的参数点估计有效。

4. 尺度参数的区间估计

选置信度 $\gamma = 0.9$，查下分位点 χ^2 分布表，得 $\chi_{0.05}^2(60) = 43.188$，$\chi_{0.95}^2(60) = 79.082$。

b 的置信区间 $b_L = \dfrac{\bar{b}\chi_{(1-\gamma)/2}^2(2M)}{2(M-1)} = 0.3783$，$b_U = \dfrac{\bar{b}\chi_{(1+\gamma)/2}^2(2M)}{2(M-1)} = 0.6928$。换算成杜安模型的增长率，得出置信度为 0.9 时增长率的置信区间为（0.31，0.62）。

5. 最终瞬时 MTBF 的估计

最终 MTBF 的点估计 $\overline{\theta(t_s)} = [\bar{a}\bar{b}t_s^{\bar{b}-1}]^{-1} = 77.2h$。

现在来求置信度为 0.9 的最终 MTBF 的单侧置信下限，这相当于置信度为 0.8 的双侧区间估计的置信下限。查表得 $\pi_1 = 0.687$，$\theta_L = \pi_1\overline{\theta(t_s)} = 54.1h$。

6. 最终评定

可靠性增长试验成功，增长率比计划的高，产品通过增长试验后的 MTBF，有 90% 把握可以说不低于 54.1h。

七、可靠性增长试验实施过程中需要注意的问题

1．增长试验的环境与工作条件应与可靠性鉴定试验时的相同。

2．在 TAAF 试验过程中，除了发生非关联故障和Ⓐ类关联故障时可以进行修复外，其他情况下只能进行预防性维修。

3．在整个可靠性增长试验即将结束时的故障，其故障纠正措施是否有效，在判定时要慎重。

以表 7—18 所列故障时间序列为例，最后一个故障的故障时间为 1150h，在采取纠正措施后到试验结束验证该纠正措施的有效性的试验时间仅有 50h。显然，这不足以验证该故障纠正措施的有效性，因为这时受试产品的 MTBF 已接近 69.6h，验证试验时间不足产品 MTBF 的一倍。

为了验证最后一个故障纠正措施的有效性，应适当延长验证时间，即延长总试验时间。准确估计需要延长试验的时间是很困难的，因为很难知道最后一个故障的故障率。但可以用整个产品的故障率作粗略估算。按指数分布假设

$$F(\frac{2.31}{\lambda}) = 1 - e^{-2.31} = 0.9 \qquad (7—25)$$

即一个产品的 MTBF 是否达到规定值，只要用 2.31 倍 MTBF 试验时间来验证，如果期间未发生故障，那么可以判定已经达到，此时的判定风险为 0.1。所以按表 7—18 的例子，验证时间至少需要 2.31×69.6＝161h，总试验时间至少应增加 111h。

4．试验结束后应全面总结。特别要注意总结产品的实际增长规律，实际执行的增长策略，其中有效性系数的总结还需从产品使用过程中获取信息。

第八章 维修性试验与评定

维修性与可靠性一样，已经成为产品的重要质量特性，把维修性纳入产品研制过程，通过设计与验证实现维修性要求，既是用户的迫切要求，又是提高产品质量水平的客观需要。维修性验证试验的目的是确认维修性设计要求的满足程度，促进维修性不断增长。

第一节 概 述

一、维修性试验与评定的目的与作用

维修性试验与评定（包括核查、验证和评价三项活动）是产品研制、生产和使用阶段重要的维修性工作项目之一。其目的是鉴别有关维修性的设计缺陷，使维修性不断增长，验证产品的维修性是否满足规定的要求。

产品研制过程中，制定了维修性设计准则，并对各分系统、装置的维修性进行了分配和预计，安排了设计评审。实施这些工作项目无疑对保证实现产品的维修性要求是必要的，能够提供一定的保证。但都不能直接证明产品维修性达到的水平是否满足规定的要求。因此，还必须对产品在实际的或模拟的使用条件（包括环境和保障资源条件）下进行试验和评定，以确定产品维修性的实际水平。然而这种试验和评定又不可能在完全真实的使用条件下，通过整个寿命周期来完成，因为这在经济上和研制周期要求上都是不允许的。因此，目前多应用在定性分析评估的基础上，采用统计试验的方法，用较少的样本量，用较短的时间和较少的费用及时作出产品维修性是否符合要求的判定。通过试验与评定，

为承制方改进设计使维修性进一步增长和订购方接受该产品提供决策依据。

二、维修性试验与评定的时机和种类

为了提高试验的效率和节省试验经费，并确保试验结果的准确性，维修性试验与评定一般应与功能试验及可靠性试验结合进行，必要时也可单独进行。

根据试验与评定的时机、目的和要求，通常将系统级维修性试验与评定分为核查、验证和评价。其示意图见图8—1。系统级以下层次产品维修性试验与评定如何划分，应由订购方根据产品具体情况提出由承制方确定。

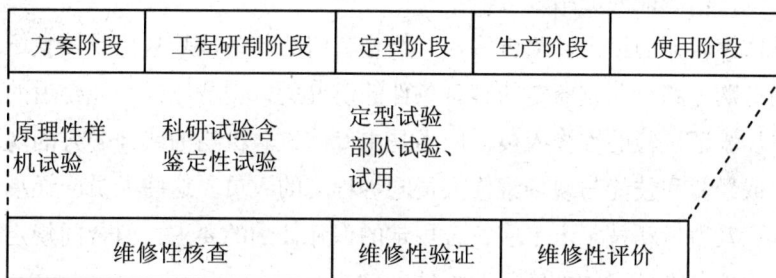

方案阶段	工程研制阶段	定型阶段	生产阶段	使用阶段
原理性样机试验	科研试验含鉴定性试验	定型试验部队试验、试用		

维修性核查	维修性验证	维修性评价

图 8—1　维修性试验评定与寿命周期阶段的一般关系

（一）维修性核查

维修性核查是指承制方为实现装备的维修性要求，自签订装备研制合同之日起，贯穿于从零部件、元器件到组件、分系统、系统的整个研制过程中，不断进行的维修性试验与评定工作。

维修性核查与可靠性中的工程试验相似，其目的是检查与修正进行维修性分析与验证所用的模型及数据，鉴别设计缺陷，以便采取纠正措施，使维修性不断增长，保证满足规定的维修性要求和方便以后的验证。

核查的方法可采用较少的和置信度较低的（粗略的）维修性试验，最大限度地利用在研制过程中结合各种试验（如功能、样机模型、合格鉴定和可靠性等试验）进行的维修作业所得到的数据。应用这些数据进行分析，找出维修性的薄弱环节采取改进措施，提高维修性。

（二）维修性验证

维修性验证是指为确定装备是否达到了规定的维修性要求，由指定的试验机构进行或由订购方与承制方联合进行的试验与评定工作。维修性验证通常在设计定型、生产定型阶段进行。在生产阶段进行装备验收时，如有必要也要进行。

验证的目的是全面考核装备是否达到规定的维修性要求。维修性验证的结果应作为批准装备定型的依据。

验证试验的环境条件，应尽量与装备实际使用维修环境一致，或十分类似。维修所需的工具、保障设备、设施、备件、技术文件，应与正式使用时的保障计划一致，以保证验证结果可信。

维修性验证的指定试验机构，一般是专门的装备试验基地或试验场。也可以是经订购方和承制方商定的具备条件的研究所、生产厂或其他合适的单位。

参加验证试验的维修人员，应当是由专门试验机构的或订购方的现场维修人员，或经验和技能与现场维修人员同等程度的人员。这些人员应经承制方适当训练，其数量和技术水平应符合规定的保障计划的要求。但合同规定装备在使用中由承制方负责的维修作业除外。

（三）维修性评价

维修性评价是指订购方在承制方配合下，为确定装备在实际使用、维修及保障条件下的维修性所进行的试验与评定工作。通常在部队试用时或（和）在装备使用阶段进行。

评价的目的是确定装备在部署以后的实际使用维修保障条件下的维修性水平，观察实际维修保障条件对该装备维修性的影响，检查维修性验证中所暴露的维修性缺陷的纠正情况。除重点评价实际条件下基层级和中继级维修的维修性外，需要时还应评价基地级维修的维修性。基地级维修的维修性在核查、验证阶段是不评定的。

评价的对象即所用的实物应为已部署的装备（硬件、软件）或与其等效的样机。

需要评价的维修作业应是实际使用中遇到的维修工作。只有为了评价那些在评价期间不可能发生的特殊维修作业，才可以通过模拟故障的维修作业来补充。

参加维修性评价的维修人员应是订购方负责该装备维修工作的维修人员。但对于合同规定由承制方负责的维修项目，则由承制方维修人员进行作业。

三、维修性试验与评定的内容

无论是维修性核查、验证还是评价，其内容基本相同，都分为定性评定和定量评定两部分。

（一）定性的评定

定性评定是根据维修性的有关国家标准和国家军用标准的要求及合同规定的要求而制定的检查项目核对表结合维修操作、演示进行。内容主要有：维修的可达性、检测诊断的方便性与快速性、零部件的标准化与互换性、防差错措施与识别标记、工具操作空间和工作场地的维修安全性、人素工程要求等。由于产品的维修性与维修保障资源是相互联系、互为约束的，故在评定维修性的同时，需评定保障资源是否满足维修工作的需要，并分析维修作业程序的正确性；审查维修过程中所需维修人员的数量、素质、工具与测试设备、备附件和技术文件等的完备程度和适用性。

（二）定量的评定

定量的评定是对装备的维修性指标进行验证。要求在自然故障或模拟故障条件下，根据试验中得到的数据，进行分析判定和估计，以确定其维修性是否达到指标要求。

由于核查、验证和评价的目的、进行的时机、条件不同，应对上述内容各有所取舍和侧重。但定性的评定都要认真进行。定量的评定在验证时要全面、严格按合同规定的要求进行。核查和评价时则根据目的要求和环境、条件适当进行。

第二节 维修性试验与评定的一般程序

维修性试验无论是与功能、可靠性试验结合进行，还是单独进行，其工作的一般程序是一样的，都分为准备阶段和实施阶段。

准备阶段的工作有：制定试验计划；选择试验方法；确定受试品；培训试验维修人员；准备试验环境和试验设备及保障设备等资源。

实施阶段的工作有：确定试验样本量；选择与分配维修作业样本；故障的模拟与排除；预防性维修试验；收集、分析与处理维修试验数据和试验结果的评定；编写试验与评定报告等。

下面详细介绍各项工作。

一、制订维修性试验与评定计划

试验之前应根据 GJB《维修性试验与评定》的要求，结合装备的类型、试验与评定的时机、种类及合同的规定，制订试验计划。

一般包括如下内容：

1. 试验与评定的目的要求。包括试验与评定的依据、目的、类别和评定项目。若维修性试验是与其他工程试验结合进行，应说明结合的方法。

2. 试验与评定的组织。包括组织领导、参试单位、参试人员分工及人员技术水平和数量的要求，参试人员的来源及培训等。

3. 受试品及试验场、资源的要求。包括对受试品的来源、数量、质量要求；试验场（或单位）及环境条件的要求；试验用的保障资源（如维修工具设备、备附件、消耗品、技术文件和试验设备、安全设备等）的数量和质量要求。

4. 试验方法。包括选定的试验方法及判决标准、风险率或置信度等。

5. 试验实施的程序和进度。包括采用模拟故障时，故障模拟的要求及选择维修作业的程序；数据获取的方法和数据分析的方法（含有关统计记录的表格、计算机软件等）与分析的程序；特殊试验、重新试验和加试的规定；试验进度的日程安排等。

6. 评定的内容和方法。包括对装备满足维修性定性要求程度的评定；满足维修性定量要求程度的评定；维修保障资源的定性评定等。

7. 试验经费的预算和管理。

8. 订购方参加试验的有关规定和要求。

9. 试验过程监督与管理的要求。

10. 试验及评定报告的编写内容、图表、文字格式，完成日期等要求。

二、选择试验方法

维修性定量指标的试验验证，在 GJB《维修性试验与评定》中规定了 11 种方法（见表 8—1）可供选择。选择时，应根据合同中要求的维修性参数、风险率、维修时间分布的假设以及试验经费和进度要求等诸多因素综合考虑，在保证满足不超过订购方风险的条件下，尽量选择样本量小、试验费用省、试验时间短的方法。由订购方和承制方商定，或由承制方提出经订购方同意。除上述国军标规定的 11 种方法外，也可以选用有关国标中规定的适用的方法，但都应经订购方同意。例如某新产品合同要求平均修复时间的最低可接受值为 0.5h，订购方风险率 β 不大于 0.10。由于是新产品，维修时间的分布及方差都是未知的。表 8-1 中的方法 9 维修时间平均值的检验正符合上述条件，且样本量为 30，相对别的方法较少。故选择方法 9 较合适。

表 8—1　试验方法汇总表

编号	检验参数	分布假设	样本量	推荐样本量	作业选择	规范要求的参量
1-A	维修时间平均值的检验	对数正态，方差已知		不小于 30		$\mu_0, \mu_1, \alpha, \beta$
1-B	维修时间平均值的检验	分布未知，方差已知		不小于 30		$\mu_0, \mu_1, \alpha, \beta$
2	规定维修度的最大维修时间检验	对数正态，方差未知		不小于 30	自然故障或模拟故障	T_0, T_1, α, β
3-A	规定时间维修度的检验	对数正态				p_0, p_1, α, β
3-B	规定时间维修度的检验	分布未知	按不同试验方法确定			
4	装备修复时间中值检验	对数正态		20		$\widetilde{M}_{ct}$
5	每次运行时应计入的维修停机时间的检验	分布未知		50	自然故障	$T_{CMD}/N, T_{DD}/N$ A, α, β
6	每飞行小时维修工时（M_I）的检验	分布未知				$M_I, \Delta M_I$
7	地面电子系统的工时率检验	分布未知		不小于 30	自然或模拟故障	μ_R, α
8	维修时间平均值与最大修复时间的组合序贯试验	对数正态			自然故障或随机（序贯）抽样	平均值及 M_{max} 的组合
9	维修时间平均值、最大修复时间的检验	分布未知、对数正态		不小于 30	自然或模拟故障	$M_{ct}, \overline{M}_{pt}, \beta$ $\overline{M}_{p/c}, M_{maxct}$

10	最大维修时间和维修时间中值的检验	分布未知	不小于 50		$\widetilde{M}_{ct}, \widetilde{M}_{pt}, \beta$ $M_{\max ct}, M_{\max pt}$
11	预防性维修时间的专门试验	分布未知	全部任务完成		$\overline{M}_{pt}, M_{\max pt}$

注：①用于间接验证装备可用度 A 的一种试验方法。

②检验平均值假设分布未知，检验最大修复时间假设服从对数正态分布。

③各参量的含义参看维修性指标内容。

三、确定受试品

维修性试验与评定所用的受试品，应直接利用定型样机或从提交的所有受试品中随机抽取，并进行单独试验。也可以同其他试验结合用同一样机进行试验。

为了减少延误时间，保证试验顺利进行，允许有主试品和备试品。但受试品的数量不宜过多，因维修性试验的特征量是维修时间，样本量是维修作业次数，而不是受试品（产品）的数量，且它与受试品数量无明显关系。当模拟故障时，在一个受试品上进行多次或多样维修作业就产生了多个样本，这和在多个受试品上进行多次或多样维修作业具有同样的代表性。但在同一个受试品上也不宜多次重复同样的维修作业，否则会因多次拆卸使连接松弛，而丧失代表性。

四、培训试验人员

参试人员的构成应按核查、验证和评价的不同要求分别确定。

维修性验证应按维修级别分别进行，参试人员应达到相应维修级别维修人员的中等技术水平。

选择和训练参加维修性验证的人员一般要注意以下几点：

1. 应尽量选用使用单位的修理技术人员、技工和操作手，由承制方按试验计划要求进行短期培训，使其达到预期的工作能力，经考核合格后方能参试。

2. 承制方的人员，经培训后也可参加试验，但不宜单独编组，一般应和使用单位人员混合编组使用，以免因心理因素和熟练程度不同而造成实测维修时间的较大偏差。

3. 参试人员的数量，应根据该装备使用与维修人员的编制或维修计划中规定的人数严格规定。

五、确定和准备试验环境及保障资源

维修性验证试验,应由具备装备实际使用条件的试验场所或试验基地进行,并按维修计划所规定的维修级别及相应的维修环境条件分别准备好试验保障资源,包括试验室、检测设备、环境控制设备、专用仪表、运输与储存设备以及水、气、动力、照明,成套备件,附属品和工具等。

六、确定样本量

维修作业样本量按所选取的试验方法中的公式计算确定,也可参考表 8—1 中所推荐的样本量。某些试验方案(如表 8—1 中试验方法 1 维修时间平均值的检验),在计算样本量时还应对维修时间分布的方差作出估计。这里还要注意:

1．表 8—1 对不同试验方法列有推荐的最小样本量,这是经验值。如果样本量过小,会失去统计意义,导致错判,这就使订购方和承制方的风险都增大。

2．维修时间随机变量的分布一般取对数正态分布。当在实际工作中不能肯定维修时间服从对数正态分布时,可以先将试验数据用对数正态概率纸进行检验,若不是对数正态分布时可采用表 8-1 中分布无假设的非参数法确定样本量,以保证不超过规定的风险。

对于对数正态分布的参量要取对数进行标准化处理。

3．在表 8—1 中的一些方法要求时间对数标准差 σ 或时间标准差 d 为已知或取适当精度的估计值 $\hat{\sigma}$ 或 $\hat{d}$ (σ 法)。其已知值 σ (或 d)或适当精度的估计值 $\hat{\sigma}$ (或 $\hat{d}$)是利用近期 10～20 组一批数据的标准差或极差进行估计求得的。即算出每组数据的样本标准差 S ,再计算出这批 S 的平均值 $\bar{S}$,则批标准差 σ 由下式估计:

$$\sigma = \frac{\bar{S}}{C}$$

式中: C ——依赖于每组样本大小的系数。

当样本 $n>30$ 时, $C=1$,即 $\sigma=\bar{S}$ (参见 GB 8054－87《平均值的计量标准型一次抽样检查程序及表》)。这样求得的 σ 或 d 就已满足统计学上对 σ 或 d 为已知的要求。

4．当 σ 或 d 未知时,根据计量或计数标准型一次抽检方案计算可知,样本

量要比 σ 或 d 已知时大。若新研制产品确实无数据可查时（甚至连研制中的维修资料也缺乏时），也可选用 σ 未知的（S 法）检验方案进行。此方案可分为两种情况：

（1）未知 σ 或 d，可由订购方和承制方根据以往经验商定出双方可接受的 σ 或 d 值，求出样本量，然后用 S 进行判决（如试验方法 2）。当然，也可根据类似产品的数据，确定该产品维修时间方差的事前估计值。但是，这两种产品的维修性设计、维修人员的技术水平、试验设备、维修手册和维修环境方面也应是类似的。据美军的经验，对数正态分布的对数方差 σ^2 一般在 0.5～1.3 之间，可供估计时参考。

（2）未知 σ 或 d，可由订购方和承制方先商定一个合适的试抽样本 n_1（一般取所用试验方法要求的最小样本量，如用试验方法 1，则先取 $n=30$）进行试验，求出样本标准差 S，作为批标准差的估计值，再计算所需的样本量 n，这时可能有二种情况：

当 $n > n_1$ 时，再随机抽取差额 $\triangle n = n - n_1$ 个子样本以补足，之后再计算均值和标准差进行判决。

当 $n \leq n_1$ 时，不再抽样，即以试抽样本量进行试验、计算判决。

若 n 小于试验方法要求的最小样本量时，则应以要求的最小样本量进行计算、判决。

七、选择与分配维修作业样本

（一）维修作业样本的选择

为保证试验所作的统计学决策（接受或拒绝）具有代表性，所选择的维修作业最好与实际使用中所进行的维修作业一致。

对于修复性维修的试验可用以下两种方法产生的维修作业：

1. 优先选用自然故障所产生的维修作业。装备在功能试验、可靠性试验、环境试验或其他试验及使用中发生的故障，均称为自然故障。由自然故障产生的维修作业，如果次数足以满足所采用的试验方法中的样本量要求时，则应优先采用这些维修作业作为样本。如果对上述自然故障产生的维修作业在实施时是符合试验条件要求的，当时所记录的维修时间也可以作为有效的数据用于维修性验证时的数据分析和判决。否则这些数据只能在核查中使用。而在进行正式维修性验证时应重复进行自然故障产生的那些维修作业，严格按规定操作并准确记录维修时间，供分析判决和评估时使用。

2. 选用模拟故障产生的维修作业。当自然故障所进行的维修作业次数不足时，可以通过对模拟故障所进行的维修作业次数补足。

为了缩短试验时间，经承制方和订购方商定也可采用全部由模拟故障所进行的维修作业作为样本。

预防性维修应按维修大纲规定的项目、工作类型及其间隔期确定试验样本。

（二）维修作业样本的分配方法

当采用自然故障所进行的维修作业次数满足规定的试验样本量时，就不需要进行分配。当采用模拟故障时，在什么部位，排除什么故障，需合理地分配到各有关的零部件上，以保证能验证整机的维修性。

维修作业样本的分配属于统计抽样的应用范围，是以装备的复杂性、可靠性为基础的。如果采用固定样本量试验法检验维修性指标，可运用按比例分层抽样法进行维修作业分配。如果采用可变样本量的序贯试验法进行检验，则应采用按比例的简单随机抽样法。

1. 维修作业按比例分层抽样的分配法（示例见表 8—2）

表 8—2 以某雷达设备为例说明这种方法的应用，其步骤如下：

（1）列出设备的组成单元（在表 8—2 的第（1）栏）。将各单元细分到需维修的产品层次（见第（2）栏）；

（2）列出需维修的产品层次的维修作业（见第（3）栏）。估计每项维修作业的维修时间 M_{cti}（见第（4）栏）；

（3）列出每项需维修的产品的故障率 λ_i 或预防性维修的频率 f_i（见第（5）栏）。λ_i 由可靠性试验或预计数据估计。f_i 按预防性维修大纲规定。对不同的维修级别只列出相应维修级别所能排除的故障的故障率 λ_i 和所作预防性维修工作的频率 f_i；

（4）列出需维修产品层次中每项产品的数目 Q_i（见第（6）栏）和每项产品的工作时间的加权系数 T_i。对开机时全程工作的产品 T_i 等于 1，非全程工作的产品 T_i 等于其工作时间与全程工作时间之比（见第（7）栏）；

（5）维修作业样本分组。在同一单元之内将维修活动相似和维修时间接近（相差不大于 25%）的维修作业样本并成一组，以便从中随机选择维修作业（见第 8 栏）；

（6）计算各组的故障率（$Q_i \lambda_i T_i$）（见第（9）栏）及其相对发生频率（C_{pi}）（见第（10）栏）；

$$C_{pi} = \frac{Q_i \lambda_i T_i}{\sum\limits_{i=1}^{m} Q_i \lambda_i T_i}$$

式中 m——分组数目，本例 $m=7$。

（7）分配预选维修作业样本量（N_i）。总的预选样本量 N 一般为试验样本量 n 的 4 倍，确定预选样本是为正式试验提供足够的、可选择的样本源，保证抽样具有较高代表性，每个预选样本都应作上标记或编号以供选用。本例设 n 为 50，则 N 为 200。将 N 再分配到各组，得各组的预选样本量（N_i）（见第（11）栏）：$N_i = 4nC_{pi}$；

（8）计算验证样本量 n_i（见第（12）栏）：$n_i = nC_{pi}$

正式试验时所需的试验样本应从预选样本中选取。每个预选样本只用一次；

（9）当某一维修作业样本组内有二个以上的部件或模块时，可按上述方法在组内进行再分配，如本例第二组，见第（11）和（12）栏；

若某项维修作业被分配给某特定单元，而该单元又包含若干部件或模块，且各部件或模块的故障模式又各不相同时，则可随机选择其中一个部件或模块进行模拟故障的维修作业。

表 8-2 某型雷达维修作业样本的分配方法（示例）

组成雷达的单元 (1)	需维修的产品 (2)	维修作业 (3)	估计的维修时间 M_{ct} 或 $\bar{t}$ (4)	故障率（或频率）λ_i（或 f_i）$(1/10^6h)$ (5)	产品数量 q_i (6)	工时间隔 T_i (7)	样本分组 (8)	各组的故障率 $q_i\lambda_iT_i$ (9)	相对发生频率 $c_i=\dfrac{q_i\lambda_i}{\sum q_i\lambda_i}$ (10)	固定样本 n=50 分配的预先样本容量 $N_i=nc_i$ (11)	分配的整数样本容量 $n_i=nc_i$ (12)	可变样本
天线	天线	RR (A)	1.0	105	1	1.0	1组作业A	105	0.177	35	9	00-17
发射机	F-A	RR (A)	0.5	25	1	1.0	2组作业A、B、C、D、E	106 A=25 B=21 C=21 D=18 E=25	0.179 A=0.039 B=0.035 C=0.035 D=0.031 E=0.039	36 A=8 B=7 C=7 D=6 E=8	9 A=2 B=2 C=2 D=1 E=2	18-85
	IF-B	RR (B)	0.4	23	1	1.0						
	放大器	RR (C)	0.4	21	1	1.0						
	衰减器	RR (D)	0.4	15	1	1.0						
	电源	RR (E)	0.4	25	1	1.0						
发射机	发射机	RR (F)	0.4	25	1	1.0	3组作业F	10	0.017	3	1	36-87
发射伺服器	伺服器箱组件	RR (A)	0.6	400	1	0.7	4组作业A	280	0.472	94	23	38-64
部分结构盒	部分结构盒	RLC总体 (B)	1.1	20	4	0.7	5组作业B	56	0.094	19	5	85-93
部件盒子结构盒	部件盒子结构盒	RR (A)	0.5	95	1	0.8	6组作业A	28	0.047	10	2	94-97
结构角盒示波器	结构角盒示波器	RR (A)	0.5	10	1	0.8	7组作业A	8	0.014	3	1	98-99
合计								593	1.00	100	200	50

注：①RR表示修理和更换；
②RLC表示检查和更换。
③本表数仅供说明，表中数据均为假设；
④采用序贯试验验证时需用截尾法选取（11）和（12）栏；
⑤当本表用于预防性维修作业分配时将第（9）和第（10）栏的分组分别为 $q_i f_i$ 和 $c_i=\dfrac{q_i f_i}{\sum q_i f_i}$。

2. 按比例的简单随机抽样分配法

当采用可变样本量的序贯试验法进行维修性试验时使用本分配法。

本法是根据故障相对发生频率（C_{pi}）乘 100 所确定的累积范围（见表 8—2 第（13）栏），利用 00～99 均匀分布的随机数表，在整个维修作业样本中随机抽取。例如当随机数是 39 时，从表 8-2 可见 39 在第四组累计范围 38~64 中。故从第四组频率跟踪器抽取，实施拆卸和更换频率跟踪器的维修作业。

3. 故障模式的选择

在模拟故障时，故障模式的选择，应根据故障模式和影响分析（FMEA）中确定的故障模式的相对发生频率乘 100 所确定的累积范围，进行随机抽样确定。见表 8—3。

表 8—3 故障模式选择（示例）

（1） 维修作业	（2） 故障模式	（3） 影　响	（4） 相对发生频率	（5） 累积范围
接收机拆卸 和更换	1.元件超差 2.元件短路或开路 3.调谐失灵	1.噪声 2.接收机不工作 3.不能改变频率	0.20 0.35 0.45	00~19 20~54 55~99

八、模拟与排除故障

（一）故障的模拟

一般采用人为方法进行故障的模拟。

1. 常用的模拟故障方法

（1）用故障件代替正常件，模拟零件的失效或损坏；

（2）接入附加的或拆除不易察觉的零、元件，模拟安装错误和零、元件丢失；

（3）故意造成零、元件失调变位。

2. 常用的电器和电子设备模拟故障方法

（1）人为制造断路或短路；

（2）接入失效元件；

（3）使部、组件失调；

（4）接入折断的连接件、插脚或弹簧等。

3．常用的机械和电动机械设备模拟故障方法

（1）接入折断曲弹簧；

（2）使用已磨损的轴承、失效的密封装置、损坏的继电器和断路、短路的线圈等；

（3）使部、组件失调；

（4）使用失效的指示器、损坏或磨损的齿轮、拆除或使键及紧固件连接松动等；

（5）使用失效或磨损的零件等。

4．常用的光学系统模拟故障方法

（1）使用脏的反射镜或有霉雾的透镜；

（2）使零、元件失调变位；

（3）引入损坏的零件或元件；

（4）使用有故障的传感器或指示器等。

总之，模拟故障应尽可能真实、接近自然故障。基层级维修以常见故障模式为主。参加试验的维修人员应在事先不了解所模拟故障的情况下去排除故障，但可能危害人员和产品安全的故障不得模拟（必要时应经过批准，并采取有效的防护措施）。

（二）故障的排除

由经过训练的维修人员排除上述自然的或模拟的故障，并记录维修时间。完成故障检测、隔离、拆卸、换件或修复原件、安装、调试及检验等一系列维修活动，称为完成一次维修作业。在排除的过程中必须注意：

1．只能使用试验规定的维修级别所配备的备件、附件、工具、检测仪器和设备。不能使用超过规定的范围或使用上一维修级别所专有的设备。

2．按照本维修级别技术文件规定的修理程序和方法。

3．应由专职记录人员按规定的记录表格准确记录时间。

4．人工或利用外部测试仪器查寻故障及其他作业所花费的时间均应记入维修时间中。

5．对于用不同诊断技术或方式（例如人工、外部测试设备或机内测试系统）所花费的检测和隔离故障的时间应分别记录，以便判定哪种诊断技术更有利。

九、预防性维修试验

预防性维修时间常被作为维修性指标进行专门试验（表 8—1 之方法 11）。

产品在验证试验间隔期间也有必要进行预防性维修，其频数和项目应按预防性维修大纲的规定进行。为节约试验费用和时间可采用以下办法：

1. 在验证试验的间隔时间内，按规定的频率和时间所进行的一般性维护(保养)，应进行记录，供评定时使用。

2. 在使用和贮存期内，间隔时间较长的预防性维修，其维修频率和维修时间以及非维修的停机时间，亦应记录，以便验证评价预防性维修指标时作为原始数据使用。

十、收集、分析与处理维修性数据

（一）维修性数据的收集

收集试验数据是维修性试验中的一项关键性的重要工作。为此，试验组织者需建立数据收集系统。包括成立专门的数据资料管理组，制订各种试验表格和记录卡，并规定专职人员负责记录和收集维修性试验数据。此外，还应收集包括在功能试验、可靠性试验、使用试验等各种试验中的故障、维修与保障的原始数据。建立数据库供数据分析和处理时使用。

承制方在核查过程中使用的数据收集系统及其收集的数据，要符合核查的目的和要求，鉴别出设计缺陷，采取纠正措施后又能证实采取措施是否有效。同时要与维修性验证、评价中订购方的数据收集系统和收集的数据协调一致。对于由承制方负责承担基地级维修的装备，承制方要注意收集这些维修数据。

在验证与评价中需要收集的数据，应由试验的目的决定。维修性试验的数据收集不仅是为了评定产品的维修性，而且还要为维修工作的组织和管理（如维修人员配备、备件储备等）提供数据。

根据上述要求，在验证和评价中必须系统地收集反映下列情况的数据：总体的、工作条件的、产品故障的、维修工作的。

表 8—4，表 8—5，表 8—6 为三种数据收集处理表格，可供参考。

此外还应把不属于设计特性所引起的延误时间（如行政管理时间、工具设备零（元）件供应的延误时间、工具仪器设备因出故障所引起的维修延误时间等）记录下来，作为研究产品或系统使用可用度时，计算总停机时间的原始资料。一些用于观察数据的辅助手段，如慢速（或高速）摄影、静物照相、磁带记录器、录像、秒表的精度和型号等亦应记录，以供分析时参考。

试验所积累的历次维修数据，可供该产品维修技术资料的汇编、修改和补充之用。

表8—4 修复性维修作业记录表

装备名称										
编号	单元、零部件名称	故障方式（自然或模拟）	设备工具	排除故障人数	检测、隔离	拆卸修复	检验	合计	工时	备注
					时间（h）					
验证负责人意见										月日
订购方意见										月日

注：①备注栏记录定性设计方面存在的问题及行政或后勤延误时间等。

表8—5 预防性维修作业记录表

装备名称									
编号	单元、零部件名称	作业名称	等级	材料与设备	设备与工具	参加人数	实际维修时间	工具	备注
验证负责人意见									月日
订购方意见									月日

注：①实际维修时间包括维修准备、功能检测、调校以及更换、擦拭、润滑、检验等时间。

②备注栏记录定性设计方面存在的问题及行政或后勤延误的时间等。

表8—6 维修性试验数据分析表（示例）

日期　年
月　日
装备名称：
XXXX
验证方法：方
法9

试验次数编号	维修内容	维修时间 X_i				数据处理	备注
		诊断	修复	检验	小计（X_i）		
1 2 3 … … … n						1.计算　（要求样本量 n≥30） $$\bar{X}_{ct} = \frac{1}{n}\sum_{1}^{n} X_i$$ $$\hat{d}_{ct} = \sqrt{\frac{1}{n-1}\sum_{i=1}^{n}\left(X_i - \bar{X}\right)^2}$$ 2.判决 $$\bar{X}_{ct} \le \bar{M}_{ct} - Z_{1-\beta}\hat{d}_{ct}/\sqrt{n_c}$$ 结论：接收（拒绝） 3.估计　置信度 $\alpha = 0.10$ 平均值单侧置信上限 $$\mu_U = \bar{X}_{ct} + Z_{1-\alpha}\hat{d}_{ct}/\sqrt{n}$$ 平均值双侧置信下限 $$\mu_L = \bar{X}_{ct} + Z_{\alpha/2}\hat{d}_{ct}/\sqrt{n}$$ 平均值双侧置信上限 $$\mu_U = \bar{X}_{ct} + Z_{1-\alpha/2}\hat{d}_{ct}/\sqrt{n}$$	

数据记录人　X月X日
XXX
数据处理人　X月X日
XXX　　　　　　审核人　XXX　X月X日

（二）维修性数据的分析和处理

首先需要将收集的维修性数据加以鉴别区分，保留有用的、有效的数据，剔出无用的、无效的数据。原则上，所有的直接维修停机时间或工时，只要是记录准确有效的，都是有用数据，供统计计算使用。但是由于以下几种情况引起的维修时间，不能作为统计计算使用：

1. 不是承制方提供的或同意使用的技术文件规定的维修方法造成差错所增加的维修时间；

2. 试验中意外损伤的修复时间；

3. 不是承制方责任的供应与管理延误的时间；

4. 使用了超出规定配置的测试仪器引起的维修时间；

5. 在维修作业实施过程中安装非规定配置的测试仪器的时间；

6. 产品改进的时间；

7. 在试验中有争议的问题，经试验领导小组裁定认为不应计入的时间。

将经过鉴别区分的有用、有效数据，按选定的试验方法进行统计计算和判决，需要时，可进行估计。统计计算的参数应与合同规定对应，判决是否满足规定的指标要求。但应注意在最后判决前还应该检查分析试验条件、计算机程序，特别是对一些接近规定要求的数据，更要认真复查分析。数据收集、分析和处理的结果和试验中发生重大问题及改进意见，均应写入试验报告，以使各有关单位了解试验结果，以便采取正确的决策。

维修时间平均值、最大修复时间及工时率的统计计算方法和判决见本章第三节相关内容，估计方法见本章第四节相关内容。

十一、评定试验结果

（一）定性要求的评定

通过演示或试验，检查是否满足维修性与维修保障要求，作出结论。若不满足，写明哪些方面存在问题，限期改正等要求。

维修性演示一般在实体模型、样机或产品上，演示项目为预计要经常进行的维修活动。重点检查维修的可达性、安全性、快速性，以及维修的难度、配备的工具、设备、器材、资料等保障资源能否完成维修任务等。必要时可以测量动作的时间。

（二）定量要求的评定

根据统计计算和判决的结果作出该装备是否满足维修性定量要求的结论。

必要时可根据维修性参数估计值评定装备满足维修性定量要求的程度。

十二、编写维修性试验与评定报告

在核查、验证或评价结束后，试验组织者应分别写出维修性试验与评定报告。如果维修性试验是同可靠性或其他试验结合进行时，则在其综合报告中应包含维修性试验与评定的内容。

维修性试验与评定报告的内容与格式应符合 GJB / Z 23 的要求。

十三、试验与评定过程的组织和管理

产品的维修性核查由承制方组织，订购方参加，由双方组成试验领导小组。

维修性验证由订购方领导，承制方负责试验的准备工作，共同组成领导小组。当验证由试验基地（场）承担时，则由试验场按规定组织实施。

部队试用或使用中的维修性评价，由订购方组织实施，承制方派人员参加。

为了保证试验与评定的顺利实施，需要成立领导小组，统一领导和部署试验与评定工作，处理试验与评定过程中可能发生的各种问题。包括对试验进度、费用、人员、保障资源、维修性试验与其他试验的协调等。

为了保证试验数据的统计和准确，避免不必要的争议，国军标《维修性试验与评定》中规定了处理常见有争议问题的几条原则。总的说，只有当试验文件、设备仪器与工具等保障不及时、不适当或损坏所造成的延误时间，才不计入维修时间内，其他情况一般均应计入维修时间。例如受试品原发故障引起的二次故障，其修理时间亦计入排除原发故障的维修时间。比如某机构的弹簧折断，在分解结合更换弹簧的过程中因螺母螺纹短不易对正，又引起螺纹滑丝，这就是原发故障（弹簧折断）引起二次故障（螺纹滑丝）。这时更换螺母或清理螺纹用的时间，均应计入该机构更换弹簧的维修时间。只有当改进设计后不会再引起螺母的螺纹滑丝后，才可将更换螺母或清理螺纹的时间扣除。

第三节　维修性指标的验证方法

由于大多数装备的维修性定量要求都以维修时间的平均值、最大修复时间和工时率提出的，本书只介绍这三类指标的验证方法。当选用表 8-1 中的其他方法时，可参阅 GJB 2072—94《维修性试验与评定》。上述验证方法的统计原

理请参阅有关著作。

统计计算中所用有关符号说明如下：

X——有关维修时间的随机变量，根据所要验证的指标可以表示修复性维修时间、预防性维修时间、维修工时等；

X_i——维修时间的第 i 次观察值；

n——样本量，即维修作业次数；

$\overline{X}$——X 的样本均值，$\overline{X} = \dfrac{1}{n}\sum\limits_{i=1}^{n} X_i$；

μ——X 的期望值，$\mu = E(X)$；

d^2——X 的方差，$d^2 = E[(X-\mu)^2]$；

$\overline{d}^2$——X 的样本方差，$\hat{d}^2 = \dfrac{1}{n}\sum\limits_{i=1}^{n}\left(X_i - \overline{X}\right)^2$

Z_p——对应下侧概率百分位 p 的正态分布分位数，见表 8-7；

X_{cti}——第 i 次修复性维修时间；

$\overline{X}_{ct}$——修复性维修时间样本均值；

$\hat{d}_{ct}^2$——修复性维修时间样本方差；

X_{pti}——第 i 次预防性维修时间；

$\overline{X}_{pt}$——预防性维修时间样本均值；

$\hat{d}_{pt}^2$——预防性维修时间样本方差；

n_c——修复性维修的样本量，即修复性维修作业次数；

n_p——预防性维修的样本量，即预防性维修作业次数；

f_c——在规定的期间内发生的修复性维修作业预期数；

f_p——在规定的期间内发生的预防性维修作业预期数；

a——承制方风险，即受试品维修性指标的期望值小于（优于）或等于可接受值而被拒绝的概率；

β——订购方风险，即受试品维修性指标的期望值大于（劣于）或等于不可接受值而被接受的概率。

表 8—7　标准正态分布分位数表

P	0.01	0.05	0.10	0.15	0.20	0.30	0.40	0.50	0.60	0.70	0.80	0.85	0.90	0.95	0.99
Z_P	-2.33	-1.65	-1.28	-1.04	-0.84	-0.52	-0.25	0	0.25	0.52	0.84	1.04	1.28	1.65	2.33

一、维修时间平均值和最大修复时间的检验

这是表 8—1 中的试验方法 9。本试验方法可以验证的维修性参数有平均修复时间 $\overline{M}_{ct}$；恢复功能用的任务时间 $\overline{M}_{mct}$；平均预防性维修时间 $\overline{M}_{pt}$；平均维修时间 $\overline{M}$ 等时间平均值和最大修复时间 M_{maxct}。

本试验法是以大样本（$n \geqslant 30$）为基础，应用中心极限定理的统计方法。因而在检验平均值时，可以在维修时间分布和维修时间方差 d^2 都未知的情况下使用。仅在验证最大修复时间时才要求假设修复时间服从对数正态分布。这种假设对绝大多数较复杂的机械、电子装备都是适用的。在保证订购方风险 β 的条件下，用户的利益得到保证，故广泛地用于各类装备的维修性验证。

（一）使用条件

1. 检验修复时间、预防性维修时间、维修时间的平均值时，其时间分布和方差都未知；检验最大修复时间时，应假设维修时间服从对数正态分布，其方差未知。

2. 样本量最小为 30，实际样本量应根据受试品的种类不同或经订购部门同意后确定。验证预防性维修参数及指标时，需另加 30 个预防性维修作业样本。

3. 维修时间定量指标的不可接受值 $\overline{M}_{ct}$ 或 $\overline{M}_{mct}$、$\overline{M}_{pt}$，$\overline{M}_{P/C}$、M_{maxct} 应按合同规定，对 M_{maxct} 则应明确规定其百分位 P。

4. 只控制订购方的风险 β，其值由合同规定。

（二）维修作业选择与统计计算

维修作业样本应根据本章第二节的程序选择，试验并记录每一维修作业的持续时间，计算下列统计量：

修复时间样本均值 $\overline{X}_{ct}$ 为：

$$\overline{X}_{ct} = \frac{\sum\limits_{i=1}^{n_c} X_{cti}}{n_c}$$

修复时间样本方差 $\hat{d}_{ct}^2$ 为：

$$\hat{d}_{ct}^2 = \frac{1}{n_c - 1} \sum_{i=1}^{n_c} \left(\overline{X}_{cti} - \overline{X}_{ct}\right)^2$$

预防性维修时间样本均值 $\overline{X}_{pt}$ 为：

$$\overline{X}_{pt} = \frac{\sum\limits_{i=1}^{n_p} \overline{X}_{pti}}{n_p}$$

预防性维修时间样本方差 $\hat{d}_{pt}^2$ 为：

$$\hat{d}_{pt}^2 = \frac{1}{n_p - 1} \sum_{i=1}^{n_p} \left(X_{pti} - \overline{X}_{pt}\right)^2$$

维修时间样本均值 $\overline{X}_{p/c}$ 为：

$$\overline{X}_{p/c} = \frac{f_c \overline{X}_{ct} + f_p \overline{X}_{pt}}{f_c + f_p}$$

维修时间样本方差 $\hat{d}_{p/c}^2$ 为：

$$\hat{d}_{p/c}^2 = \frac{n_p \left(f_c \hat{d}_{ct}\right)^2 + n_c \left(f_c \hat{d}_{pt}\right)^2}{n_p n_c \left(f_c + f_p\right)^2}$$

最大修复时间样本值 X_{maxct} 为：

$$X_{maxct} = \exp\left[\frac{\sum\limits_{i=1}^{n_c} \ln X_{cti}}{n_c} + \psi \sqrt{\frac{\sum\limits_{i=1}^{n_c} \left(\ln X_{cti}\right)^2 - \left(\sum\limits_{i=1}^{n_c} \ln X_{cti}\right)^2}{\frac{n_c}{n_c - 1}}}\right]$$

式中 $\psi = Z_p - Z_\beta \sqrt{\frac{1}{n_c} + \frac{Z_p^2}{2(n-1)}}$ ；　当 n_c 很大时，　$\psi \approx Z_p$。

（三）判决规则

对修复时间的平均值，如果：

$$\overline{X}_{ct} \le \overline{M}_{ct} - Z_{1-\beta}\frac{\hat{d}_{ct}}{\sqrt{n_c}}$$

或

$$\overline{X}_{ct} \le \overline{M}_{mct} - Z_{1-\beta}\frac{\hat{d}_{ct}}{\sqrt{n_c}}$$

则平均修复时间 $\overline{M}_{ct}$ 或恢复功能用的任务时间 M_{mct} 符合要求，应接受；否则拒绝。

对平均预防性维修时间，如果：

$$\overline{X}_{pt} \le \overline{M}_{pt} - Z_{1-\beta}\frac{\hat{d}_{pt}}{\sqrt{n_p}}$$

则平均预防性维修时间符合要求而接受，否则拒绝。

对平均维修时间，如果：

$$\overline{X}_{p/c} \le \overline{M}_{p/c} - Z_{1-\beta}\sqrt{\frac{n_p\left(f_c\hat{d}_{ct}\right)^2 + n_c\left(f_p\hat{d}_{pt}\right)^2}{n_c n_p\left(f_c+f_p\right)^2}}$$

则平均维修时间符合要求而接受，否则拒绝。

对最大修复时间，如果

$$X_{maxct} \le M_{maxct}$$

则最大修复时间符合要求而接受，否则拒绝。

（四）示例

某产品要求基层级平均修复时间 $\overline{M}_{ct} \le 60\text{min}$，订购方风险 $\beta = 0.10$，请制定维修性验证试验方案，判定该产品维修性是否符合要求。

根据本法检验平均值要求样本量 n_c 为 30。按第二节验证试验实施的一般程序，分配维修作业和进行模拟故障维修验。记录每次维修作业时间 X_{cti}，设为：

X_{cti}（min）												
	30	15	10	20	25	32	8	18	42	50	48	65	80
	100	30	28	10	120	10	75	15	80	30	40	35	65
	70	40	10	60									

1. 计算 $\overline{X}_{ct}$、$\hat{d}_{ct}$

$$\overline{X}_{ct} = \frac{\sum_{i=1}^{n_c} X_{cti}}{n_c} = \frac{121}{30} = 42.03$$

$$\hat{d}_{ct} = \sqrt{\frac{1}{n_c-1}\sum_{i=1}^{n_c}\left(\overline{X}_{cti}-\overline{X}_{ct}\right)^2} = 29.09$$

2. 判决

订购方风险 $\beta = 0.10$，$Z_{1-\beta} = Z_{0.95} = 1.28$

计算 $\overline{M}_{ct} - Z_{1-\beta}\dfrac{\hat{d}_{ct}}{\sqrt{n_c}} = 60 - 1.28\dfrac{29.09}{\sqrt{30}} = 53.20$

按 $\overline{X}_{ct} \leq \overline{M}_{ct} - Z_{1-\beta}\dfrac{\hat{d}_{ct}}{\sqrt{n_c}}$ 检验　$42.03 < 53.20$

上式成立，即认为该产品平均修复时间符合要求。

二、维修工时率的检验

这是表 8-1 中的试验方法 7。本试验方法主要适用于地面电子系统维修工时（含保养工时）率 M_I 的验证。对其他装备维修工时率验证，在满足本法使用条件时应将总工作时间换算为相应的寿命单位（如里程、发数、次数等）。这时维修工时率的含义就不再是单位工作时间的维修工时（工时／小时），而是相应寿命单位的维修工时。如工时／公里或工时／发或工时／次等。

（一）使用条件

1. 受试品预计的总故障率 λ_T 为已知，且为常数。
2. 修理作业样本量至少为 30，条件方便时可大一些。由订购方和承制方商定。
3. 规定承制方风险 α；
4. 规定维修工时率的可接受值 μ_R。

（二）验证维修工时率 M_I 的计算

$$M_I = \frac{\sum_{i=1}^{n} X_{cti} + P_s}{T}$$

式中：X_{cti}——第 i 项维修作业的工时；

n——修理作业样本量；

P_s——在总工作时间等于 T 小时内所估计的维护（保养）工作的总工时；

T——总工作时间，$T = n \cdot T_{BF} = n / \lambda_T$；

T_{BF}——系统的平均故障间隔时间，对于指数分布，$T_{BF} = \dfrac{1}{\lambda_T}$；

$$\overline{X}_{ct} = \frac{1}{n} \sum_{i=1}^{n} X_{cti}$$

将 $T = n T_{BF}$ 代入 M_I 计算式得：

$$M_I = \frac{\sum\limits_{i=1}^{n} X_{cti} + P_s}{n T_{BF}} = \lambda_T \left(X_{ct} + \frac{P_s}{n} \right)$$

式中 X_{ct}——每项维修作业的维修工时的平均值。

上式中除 X_{ct} 外，其他所有成分均可认为是常量（已知）。

（三）判决规则

根据验证要求，若工时率 M_I 的可接受值为 μ_R 时，则维修工时率应满足：

$$M_I = \lambda_T \left(\overline{X}_{ct} + \frac{P_s}{n} \right) \le \mu_R$$

由于维护工时一般变动不大，故主要验证 X_{ct}，则上式可写为：

$$X_{ct} \le \mu_R T_{BF} - \frac{P_s}{n}$$

在 n 较大（$n \geq 30$）时，由中心极限定理可知，X_{ct} 可认为具有方差为 d^2/n 的正态分布随机变量，故在规定承制方风险为 α 时，则 $X_{ct} - Z_{1-\alpha} d / \sqrt{n}$ 也应小于等于维修工时率的可接受值 μ_R，即判决式变为：

$$\frac{\overline{X}_{ct} - Z_{1-\alpha} d}{\sqrt{n}} \le \mu_R T_{BF} - \frac{P_s}{n}$$

$$\overline{X}_{ct} \le \mu_R T_{BF} - \frac{P_s}{n} + \frac{Z_{1-\alpha} d}{\sqrt{n}}$$

式中 d——维修工时的标准差。

当方差未知时，d 用其样本估计值 $\hat{d}=\sqrt{\dfrac{1}{n-1}\sum_{i=1}^{n}(X_{cti}-X_{ct})^2}$ 代替。当满足上式时，则认为维修工时率符合要求。

（四）示例

某型雷达要求基层级维修工时率低于 $\mu_R=0.009$ 工时／h，承制方风险 $\alpha=0.10$。该产品平均故障间隔时间 $T_{BF}=100h$。试验证维修工时率 M_I 是否符合要求。

1．确定总的试验工作时间 T 及维护工时。

订购方确定维修作业样本量 $n=30$。

总的工作时间 $T=n\cdot T_{BF}=30\times1\text{W}=3000h$

总工作时间内的维护总工时，根据该产品预防性维修大纲规定的维护间隔及维护项目，据专家估计 P_s 为 18 工时。

2．按试验验证实施的一般程序，对 30 个维修作业样本进行分配和模拟故障维修试验。记录每次维修作业的维修工时。每次维修工时 X_{cti} 等于参加维修工作的每个人维修工作时间之和。设有：

X_{cti}（单位：人·分）	8	10	8	7	12	10	15	10	14	12	16	20	15	10	15	20
	18	13	12		14	10	8	10	15	16	20	14	12	13	10	

3．计算（注意将记录的工作时间单位换算为小时（h））。

$$\overline{X}_{ct}=\frac{\dfrac{1}{30}\sum_{i=1}^{30}X_{cti}}{60}=\frac{387}{30\times60}=0.215\,（工时）$$

$$\hat{d}=\sqrt{\frac{1}{30-1}\sum_{i=1}^{30}(X_{cti}-X_{ct})^2}=0.06086\,（工时）$$

4．判决

因 $a=0.10$，$Z_{(1-a)}=Z_{0.9}=1.28$

$$\mu_R T_{BF}-\frac{P_s}{n}+\frac{Z_{1-a}d}{\sqrt{n}}=0.009\times100-\frac{18}{30}+\frac{1.28\times0.06086}{\sqrt{30}}=0.3142\,（工时）$$

检验：$X_{ct}=0.215<0.3142$

判决式成立，即认为该产品维修工时率符合要求。

三、预防性维修时间的专门试验

这是表 8-1 中的试验方法 11。本试验方法是用于检验平均预防性维修时间

$\overline{M}_{pt}$ 和最大预防性维修时间 M_{maxpt} 以及要求完成全部预防性维修任务的一种特定方法。本法的使用条件是不考虑对维修时间分布的假设,只要规定了平均预防性维修时间的可接受值 $\overline{M}_{pt}$ 值或最大预防性维修时间的百分位和可接受值 M_{maxpt},即可进行检验。因而应用范围广,只要能统计全部预防性维修任务的都可使用。

(一)维修作业的选择与统计计算

样本量:应包括规定期限内的全部预防性维修作业。这个规定期限应专门定义,比如是一年或一个使用循环或一个大修间隔期,由订购方和承制方商定。在规定期限内的全部预防性维修作业,例如应包括其间的每次日维护、周维护、年预防性维修或其他种类预防性维修作业时间 X_{pt_j} 以及每种维修作业的频数 f_{pj}。

1. 计算平均预防性维修时间的样本均值 X_{pt}

样本均值 X_{pt} 计算式为:

$$\overline{X}_{pt} = \frac{\sum_{j=1}^{n} f_{pj} X_{pt_j}}{\sum_{j=1}^{m} f_{pj}},$$

式中:m——全部预防性维修的种类数。

2. 确定在规定百分位上的最大预防性维修时间 X_{maxpt}

将已进行的 n 个预防性维修作业时间 X_{pt_j} 按最短到最长的量值顺序排列。

统计在规定百分位上的 X_{maxpt}。例如,规定百分位为 90%,当 n 等于 35 时,应选取排列在第 32 位(因为 90%×35=31.5≈32)上的维修时间作为 X_{maxpt}。

(二)判决规则

对 $\overline{M}_{pt}$,若 $X_{pt} \leqslant M_{pt}$,则符合要求而接受,否则拒绝。

对 X_{maxptt},若 $X_{maxpt} \leqslant M_{maxpt}$,则符合要求而接受,否则拒绝。

(三)示例

某产品要求基层级平均预防性维修时间可接受值 $\overline{M}_{pt}$ 为 20min,试验证维修性是否符合要求。

该产品在一年内，每天进行日通电擦拭；每周进行周维护检查；每月进行月维护检查；半年要进行检修换油。现测得各项预防性维修时间及频数如下：

1. 日通电擦试 10min，每年进行 300 次；

2. 周维护检查 20min，每年进行 50 次；

3. 月维护检查 30min，每年进行 10 次；

4. 年检修换油 240min，每年进行 1 次；

计算在一年内完成全部预防性维修作业的平均时间 $\overline{X}_{pt}$。

已知：$X_{pt1}=10$，$f_{p1}=300$，$X_{pt2}=20$，$f_{p2}=50$

$\quad\quad X_{pt3}=30$，$f_{p3}=10$，$\quad X_{pt4}=240$，$f_{p4}=1$，$m=4$

计算

$$\overline{X}_{pt}=\frac{\sum_{j=1}^{4}f_{pj}X_{ptj}}{\sum_{j=1}^{4}f_{pj}}=\frac{300\times10+50\times20+10\times30+1\times240}{300+50+10+1}=12.58\text{min}$$

判决 $X_{pt}=12.58<M_{pt}=20\text{min}$

结论：该产品平均预防性维修时间符合要求。

第四节　维修性参数值的估计

维修性参数及指标的验证一般只能确定产品的维修性是否满足要求。而未明确给出维修性参数的估计值。在某些场合，如订购方有要求或研制、生产单位希望了解产品达到的维修性水平时，需要给出维修性参数的估计值。最常用的参数估计是对维修时间平均值及规定百分位最大维修时间的估计。

为保证估计有足够的精度，一般维修作业样本量不应少于 30。常以维修性验证试验的数据进行估计。在维修性核查时，也可用少量的维修作业样本进行估计，但置信度较低。必要时，也可进行专门的维修性试验，测定估计维修性参数值。

一、维修时间平均值 μ 和方差 d^2 的估计

（一） μ 和 d^2 的点估计

不论维修时间服从对数正态分布或分布未知，点估计均用以下公式。

平均值 μ 的点估计值 $\hat{\mu}$ 为：

$$\hat{\mu} = \frac{1}{n} \sum_{i=1}^{n} X_i$$

式中：n——样本量；

X_i——第 i 次维修作业的维修时间。

方差 d^2 的点估计值 $\hat{d}^2$ 为：

$$\hat{d}^2 = \frac{1}{n-1} \sum_{i=1}^{n} (X_i - X)^2$$

式中：X——维修时间的平均值 $X = \mu$。

（二） μ 的区间估计

设置信度为 $1 - \alpha$ 时，平均值 μ 的区间估计如下。

当维修时间的分布形式未知时：

1. 单侧置信上限：

平均值 μ 上限 $\mu_0 = X + Z_{1-\alpha} \dfrac{\hat{d}}{\sqrt{n}}$

置信区间：$[0, \mu_0]$，即以 $1 - \alpha$ 的置信度认为平均值不超过 μ_0。

2. 双侧置信上、下限：

平均值 μ 下限 $\mu_L = X + Z_{\alpha/2} \dfrac{\hat{d}}{\sqrt{n}}$

平均值 μ 上限 $\mu_U = X + Z_{1-\alpha/2} \dfrac{\hat{d}}{\sqrt{n}}$

置信区间：$[\mu_L, \mu_U]$，即以 $1 - \alpha$ 的置信度认为平均值在 μ_L 到 μ_U 之间。

（三）示例

对第三节第一部分示例中的数据进行平均值 μ 和方差 d^2 的点估计及 μ 的区间估计。

X_i	30 15 10 20 25 32 8 18 42 50 48 65 80 100 30 28
	10 120 10 75 15 80 30 40 35 65 70 40 10 60

1. 平均修复时间和方差的点估计：

$$\hat{\mu} = \frac{1}{30}\sum_{i=1}^{30}X_i = \frac{1261}{30} = 42$$

$$\hat{d}^2 = \frac{1}{30-1}\sum_{i=1}^{30}(X_i - X)^2 = 846.2$$

结论：该产品基层级平均修复时间点估计值为 42min，方差为 846.2。

2. 平均修复时间的区间估计：

取置信度 $1-\alpha = 0.90$，$\alpha = 0.1$ 则

平均修复时间单侧区间估计：置信上限 $\mu_U = X + Z_{1-\alpha}\dfrac{\hat{d}}{\sqrt{n}}$

将 $\overline{X} = \mu = 42$，$Z_{1-\alpha} = Z_{0.9} = 1.28$，$\hat{d} = \sqrt{846.2} = 29.09$，代入

$$\mu_U = 42 + 1.28\frac{29.09}{\sqrt{30}} = 42 + 6.8 = 48.8$$

结论：该产品基层级维修平均修复时间在置信度为 0.9 时，单侧区间估计值为 [0.48，8]，或其估计值不大于 48.8min。

双侧区间估计，平均修复时间置信下限 μ_L：

$$\mu_L = X + Z_{\alpha/2}\frac{\hat{d}}{\sqrt{n}}$$

将 $X = \mu = 42$，$Z_{\alpha/2} = Z_{0.05} = -1.65$，$\hat{d} = \sqrt{846.2} = 29.09$ 代入

$$\mu_L = 42 - 1.65\frac{29.09}{\sqrt{30}} = 42 - 8.76 = 33.24\text{min}$$

平均修复时间置信上限 μ_U：

$$\mu_U = X + Z_{1-\alpha/2}\frac{\hat{d}}{\sqrt{n}}$$

将 $X=\mu=42$，$Z_{1-\alpha/2}=Z_{0.95}=1.65$，$\hat{d}=\sqrt{846.2}=29.09$ 代入

$$\mu_U = 42+1.65\frac{29.09}{\sqrt{30}}=42+8.76=50.76\text{min}$$

结论：该产品基层级维修平均修复时间在置信度为 0.9 时的双侧区间估计值为 [33.24，50.76]。

二、规定百分位的最大维修时间的估计

要估计最大维修时间，必须先知道维修时间的分布形式。维修时间最常见的分布形式是对数正态分布。这里仅介绍维修时间服从对数正态分布，维修时间的对数均值和对数方差在试验前都是未知时，最大维修时间的点估计和区间估计。

设：X 为每次维修作业的时间（随机变量），X_i 为第 i 次维修作业时间，n 为样本量

Y 为 X 的自然对数，$Y=lnX$，$Y_i = \ln X_i$；

$\overline{Y}$ 为 Y 的样本均值，$\overline{Y}=\frac{1}{n}\sum_{i=1}^{n}Y_i$

S^2 为 Y 的样本方差，$S^2=\frac{1}{n-1}\sum_{i=1}^{n}\left(Y_i-\overline{Y}\right)^2$

S 为 Y 的标准差，$S=\sqrt{\frac{1}{n-1}\sum_{i=1}^{n}\left(Y_i-\overline{Y}\right)^2}$

X_p 为 X 的第 $100p$ 百分位值，如当 $p=0.95$ 时，$X_p=X_{0.95}$ 表示第 95 百分位的最大维修时间。

（一）规定百分位的最大维修时间 X_p 的点估计

设 X_p 的点估计值为 $\hat{X}_p$，则：

$$\hat{X}_p = \exp\{\overline{Y}+Z_pS\}$$

（二）X_p 的区间估计

设置信度为 $1-\alpha$ 时，规定百分位的最大维修时间 X_p 的两种区间估计为：

1. α 单侧置信上限

最大维修时间上限

$$X_{pU} = \exp\left\{ \overline{Y} + \left(Z_p + Z_{1-\alpha}\sqrt{\frac{1}{n} + \frac{Z_p^2}{2(n-1)}} \right) S \right\}$$

置信区间为 $[0,\ X_{pU}]$，即以置信度 $1-\alpha$ 认为最大维修时间不超过 X_{pU}。

2．双侧置信下、上限

最大维修时间下限

$$X_{pL} = \exp\left\{ \overline{Y} + \left(Z_p - Z_{\alpha/2}\sqrt{\frac{1}{n} + \frac{Z_p^2}{2(n-1)}} \right) S \right\}$$

最大维修时间上限

$$X_{pU} = \exp\left\{ \overline{Y} + \left(Z_p + Z_{1-\alpha/2}\sqrt{\frac{1}{n} + \frac{Z_p^2}{2(n-1)}} \right) S \right\}$$

置信区间为 $\left[X_{pL},\ X_{pU} \right]$，即以置信度 $1-\alpha$ 认为最大维修时间在 X_{pL} 到 X_{pU} 之间。

（三）示例

对第三节第一部分示例中的数据做最大修复时间的点估计和双侧区间估计。

已知：该产品规定百分位为 95，即 $p=0.95$。$Z_p = Z_{0.95} = 1.65$。样本量 $n=$ 30，设置信度 $1-\alpha = 0.90$，$\alpha = 0.10$，$Z_{\alpha/2} = Z_{0.05} = -1.65$，$Z_{1-\alpha/2} = Z_{0.95} = 1.65$。

维修时间数据见下表：

X_i	30	15	10	20	25	32	8	18	42	50	48	65
	80	100	30									
$Y_i = \ln X_i$	3.401	2.708	2.303	2.996	3.219	3.446	2.079	2.890	3.738	3.912	3.871	4.174
	4.382	4.605	3.401									
X_i	28	10	120	10	75	15	80	30	40	35	65	70
	40	10	60									
$Y_i = \ln X_i$	3.332	2.303	4.787	2.303	4.317	2.708	4.382	3.401	3.689	3.555	4.174	4.248
	3.689	2.303	4.094									

$$Y_i = \ln X_i$$

预备计算：

$$\overline{Y} = \frac{1}{n}\sum_{i=1}^{n} Y_i = \frac{1}{30}\sum_{i=1}^{30} Y_i = 3.481$$

$$S = \sqrt{\frac{1}{n}\sum_{i=1}^{n}\left(Y_i - \overline{Y}\right)^2} = 0.7684$$

点估计： $X_p = \exp\left(\overline{Y} + Z_S P\right) = \exp(3.481 + 1.65 \times 0.7684) = 115.5\,\text{min}$

即该产品第 95 百分位的最大修复时间 M_{maxct} 的点估计值为 115.5min。

双侧区间估计：

下限

$$X_{pL} = \exp\left\{\overline{Y} + \left[Z_p - Z_{\alpha/2}\sqrt{\frac{1}{n} + \frac{Z_p^2}{2(n-1)}}\right]S\right\}$$

$$= \exp\left\{3.481 + \left[1.65 - 1.65\sqrt{\frac{1}{30} + \frac{1.65^2}{2(30-1)}}\right] \times 0.7684\right\} = 80.64\,\text{min}$$

上限

$$X_{pU} = \exp\left\{\overline{Y} + \left[Z_p + Z_{1-\alpha/2}\sqrt{\frac{1}{n} + \frac{Z_p^2}{2(n-1)}}\right]S\right\}$$

$$= \exp\left\{3.481 + \left[1.65 + 1.65\sqrt{\frac{1}{30} + \frac{1.65^2}{2(30-1)}}\right] \times 0.7684\right\} = 165.3\,\text{min}$$

即该产品第 95 百分位的最大修复时间 M_{maxct} 有 90% 的把握认为在 80.64 到 165.3min 之间。

第五节 保证试验与评定正确的要素

为了保证试验与评定结果有较高的置信度并提高其费用效益，必须严格按规定的试验程序和方法（含统计验证与参数估计方法）进行。同时还要十分注意整个试验与评定工作中的若干关键问题，主要有：

一、及早确定试验方法

在有关合同文件中应明确对维修性验证的要求，包括验证的参数、指标及风险率。在装备研制的早期，就应考虑在研制过程中要进行的全部试验（包括性能试验、可靠性试验、维修性试验等），制订一个切合实际和有利的综合试验方案，并明确各种试验的试验方法。这样既能充分利用各种试验资源、缩短试验时间、提高试验效率、避免不必要的重复和浪费；又能得到符合实际的数据，消除任何方面的人为偏差。

二、充分做好试验前的准备

充分准备包括如下方面：

1. 试验环境和条件应尽可能接近实际的维修环境和条件，能代表装备在预期使用维修中的典型情况。工作环境及工具、保障设备、备件、各种设施以及技术资料、人员技术水平等的品种、数量和质量都应准备好，并经检查，确认是完备的与所验证的维修级别一致后才能开始试验。

2. 各种试验设备、仪表、记录表格均应做到品种、数量、质量符合要求，避免试验中不必要的技术延误。

3. 科学安排试验日程和工作程序，防止忙乱现象，避免试验中不必要的管理延误。

4. 备选维修作业样本的数量要充足，并应具有足够的代表性。因此，每一个模拟故障都要尽可能与自然故障相接近，避免维修作业样本过于简单或过于复杂。

三、正确模拟故障，严格按规定程序进行维修作业

凡是需要模拟故障的维修作业，在模拟故障前和修复后都应检查该装备是否正常工作。在模拟故障时，试验领导小组应从预选的维修作业样本中选择合适的样本（指故障模式、损伤程度都有代表性的样本）作为试验样本。故障模拟后，除了由于模拟的故障模式所产生的现象外，不应有其他的明显故障迹象。维修人员不能目击任何引入的人为故障。对排除故障所需的备件、工具、测试和保障设备或技术资料等都不能过早地呈现，不能对维修人员有任何"暗示"。严格要求维修人员按技术文件规定的程序和方法进行全部维修活动。并由专人按规定表格记录。

四、认真收集和处理维修性数据

分析和处理试验数据，要持慎重态度。对于验证试验数据的任何疑点都应查明原因，方能决定是否采用或剔除。必要时应重复试验某些维修作业项目。当使用其他试验（如可靠性试验）的维修时间数据作为自然故障产生的维修作

业样本时，要认真审查记录该项时间的环境和条件是否符合维修性试验时的要求。明显的不符合要求（如使用了高技术等级的维修人员或非正常配置的工具设备等）的维修数据不能使用，应另行试验。

经验证明，对数据分析不能持一次罢休的态度。对首次分析及所得的结果提出疑问是有益的。反问自己所使用数据是否正确？使用的方法有无问题？分析的结果是否可信？是很重要的。因为试验过程中存在许多影响试验结果的不确定因素。对定量分析的结果进行反复推敲和思考，从定性方面分析结果的合理和不合理之处，往往会得到新的更深刻的认识，这才能得到可信的结果。

第九章　测试性验证

在生产过程中，经常要对元器件、组件和成品的性能、特性、极限参数等进行检查、测量和评定，以确定它们是否符合规定要求。在使用过程中，对装备也要定期进行检查和测试，以便确定装备的状态，看其是否可完成规定的功能。如有工作不正常迹象，就要进一步找出发生故障的部位、隔离故障，以保证武器装备处于战备完好状态。

第一节　概　述

一、测试及测试要素

所谓测试，就是指这种在真实或模拟条件下，为确定产品性能、特性、适用性或能否有效可靠地工作，以及查找故障原因和部位所采取的措施及操作过程或活动。这里说的产品可以是系统、分系统、设备、组件、部件或元器件。测试的目的是要证实被测试产品的功能是否正常，性能是否在规定范围之内，以及判定发生故障的位置。具体地说可以包括：产品质量保证、检验与验收、校准与调试、检测和隔离故障、确定产品状态等。实现上述测试目的的方法有性能监控、功能测试、边际测试（在规定极限条件下测试）、校核检查、自测试、诊断测试等。

测试一般应包括如下几项要素：

1. 激励的产生和输入。产生必要的激励并施加到被测试单元（Unit Under Test，UUT）上去，以便得到要测量的响应信号。必要时还要模拟产品运行环境，或把 UUT 置于真实工作条件下。

2.测量、比较和判断。对 UUT 在激励输入作用下产生的响应信号进行观察测量，与标准值比较并按规定准则或判据判定 UUT 的状态、何处发生了故障。

3.输出、显示和记录。测试结果的输出显示方式可用指示仪表、多功能显示器、音响和警告灯等。检测数据的记录可以用非易失存储器、磁带、打印机等。

4.程序控制。对测试过程中每一操作步骤的实施和顺序进行控制。最简单的情况下，程序控制器是操作者或维修人员，复杂的程序控制器是计算机及其接口装置。

测试的基本要素和测试系统的组成如图 9—1 所示。

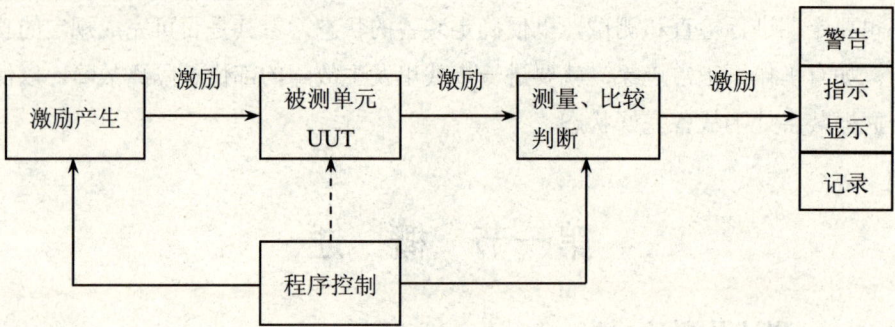

图 9—1　　测试系统组成

测试的种类有系统测试与分部测试、静态测试与动态测试、开环测试与闭环测试、在线测试与离线测试、定量测试与定性测试（判定某种属性存在不存在）、通过或不通过测试与判读性测试等。所用测试设备类型有自动测试设备、半自动测试设备、人工测试设备、专用测试设备和机内测试设备等。

二、测试性与固有测试性

（一）测试性（Testability）

一个系统或设备不可能永远正常工作，使用者和维修者要掌握其"健康"状况、有无故障或何处发生了故障，这就需要对其进行监控、检查和测试。我们希望系统本身能为此提供方便。这种系统本身所具有的便于监控其状况易于检查和测试的特性，就是系统的测试性，其主要标志是：

1．自检功能强。本身具有专用或兼用的自检硬件和软件，能自己监测工作状况，可检测与隔离故障并且检测隔离比例高，可指示故障、可报警且假报警少。

2．检查测试方便。与使用维修人员接口好，方便检查和测试，可自动记录存储故障信息，可查询，故障显示清晰明确、便于理解，可按需要检查系统各部分并隔离故障。

3．便于使用外部测试设备进行检查测试。与自动测试设备或通用仪器接口简单、兼容性好，专用测试设备少，有足够的测试点和检查通路。

测试性定义：产品（系统、子系统、设备或组件）能及时准确地确定其状态（可工作、不可工作、性能下降）和隔离其内部故障的一种设计特性。也就是说在产品设计时就考虑测试要素，使产品方便测试和（或）产品本身就能完成某些测试功能。提高产品测试性的主要方法是进行固有测试性设计和提高机内测试能力。

（二）固有测试性（Inherent Testability）

为提高系统的测试性，系统应按功能、结构合理地划分为不同等级的可更换单元，能分别检测其功能，拆换方便，可初始化到规定的状态，能控制测试，设置足够的内部和外部测试点，外部测试设备接口方便等。这些从硬件设计上考虑便于用内部和外部测试设备检测和隔离系统故障的特性就是固有测试性。

固有测试性定义：仅依赖于硬件设计而不依赖于测试激励和响应数据的测试性度量。

三、机内测试和有关术语

（一）机内测试（Built—in Test，简记BIT）

为了提高测试性，在系统内部专门设计了硬件和软件，或利用部分功能部件来检测和隔离故障、监测系统本身状况，使得系统自身可检查是否在正常工作或确定什么地方发生了故障。这种检查测试就是机内测试，它使系统具有的这种特性属于测试性。

机内测试（BIT）定义：任务系统或设备本身为故障检测、隔离或诊断提供的自动测试能力。完成 BIT 功能的可以识别的硬件叫机内测试设备（BITE）。

1. 按启动和执行方式

BIT 可分为：

（1）连续 BIT：连续地监测系统工作状况、检测故障，给出故障信号或指示，不需要专门启动，可自动工作。

（2）周期 BIT：以某一频率周期性地进行故障检测和隔离的一类 BIT，例如在规定的处理器空闲时间执行 BIT 软件。自动工作不需专门启动。

（3）启动 BIT：仅在外部事件激励（如操作者接通开关等）后才能执行故障检测和隔离的一类 BIT。系统每一次接通电源时就运行一遍规定的检测程序，叫做加电 BIT，是启动 BIT 的特例。

2. 按 BIT 运行的时机和目的

又可分为：

（1）任务前 BIT（飞行前、工作前 BIT）：主要是执行任务前用来检测系统是否可以进入正常工作，当性能下降超过门限或发生故障时给出指示或告警（NO—GO），否则给出检查通过指示（GO）。

（2）任务中 BIT（飞行中、工作中 BIT）：在系统执行任务过程中连续地或周期性地检测系统各组成部分的工作状况，特别是对安全和任务关键的部件，存储故障数据、必要时给出指示或告警。

（3）维修 BIT：主要是在系统执行任务以后用来检查任务中故障情况，进行详细检测与隔离，获取数据，或维修时系统状况的全面检测。应有方便的人——机接口，比前两种 BIT 有更强的故障诊断能力。

（二）有关术语

1. 外场（基层级）可更换单元（Line Replaceable Unit，简记 LRU）

在外场（基层级）维修中可更换的产品（装置或其他层次产品）。

2. 车间（中继级）可更换单元（Shop Replaceable Unit，简记 SRU）

在车间（中继级）维修中从 LRU 上拆卸更换的作为独立实体测试的产品（子装置或其他层次产品）。

3. 故障检测（Fault Detection，简记 FD）

发现故障存在的过程。

4. 故障隔离（Fault Isolation，简记 FI）

把被测单元（UUT）内的故障隔离到规定等级的可更换单元的过程。

5. 测试程序及接口装置组合（Test Program Set，简记 TPS）

TPS 是指在自动测试设备（ATE）上启动执行对被测装置测试所需要的测试程序、接口装置、测试说明和辅助资料的组合。

6. 诊断（Diagnosis）

使用硬件、软件和（或）其他文件规定的方法，确定系统或设备工作不正常（故障），查明其原因的技术和进行的操作。诊断也可以认为是检测和隔离故障的活动的总称。

7. 综合诊断（Integrated Diagnostics）

通过综合考虑全部有关诊断要素，如测试方法、自动和人工测试设备、培训、维修辅助和技术信息等，使武器装备达到最佳诊断能力而构成的设计和管理过程或程序。它包括设计、工程技术、测试性、可靠性、维修性、人机工程以及保障性分析之间的接口关系，目标是有效地检测和准确隔离系统和设备的故障，以满足武器装备的任务要求。

四、测试性和 BIT 对系统的影响

随着科学技术的进步，从 70 年代开始，测试性、BIT 技术得到了迅速发展。它对武器装备的可靠性、维修性、可用性及使用保障费用都有直接或间接的影响，开展测试性、BIT 设计对提高武器装备效能有重要意义。例如：

某雷达系统由 5 个外场可更换单元组成，其 T_{BF} =50h，无 BIT 时，$\overline{m}_{ct}$ =5h；当有 BIT 时，其故障检测隔离能力为 100%时，$\overline{m}_{ct}$ =1h。现 BIT 故障检测率为 96%、隔离率为 96%、虚警率为 2%、BITE 故障率为原系统的 5%时，经简单计算即得出在 2500h 任务期间 BIT 对系统的影响如表 9-1 所示。

F—18 飞机重视了可靠性、维修性、测试性设计，减少了维修工时和维修人员数量。为了与它要替换的 F—4J 飞机比较，使用 F—4J 有关使用数据制定出相当于 F—18 飞机服役 20 年的计划（262 万飞行小时），估计可节省使用保障费 20 多亿美元（1981 年美元值）。

美国海军对飞机的调查研究表明，对 F/A—18、F—14、A—6E、S—3A 四个机种的 239 项关键产品的可靠性、维修性及测试性和诊断技术进行改进，将使它们的使用维修费减少 30%，即 3.32 亿美元（1987 年美元值）。BIT 用于 LST—1179 舰推进系统的非电子设备的测试和诊断研究表明：每艘舰每年的维修费可减少 7 万美元。

表 9—1　BIT 影响（示例）

	无 BIT	有 BIT	影响
总故障修理时间（h）	250	71	减少
MTTR（h）	5	1.39	降低
MTBF（h）	50	46.75	降低
固有可用度	90.9%	97.11%	提高

正因为测试性、BIT 对系统有如此重要的影响，所以，它越来越受到重视。美军 1983 年颁布的系统和设备维修性管理大纲（MIL-STD-470A）中强调测试性是维修性大纲的一个重要组成部分，承认 BIT 及外部测试不仅对维修性产生重大影响，而且影响到武器装备的采购及寿命周期费用。1985 年颁布的 MIL—STD—2165《电子系统和设备测试性大纲》规定了测试性管理、分析设计与验证要求，标志着测试性已发展成为一门独立的学科。1993 年 2 月颁布的 MIL—STD—2165A 把测试性要求扩展到各类系统和设备。

第二节　测试性与机内测试要求

测试性和 BIT 设计要求分为定性和定量两个方面，确定这些要求时主要以系统使用要求为依据，但要考虑安全、可靠、维修技术水平和经费等多种因素进行综合分析。

一、测试性参数

（一）故障检测率（γ_{FD}）

被测试项目在规定期间内发生的所有故障，在规定条件下用规定的方法能够正确检测出的百分数，即：

$$\gamma_{FD} = \frac{N_D}{N_T} \times 100\%$$

式中：

N_T——在规定工作时间 T 内发生的全部故障数；

N_D——在规定条件下用规定方法正确检测出的故障数。

这里的"被测试项目"可以是系统、设备、LRU、SRU 等。"规定期间"是指用于统计发生故障总数和检测出故障数的时间，此时间应足够长。"规定条件"是指被测项目的状态（任务前、任务中或任务后）、维修级别、人员水平等。"规定方法"是指用 BIT、专用或通用外部测试设备、自动测试设备（ATE）、人工检查或几种方法的综合来完成故障检测。在规定故障检测率指标时，以上这些规定内容应表述清楚。

对于电子系统和设备来说，故障率（λ）为常数，所以适用于测试性、BIT分析和预计的数学模型：

$$\gamma_{FD} = \frac{\lambda_D}{\lambda} = \frac{\sum\limits_{i=1}^{k} \lambda_{Di}}{\sum\limits_{i=1}^{k} \lambda_i}$$

式中：

λ_i——被测试项目中第 i 个故障模式的故障率；

λ_{Di}——其中可检测的故障率；

k——可检测的故障模式数；

n——被测项目故障模式总数。

从此式也可看出，设计时应优先考虑故障率高的部件或故障模式的检测问题。

（二）故障隔离率 γ_{FI}

被测试项目在规定期间内已被检出的所有故障，在规定条件下用规定方法能够正确隔离到规定个数 L 可更换单元以内的百分数。

$$\gamma_{FI} = \frac{N_L}{N_D} \times 100\%$$

N_D 同前式，N_L 是在规定条件下用规定方法正确隔离到 $\leqslant L$ 个可更换单元的故障数。规定的条件、方法、工作时间同故障检测率定义。"可更换单元"根据维修方案而定，一般在基层级维修是 LRU，在中继级维修是 SRU，在基地级或制造厂测试时是指可更换的元、部件。当 $L=1$ 时是非模糊（确定性）隔离，$L \neq 1$ 时为模糊（不确定）性隔离，L 表示隔离的分辨能力。

与检测率类似，分析和预计时用数学模型为：

$$\gamma_{FI} = \lambda_L \lambda_D = \frac{\sum_{i=1}^{m} \lambda_{Li}}{\sum_{i=1}^{k} \lambda_{Di}} \times 100\%$$

式中：

λ_{Li}——可隔离到小于或等于 L 个可更换单元的第 i 个故障模式的故障率；

m——对应的故障模式数。

（三）虚警率 γ_{FA}

BIT 或其他监测电路指示被测项目有故障，而实际该项目无故障为虚警（False Alarm，简记为 FA）。在规定期间内发生的虚警数与故障指示总次数之比为虚警率，以百分数表示。即：

$$\gamma_{FA} = \frac{N_{FA}}{(N_F + N_{FA})} \times 100\%$$

式中：

N_{FA}——虚警次数；

N_F——真实故障指示次数。

与检测率类似，分析预计时可用数学模型：

$$\gamma_{FA} = \frac{\sum_{i=1}^{\gamma} \delta_i}{\sum_{i=1}^{k} \lambda_{Di} + \sum_{i=1}^{r} \delta_i} \times 100\%$$

式中：

δ_i——第 i 个导致虚警事件的频率，包括会导致虚警的 BITE 失效模式的故障率和未防止的其他因素、事件发生的频率等；

γ——该类事件数。

另外，关于虚警的指标还可以用平均虚警数 λ_{FA} 来表示，λ_{FA} 是指在规定工作时间（T）内，每单位时间的平均虚警数。即：

$$\lambda_{FA} = \frac{N_{FA}}{T}$$

λ_{FA} 与 γ_{FA} 关系如下：

$$\lambda_{FA} = \frac{\gamma_{FD}}{T_{BF}} \left(\frac{\gamma_{FA}}{1-\gamma_{FA}} \right)$$

式中：

T_{BF} ——平均故障间隔时间。

（四）故障检测时间

从故障发生到检出故障并给出指示所经过的时间。

（五）故障隔离时间

从检出故障到完成隔离程序指出要更换的故障单元所经过的时间。

（六）不能复现（Cannot Duplicate，简记 CND）率

BIT 和其他监测装置指示被测项目有故障，在现场维修检测时不能重现的比例。

（七）重测合格（Retest OK，简记为 RTOK）率

在现场识别出有故障的项目，在中继级或基层级维修测试中是合格的比例。

虚警与 CND、RTOK 的区别是：虚警主要是针对不存在故障的情况，用于工作中测试；而 CND 和 RTOK 所涉及的还包括有故障未检出的情况，主要用于各级维修测试中。

（八）其他参数

除上述系统测试性主要参数外，机内测试设备、外部专用测试设备、自动测试设备还有可靠性、维修性、体积、重量和功耗等要求。

目前，经常选用的参数是故障检测率、故障隔离率和虚警率（或者叫故障检测百分比、隔离百分比和虚警百分比）。应当指出的是，有的国外资料中把单位时间平均虚警数 λ_{FA} 叫做虚警率，这是需要注意的。

二、定量要求

测试性和 BIT 的定量要求，可以规定上述参数的要求值，即：测试性指标。其中最主要的定量要求是故障检测率和隔离率（越高越好）及虚警率（越低越好）。其他参数的量值可以不规定，包含在其他技术规范条款中或允许设计者自己掌握，只要满足系统使用要求即可。

测试性指标的确定与多种因素有关，目前一般水平是：

系统、设备工作中和外场维修用 BIT 测试：γ_{FD}＝90%～98%；γ_{FI}＝90%～99%（隔离到单个 LRU）；γ_{FA}＝1%～5%。

LRU 在中继级维修用 BIT＋ATE 测试：γ_{FI}＝70%～90%（隔离到 1 个 SRU）；80%～95%（隔离到 2 个 SRU）；90%～100%（隔离到 3 个 SRU）。

三、定性要求

定性要求包括以下内容：

1. 划分要求：把系统合理地划分为 LRU、SRU 和组件等易于检测和更换的单元，以提高故障隔离能力。

2. 测试点要求：应设置充分的内部和外部测试点，以便于在各级维修测试时使用，测试点应有明显标记。

3. 性能监控要求：技术规范中应说明对安全、关键任务有影响的部件性能监控和报警要求。

4. 故障指示、报告、记录（存储）要求。

5. 无充分 BIT 能力的设备对机载测试系统或原位检测要求。

6. 兼容性要求：被测试项目与计划用的外部测试设备（ETE）兼容性要求。

7. 综合测试能力要求：依据维修方案和维修人员水平，应考虑用 BIT、ATE 和人工测试或它们的组合，对各级维修提供完全的测试能力。

四、确定测试性要求的程序

在确定测试性要求时，应考虑各有关因素进行全面分析与权衡工作。

（一）要考虑的主要因素

1. 保障性分析对系统测试的要求

使用保障方案中的人员配置、技术水平、培训和管理、测试设备状况及产品备件规划等都与系统故障诊断能力有关，应及时了解取得有关信息。

2．可用的设计技术

鉴别可用的新技术和已使用装备的测试现状，分析可用于设计的技术措施，吸取先前装备的经验教训，这些对合理确定故障诊断能力是很重要的。

3．标准化要求

BIT 要尽量使用标准化零件、部件和程序语言，并尽可能与被测对象的一致，考虑使用通用测试设备和 ATE 的可能性。

4．任务、安全和使用者的要求

（1）分析关键性任务功能监控对 BIT 的要求；

（2）分析影响安全的部件或故障模式的监控要求；

（3）考虑冗余设备管理和降级使用对 BIT 的要求；

（4）考虑操作者在工作中对系统状态监控的要求。

根据以上分析确定连续和周期 BIT 的故障检测（FD）、故障隔离（FI）和检测与隔离时间要求，以及有关的故障显示、告警和记录要求。

5．考虑现场检查维修对测试的要求

（1）分析装备备用状态（战备完好性）、允许停机时间和基层级 MTTR 对测试的要求；

（2）确定任务前 BIT 和任务后 BIT 的要求（FD、FA 和检测隔离时间 t 要求值），以及操作者、维修者及测试设备（TE）的接口要求；

6．考虑维修与维修方案对测试的要求

（1）分析维修性指标和规划的维修活动，确定自动、半自动和人工测试要求；

（2）根据 BIT 能力确定有关外部测试设备的技术要求；

（3）确定各级维修的 FD、FI 和 t 要求。利用所有维修测试手段应提供完全的诊断能力；

7．根据可靠性分析结果（如故障率数据、FMECA 等）和实现 BIT 的复杂程度等因素，把系统的测试性定量要求分配给子系统和 LRU，列入其产品规范。

（二）确定测试性要求的程序

在战技指标论证、方案论证与确认阶段，根据使用要求确定初步的测试性要求，多为定性条款，列入初始系统规范中，提醒设计者测试性、BIT 是整个系统设计的一个重要方面。

在方案论证与确认阶段，经过综合分析和必要的定量权衡之后，确定系统定性与定量测试性要求和有关的约束条件，构成系统技术规范的组成部分。

系统测试性指标确定之后，按选定方法把系统指标分配给子系统或 LRU，作为子系统或 LRU 的设计要求列入相应的产品规范中。定量指标可用目标值或门限值表示。

确定测试性、BIT 要求的一般程序如图 9—2 所示。

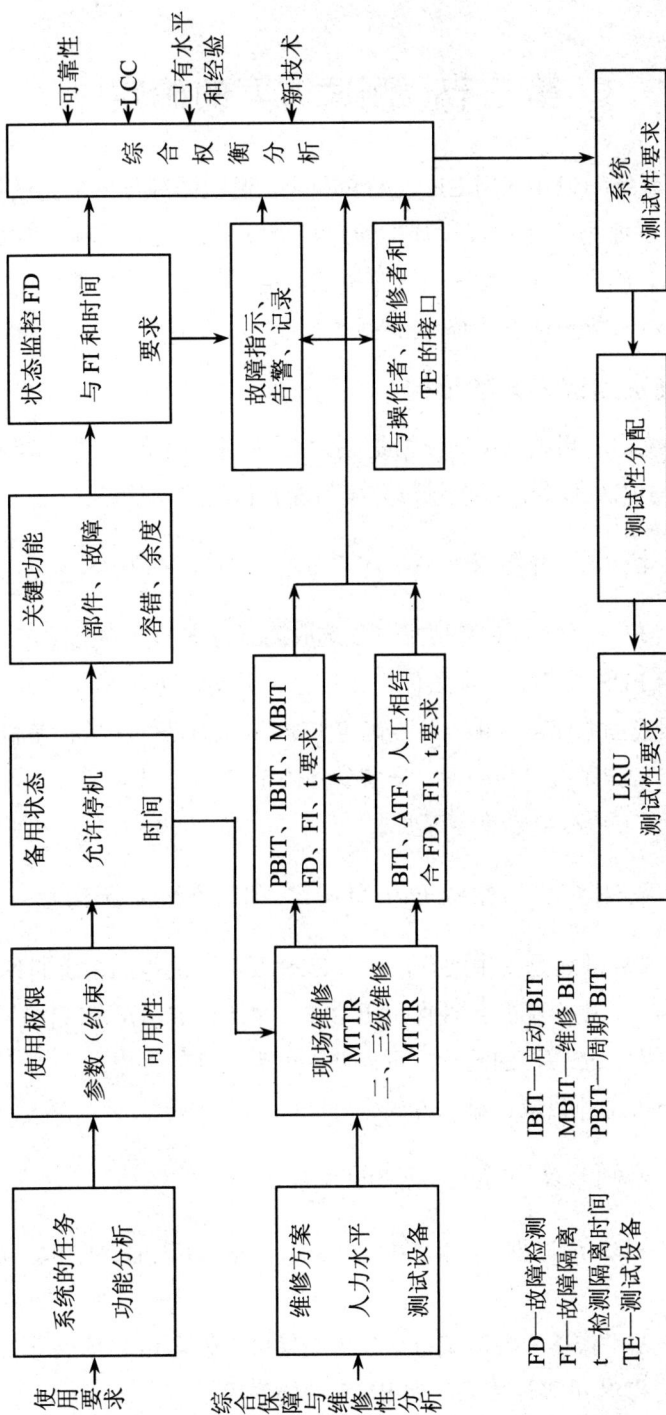

图 9—2 确定测试性要求的程序

FD—故障检测
FI—故障隔离
t—检测隔离时间
TE—测试设备

IBIT—启动 BIT
MBIT—维修 BIT
PBIT—周期 BIT

第三节　测试方案的确定

通常，系统和设备应用 BIT、ATE 和人工测试的综合，来提供各级维修完全的诊断测试能力。在初步设计中通过权衡分析，以满足测试性要求和降低 LCC 为目标，确定 BIT、ATE 与人工测试的恰当组合，选出最佳的系统测试方案，构成故障诊断测试子系统（FDS）。

一、确定测试方案的依据

确定系统初步测试方案的依据是：技术合同中规定的要求、被测系统构型、可靠性和 FMECA 数据，以及维修方案与综合保障要求等。

（一）技术合同要求

1. 确定 FDS 的定性定量要求，是选取测试方案的基本出发点；
2. 确定 FDS 设计的约束条件，如尺寸、重量、功耗等；
3. 根据被测系统的性能、特点确定 FDS 测试方法、测量容差和门限值等；
4. 根据被测系统工作环境、安装条件确定 FDS 工作位置、出入口、温度、安全性、人素工程和电磁兼容等要求。

（二）被测系统的组成和构型确定 FDS 的组成和构型

1. BIT 是分散还是集中配置，确定 FDS 要测试的被测系统的各组成单元；
2. 被测系统中有哪些部件可用于 BIT，如计算机和冗余部件等；
3. 测试点、传感器的配置，可控性、可观测性的考虑；
4. 故障信息的记录、显示方式、方法等。

（三）被测系统可靠性和 FMECA 数据

1. 确定 FDS 测试重点，即故障率高的、危害性大的部件和故障模式应优先检测；
2. FMEA 工作单中的测试方法分析结果可作为选定 FDS 方案的参考；
3. 确定 FDS 可靠性要求，如 BITE 故障率等。

（四）维修和保障方案

1．确定可用的检测设备或新设计检测设备的要求；

2．确定 FDS 可用的保障设备、资源、培训以及维修人员的数量和技术水平；

3．确定维修和保障方案对 FDS 的要求和约束条件。

二、初步测试方案的组成

通过以上分析可知装备各组成部分需要配置 BIT 的情况，哪一级维修还需要什么样的外部测试设备，是自动测试设备还是简单通用人工测试设备等。据此，可以定出初步测试方案，实现测试方案的机内测试和外部测试用的硬件和软件就构成故障诊断测试子系统，其组成可以包括以下任意几项或全部的组合：

1．测试点，包括用于连接测试设备的内部和外部测试点、检测插座、人工观测点等。

2．传感器，用于获得诊断故障所需的系统性能或特征的信息，并以电信号形式传到需要的地点。

3．BIT 和其他监测电路。

4．指示或显示器，用于指示系统或其某个组成部分的健康状况，显示系统或规定项目检测结果（GO 或 NO—GO 指示）。如仪表、指示灯和多功能显示器等。

5．警告或告警装置，按故障对安全、任务的影响程度分级，以不同方式向操作者报警，如声响、不同颜色字画显示或灯光等。

6．计算机，用于测试控制、数据处理、故障判断、状态评定等。FDS 可以自设专用计算机，也可以与被测系统共用其计算机。

7．诊断程序，包括计算机故障检测程序、故障隔离程序、状态评定程序和置信度测试等。必要时也可包括系统重构、自修复和其他辅助程序等。

8．接口装置，包括接口装置硬件和程序，以及有关的操作规定等，以保证被测对象与测试设备兼容。

9．故障数据的存储和记录装置。

10．外部测试设备，包括专用、通用和自动化的测试设备。

11．有关维修测试的规定、程序、方法的技术文件和手册，如故障隔离手册、维修手册等。

三、最佳测试方案的选择

根据对系统特点、使用要求的分析和各种测试方法优缺点的比较，可初步拟定出多个测试方案。分析并估计各方案的效能和有关费用，从中选出效费比最大者，即为最佳测试方案。

（一）效能分析与估计

测试子系统的效能与各种因素有关，如故障检测率、隔离率、虚警率、故障检测和隔离时间等。在初步设计阶段，为比较测试方案优劣的方便，在故障检测与隔离时间满足要求的条件下，可简化用自动化的故障检测率与隔离率的乘积来表示效能，如能同时考虑虚警率和故障隔离时间当然更好。

（二）费用估计

这里说的费用，不只是测试子系统的设计生产费用，而是整个寿命周期内与测试子系统有关的总费用。例如，一种估计有关 FDS 方案费用的模型是如下 9 项费用的总和：测试子系统研制费、生产费、辅助设备费、辅助设备维修费、系统中可用 FDS 隔离的故障维修费、不能用 FDS 隔离的故障维修费、不能用 FDS 检测的故障维修费、FDS 本身故障修理费、FDS 预防性维修费。这些费用都按系统服役年数（使用寿命期）和装备数量来考虑。

另外，如要考虑 BIT 对 LCC 的影响，可用 BIT 对 LCC 影响增量模型来估计，LCC 增量等于 BIT 对研究发展试验评定费、采购费、使用保障费、可用性费、运行负担费影响的增量之和。

第四节　测试点的选择与诊断程序的确定

测试点（Test Point，简记 TP）是指测量 UUT 状态信息和特征量的位置，有时需要用传感器把非电量变成电量，并将其引到方便测量的地点。应考虑 BIT、ATE 和人工测试的需要，合理选择和使用这些测试点。通常包括：

1. BIT 用 TP：用于完成 BIT 功能，一般设在产品内部或用工作连接插头传出故障信息。

2. 外部 TP：引出到 LRU 的外壳检测插座或工作插座上。

（1）原位检测用 TP，在外场用于原位故障检测与隔离、调整校准或检验 BIT，引到检测插头上。

（2）中间级检测用 TP，拆换下来的 LRU 在车间检修时用，可引到工作插头或检测插头上，应能与 ATE 方便连接。

3. 内部 TP：是指 LRU 内部 SRU 上设置的 TP，用于对拆换下来的 SRU 检测，提供信号输入、输出路径，把故障隔离到元部件上。

表 9—2　固有测试性评分示例

检　查　条　款	加权系数 W_i	规定特性总数	满足特性数	得分 S_i
每个待测功能的组成部件是否单独放在一块电路板上？	10	10	9	90
一块电路板上有两个以上功能时，各功能是否可单独测试？	9	5	4	80
是否可迅速预置到已知的初始状态	7	8	7	87.5
反馈回路能否在测试设备控制下断开？	5	3	2	66.7
……				
固有测试性评分 $I_T = \dfrac{\sum W_i S_i}{\sum W_i}$	82.5			

一、测试点的选择步骤

（一）分析被测对象的性能和特点

1. 分析有关设计资料和使用要求，如系统构成和功能说明、原理图、FMEA、故障率数据，以及各级维修测试要求等。分析从整体到局部逐步细化。

2. 对每一被测对象分析其功能、性能特性参数及其极限值、特征数据、输入输出信号、故障影响和故障率等，这些都是测量参数的候选者和选择的依据。

3. 确定各测试对象的每一种功能的故障定义及表示各个故障模式的特征量。

（二）选择各级测试对象的测量参数

1. 根据对系统、子系统或设备的分析结果选出 I 级测量参数，含检测用参数 FD_1 和隔离用参数 FI_1；

2. 根据对 LRU 的分析结果选出 II 级测量参数，也包括检测用参数 FD_2 和隔离用参数 FI_2；

3. 根据对 SRU 的分析结果选出Ⅲ级测量参数，也包括检测用参数 FD_3 和隔离用参数 FI_3；

这样逐级深化地分析选择测量参数的方法，可减少工作量，避免重设测试点。

（三）确定测试点的位置并优化

多数情况下，测试点为各功能单元的信号输出点。可按此初定测试点的位置，以后再进行优化，以最少量的测试点满足诊断要求。

二、测试点的优化方法

（一）初定测试点，绘制故障信息表

根据测量参数分析选择结果，把可能的参数测量点标注在功能框图上，如图 9—3 所示，一般说来，系统总的输出是故障检测用测试点的候选对象，系统内各功能单元的输出是隔离用测试点候选对象。如某个参数测量很困难，可考虑用另外的测试点代替。

为分析方便，假设是单故障情况，或者在串联情况下某个可更换单元（RU）发生故障时，至少其前面的 RU 未同时发生故障。逐个分析每个 RU 故障时对各测试点（TP）的影响，有反应（可检测到故障）用"1"表示，无反应用"0"表示。对于图 9—3 所示系统分析结果表示在故障信息表 9—3 上。它表明了各 RU 故障时在各测试点上的所得故障信息情况，可作为测试点优化的基础。

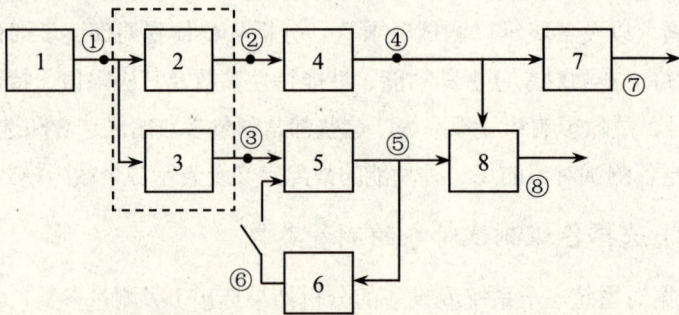

图 9—3　功能框图（①、②、…⑧为测试点）

表 9—3 故障信息表（1）

RU＼TP	1	2	3	4	5	6	7	8
f_1	1	1	1	1	1	1	1	1
f_2	0	1	1	1	1	1	1	1
f_4	0	0	0	1	0	0	1	1
f_5	0	0	0	0	1	1	0	1
f_6	0	0	0	0	1	1	0	1
f_7	0	0	0	0	0	0	1	0
f_8	0	0	0	0	0	0	0	1

由表 9—3 可见，可更换单元（RU）5 和 6 故障时（即 f_5，f_6）对应的两行相同，测试点（TP）②和③对应的两列相同，⑤和⑥对应的两列也相同。去掉冗余部分就可得到简化的故障信息表 9—4，以便于分析。

表 9—4 故障信息表（2）

RU＼TP	1	2 (3)	4	5 (6)	7	8
f_1	1	1	1	1	1	1
f_2	0	1	1	1	1	1
f_4	0	0	1	0	1	1
f_5、f_6	0	0	0	1	0	1
f_7	0	0	0	0	1	0
f_8	0	0	0	0	0	1
W_{FD}	1	2	3	3	4	5

（二）确定故障检测用测试点

用如下公式计算各测试点的检测权值 W_{FD}：

$$W_{FD} = \sum_{j=1}^{m} t_{ij}$$

式中：

t_{ij}——故障信息表中第 i 个 TP 上第 j 个 RU 故障的反应；

m——RU 的个数。

对于图 9-3 所示的例子，W_{FD} 计算值列于表 9—4 的最下面一行。可见第⑧个 TP 的 W_{FD} 最大，可检测到除 f_7 以外的所有 RU 故障，而要检测 f_7 只有用测试点⑦。所以，故障检测选用测试点⑧和⑦两点即可。为了用尽量少的测试点获得尽可能高的检测能力，当有多个测试点时，应优先选用 W_{FD} 大的测试点。

（三）确定故障隔离用测试点

为提高故障隔离分辨能力能够正确的隔离，应打开反馈回路和分析有多输出方框的具体组成结构。在表 9—3 上，测试点⑤和⑥所提供的故障信息相同，f_5 和 f_6 在各测试点上的故障反应也一样，不能区分是哪个故障，这是因为存在反馈回路所造成的。要解决此问题需设计必要的控制电路，隔离时打开反馈回路。测试点②和③所提供的故障信息也相同，这是因为图 9—3 上方框 2 有两个输出端所造成的，认为故障时②和③点都同时有反应。实际上有时并非如此，对有多输出的方框组成结构应进一步分析。

对于图 9—3 所示的系统，若方框 2 是由两个并联部件组成可分开画出，并用开关把方框 5 和 6 反馈回路打开，如图中虚线所示，表 9-5 所示的故障信息表中不再有相同的行和列。

为了能用最少的测试点达到故障隔离要求，优先选用已选定的检测用测试点和隔离权值 W_{FI} 大的测试点。W_{FI} 按下式计算：

$$W_{FIi} = \sum_{k=1}^{l} \left(N_i^0 \cdot N_i^1 \right)_k ,$$

式中：

N_i^0 ——故障信息表中第 i 个测试点对应列中 "0" 的个数；

N_i^1 ——故障信息表中第 i 个测试点对应列中 "1" 的个数；

l——可更换单元（RU）分组数。

表 9—5　故障信息表（3）

RU＼TP	1	2	3	4	5	6	7*	8
f_1	1	1	1	1	1	1	1	1
f_2	0	1	0	1	0	0	1	1

f_3	0	0	1	0	1	1	0	1
f_4	0	0	0	1	0	0	1	1
f_5	0	0	0	0	1	1	0	1
f_6	0	0	0	0	0	1	0	0
f_7	0	0	0	0	0	0	1	0
f_8	0	0	0	0	0	0	0	1
W_{FI}	7	12	12	15	15	16	16	12

表9—6　　故障信息表（4）

RU＼TP	⑦	1	2	3	4	5*	6	8
f_1	1	1	1	1	1	1	1	1
f_2	1	0	1	0	1	0	0	1
f_4	1	0	0	0	1	0	0	1
f_7	1	0	0	0	0	0	0	0
f_3	0	0	0	1	0	1	1	1
f_5	0	0	0	0	0	1	1	1
f_6	0	0	0	0	0	0	1	0
f_8	0	0	0	0	0	0	0	1
W_{FI}		3	4	6	3	7	6	6

开始时，1＝1，计算各测试点W_{FI}值列入表9-4的最下面一行，其中第⑦是检测时已选用的，且$W_{FI}＝16$最大，所以选⑦为第一个隔离用测试点（选用的用*标明）。选出一个测试点后，在该点上故障反应为"1"的划分一组，反应为"0"的划分另一组，则1＝2。可得到表9-6所示的信息表，此时1＝2。再计算各测试点的W_{FI}值列入表的最下面一行，其中$W_{FI}＝7$为最大的，所以第二个隔离测试点选用编号为⑤的测试点。用同样方法，按第⑤点对应列的"1"和"0"，把每一组再一分为二，可得1＝4的故障信息表（略），再计算W_{FI}值，选⑧为第三个隔离用测试点。再按⑧点对应的"1"和"0"分组，可得故障信息表（略）。这时除f_2和f_4、f_3和f_5之外，都为单个RU了。对f_2和f_4可用②区别开，f_3和f_5可用③识别。

综上所述，对于图 9-3 所示例子，选用⑦、⑤、⑧、③、②五个测试点，可隔离 8 个可更换单元的故障。

三、故障诊断程序的确定

对系统进行测试时，一般是先检测后隔离，因为，如无故障时就不用执行隔离程序。通常应先用权值大的测试点进行测量，检测用测试点要全部测一遍才能判定系统有无故障。当有故障进行隔离时，应依照隔离用测试点选定的顺序测量，这样无需把所有测试点全测一遍即可隔离出故障的单元。

对于本节第二部分的例子，根据其测试点选定的过程可以确定出该系统诊断程序，如图 9-4 所示，为一树状结构（诊断树），可作为编制诊断软件或人工测试的依据。前两步可确定系统有无故障，后两步可隔离故障。

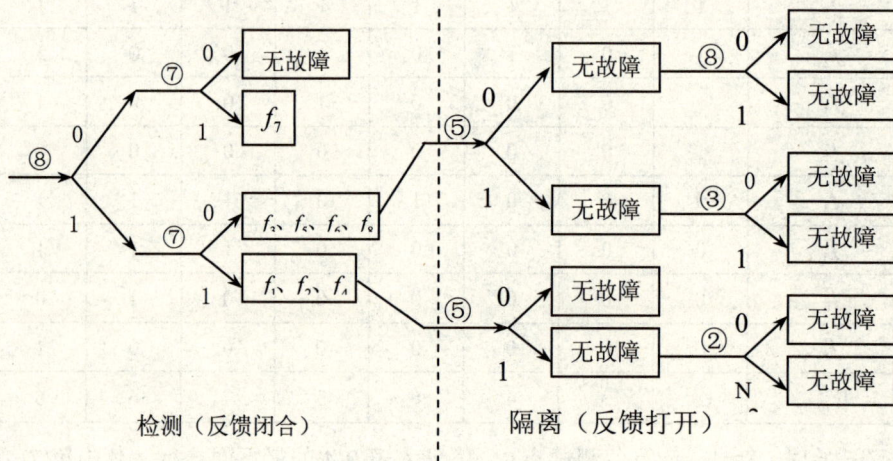

图 9—4　故障判断图

另外，综合本章第五节第二部分选择测试点的过程，可得到如表 9—7 所示的故障代码表（故障字典），利用五个测试点所得信息可判定八种状态。例如，信息为（10100）时则发生了 f_4 故障。

表 9—7　故障字典

RU \ TP	⑦	⑤	⑧	②	③
f_1	1	1	1	1	1
f_2	1	0	1	1	0

f_4	1	0	1	0	0
f_7	1	0	0	0	0
f_3	0	1	1	0	1
f_5	0	1	1	1	0
f_6	0	0	0	0	0
f_8	0	0	1	0	0

四、选择测试点的准则与注意事项

1. 选择 TP 应从系统级到 LRU 级，再到 SRU 级，按性能监控和维修测试统一考虑。

2. TP 的数目和位置在满足诊断定量要求条件下，越少越好。

3. 当 TP 数目受限制时应优先选用：

（1）影响安全和任务的功能单元的 TP；

（2）故障率高的功能单元的输出点 TP；

（3）故障检测用 TP（与隔离用 TP 比较）。

4. TP 中应有作为测量信号参考基准的公共点（如设备地线）。

5. 模拟电路与数字电路应分开设置 TP，以便独立测量。

6. 高电压大电流的 TP 应与低电平信号隔开，并注意符合安全要求。

7. TP 尽可能集中到一个或几个插座上，有与维修手册一致的标记，如编号、颜色、说明等。

8. 应注意测量精度、频率、接口、隔离等方面与 ATE 的兼容性。

9. 如用传感器时，尽量用无源的、不需要调整的和工作可靠便于维修的。

第五节　测试性验证

一、验证的内容及与其他试验的关系

测试性验证的目的是评价与鉴定测试性设计是否达到了合同规定的测试性要求。所以，一般情况下评价验证的主要内容包括：

1. 系统检查差错的能力；

2. BIT 故障检测与隔离能力；

3. 被测单元（UUT）与测试设备（ATE）的兼容性；

4. ATE 的故障检测与隔离能力；

5. BIT 测试结果与脱机测试结果的一致性；

6. 有关故障字典、诊断手册、故障查找程序等技术文件的充分性；

7. 故障检测与隔离时间是否符合要求；

8. 虚警率是否符合要求；

9. 其他定性要求的符合性等。

测试性与维修性、可靠性、性能等密切相关，测试性评价与验证应尽量与其他试验结合起来进行：

1. 与维修性验证试验相结合——可以把故障检测率、隔离率、检测时间与隔离时间的验证纳入维修性验证计划之中，作为它的一部分。但要考虑测试性特点，如检测率与隔离率的合格判据等。故障注入（模拟）方法、测试作业样本分配方法、故障模式的随机抽取方法等，完全与维修性验证相同。

2. 与可靠性鉴定试验相结合——可靠性试验中发生了故障就要用 BIT、ATE 或人工进行检测和隔离，这些数据如符合测试性验证要求的话，可以作为测试性验证数据的一部分。虚警率的验证需要较长的试验时间，可结合可靠性试验来进行，虚警作为关联故障来处理。

3. 与性能、使用操作试验相结合——BIT 的性能监控与检测功能等与装备性能、使用操作、余度管理、自修复功能等密切相关，装备的很多试验都包括 BIT 的功能试验。所以，试验中有关自然发生的故障或人为模拟（注入）故障数据，符合要求的均可作为测试性验证数据的一部分。

但是，测试性也有它自己的特点，应单独确定验证要求、制定实施计划。当不能从其他试验中获得足够数据且条件又允许时，也可单独组织测试性验证试验。

二、测试性验证程序

测试性验证试验的一般工作和程序如图 9—5 所示。

三、试验数据的整理与计算

收集和分析测试性验证数据记录，把有效的数据，按 BIT、外部测试设备

ETE 和人工方法的检测、隔离和所用时间分别填入测试性验证数据综合表（见表 9-8），然后分别计算有关参数的观测值：

1. BIT 故障检测率观测值 γ_{FDB} ：

$$\gamma_{FDB} = \frac{N_B}{N}$$

式中　N——模拟（注入）故障总数；

　　　N_B——BIT 检测出故障数。

图 9—5　　测试性验证程序

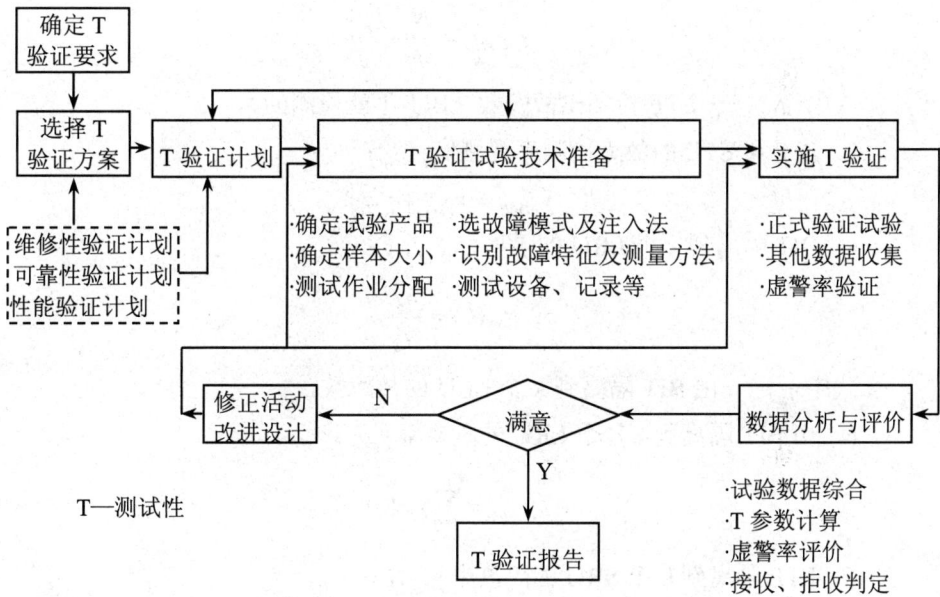

表 9—8　　测试性验证数据综合表

填表人：＿＿＿＿＿＿＿　　日期：＿＿＿＿＿＿

试验序号	故障模式	产品名称（代号）：																虚警次数	产品工作时间	备注
		故障检测				BIT 故障隔离			ETE 故障隔离			人工隔离									
		BIT	ETE	人工	时间	LRU	SRU	时间	LRU	SRU	时间	LRU	SRU	时间						
1	01	Y				1															
2	02	Y				1															

3	03	Y			2							
4	04	N	Y		—	—	—	1				
总计												

2. ETE 故障检测率观测值 γ_{FDE}：

$$\gamma_{FDE} = \frac{N_E}{N}$$

式中　N_E——ETE 检测出故障数（BIT 不能检测的）。

3. BIT 和 ETE 的故障检测率观测值 γ_{FDBE}：

$$\gamma_{FDBE} = \gamma_{FDB} + \gamma_{FDE}$$

4. BIT 隔离到 k 个 LRU 的隔离率 $\gamma_{FI}(k)$：

$$\gamma_{FI}(k) = \frac{n_B}{N_B}$$

式中 n_B——由 BIT 隔离到 k 个 LRU 的故障数。

5. 由 BIT 隔离到≤L 个 LRU 的隔离率 γ_{FIBL}：

$$\gamma_{FIBL} = \sum_{k=1}^{L} \gamma_{FI}(k)$$

6. ETE 隔离到 k 个 SRU 的隔离率 $\gamma_{FIE}(k)$：

$$\gamma_{FIE}(k) = \frac{n_E}{N_E}$$

式中 N_E——由 ETE 隔离到 k 个 SRU 的故障数。

7. 由 ETE 隔离到≤L 个 SRU 的隔离率 γ_{FIEL}：

$$\gamma_{FIEL} = \sum_{k=1}^{L} \gamma_{FIE}(k)$$

8. 平均故障检测时间 T_D：

$$T_D = \frac{\sum\limits_{i=1}^{N_D} t_{Di}}{N_D}$$

式中 t_{Di}——第 I 次故障检测时间（h）；

N_D——检测总次数。

9．平均故障隔离时间 T_I：

$$T_I = \frac{\sum\limits_{i=1}^{N_I} t_{Ii}}{N_I}$$

式中 t_{Ii}——第 i 次故障隔离时间（h）；

N_I——隔离次数。

四、测试性参数估计

产品发生了故障或注入故障，执行检测程序，其结果只有两种可能：检测成功或失败，即检测到或没有检测到故障，能或不能隔离到规定的可更换单元，指示的是真实故障或是虚警。所以，可按二项分布来处理。故障检测率和隔离率以及故障指示成功率越高越好（虚警率越低越好）。人们关心的是估计的置信下限值是否大于最低可接受值。所以，在规定的置信度下估计出单侧置信下限 q_L 大于或等于最低可接受值 q_1，则可以认为系统设计达到了要求。

根据统计理论可知，当规定置信度为 C 时，单侧置信下限 q_L 可由下式给出：

$$\sum_{i=0}^{r} \binom{n}{i}(1-q_L)^i q_L^{n-i} = 1-C$$

式中 n——样本量；

r——测试失败次数。

它表明，在 n 次故障中检测（隔离）失败次数不大于 r 时的检测率（隔离率）不低于 q_L 的把握程度为 C。用此公式求解 q_L 值很繁琐，对应不同的置信度（$C=1-\alpha$）已制成表格（见表 9—9），查起来很方便。

五、确定试验方案及合格、不合格的判定

当给定抽样检验给生产方和使用方带来的风险时，可以用下面的方程来确定试验方案，即决定样本量 n 和允许的最大测试失败次数 r（合格判定数）：

表9—9　　单边置信下限（$1-\alpha = 90\%$）

r n	0	1	2	3	4	5	6	7	8	9
48	0.9532	0.9214	0.8929	0.8660	0.8402	0.8152	0.7908	0.7669	0.7433	0.7201
49	0.9541	0.9229	0.8950	0.8687	0.8434	0.8189	0.7949	0.7715	0.7483	0.7256
50	0.9550	0.9244	0.8970	0.8712	0.8464	0.8224	0.7989	0.7758	0.7531	0.7308
52	0.9567	0.9272	0.9008	0.8760	0.8521	0.8289	0.8062	0.7840	0.7621	0.7405
54	0.9583	0.9299	0.9043	0.8804	0.8573	0.8349	0.8130	0.7916	0.7704	0.7496
56	0.9597	0.9322	0.9077	0.8845	0.8623	0.8406	0.8195	0.7987	0.7783	0.7581
58	0.9611	0.9346	0.9108	0.8884	0.8669	0.8459	0.8255	0.8054	0.7855	0.7660
60	0.9624	0.9366	0.9136	0.8919	0.8711	0.8508	0.8310	0.8115	0.7924	0.7735
62	0.9635	0.9386	0.9163	0.8953	0.8751	0.8555	0.8362	0.8174	0.7988	0.7805
64	0.9647	0.9406	0.9190	0.8986	0.8789	0.8598	0.8412	0.8228	0.8048	0.7870
66	0.9657	0.9423	0.9213	0.9015	0.8825	0.8640	0.8458	0.8281	0.8105	0.7933
68	0.9667	0.9439	0.9236	0.9043	0.8858	0.8678	0.8502	0.8329	0.8159	0.7991
70	0.9676	0.9455	0.9257	0.9070	0.8890	0.8715	0.8543	0.8375	0.8209	0.8046
75	0.9698	0.9491	0.9306	0.9131	0.8962	0.8798	0.8637	0.8479	0.8324	0.8171
80	0.9716	0.9522	0.9348	0.9183	0.9025	0.8871	0.8720	0.8572	0.8426	0.8282
85	0.9733	0.9550	0.9386	0.9231	0.9081	0.8936	0.8794	0.8654	0.8516	0.8380
90	0.9747	0.9574	0.9419	0.9272	0.9131	0.8993	0.8858	0.8726	0.8596	0.8467
95	0.9761	0.9597	0.9448	0.9309	0.9175	0.9045	0.8917	0.8791	0.8667	0.8545
100	0.9772	0.9616	0.9476	0.9343	0.9216	0.9092	0.8970	0.8850	0.8732	0.8616
110	0.9793	0.9651	0.9523	0.9402	0.9286	0.9173	0.9062	0.8953	0.8845	0.8739
120	0.9810	0.9679	0.9562	0.9451	0.9345	0.9240	0.9139	0.9038	0.8939	0.8842
130	0.9824	0.9703	0.9595	0.9492	0.9394	0.9297	0.9203	0.9110	0.9019	0.8928
140	0.9837	0.9725	0.9624	0.9529	0.9437	0.9347	0.9260	0.9173	0.9088	0.9004

160	0.9857	0.9758	0.9670	0.9587	0.9506	0.9428	0.9351	0.9275	0.9200	0.9126
180	0.9873	0.9785	0.9707	0.9632	0.9560	0.9491	0.9422	0.9354	0.9288	0.9222
200	0.9886	0.9807	0.9736	0.9668	0.9603	0.9540	0.9478	0.9418	0.9357	0.9298
250	0.9908	0.9844	0.9788	0.9734	0.9682	0.9631	0.9582	0.9533	0.9485	0.9437
300	0.9924	0.9871	0.9824	0.9779	0.9735	0.9693	0.9651	0.9610	0.9569	0.9530
350	0.9934	0.9888	0.9848	0.9809	0.9772	0.9736	0.9700	0.9665	0.9630	0.9596
400	0.9943	0.9903	0.9867	0.9834	0.9801	0.9769	0.9738	0.9707	0.9677	0.9647

n——样本大小；r——失败次数。

表9—10　确定试验方案用表
$\beta=0.1$

q_1 \ r	0	1	2	3	4	5	6	7	8	9	10	11	12	13
0.75	8	14	20	25	30	35	40	45	50	54	59	64	68	73
0.76	9	15	21	26	32	37	42	47	52	57	62	67	71	76
0.77	9	16	22	28	33	38	44	49	54	59	65	70	75	80
0.78	10	17	23	29	35	40	46	51	57	62	68	73	78	83
0.79	10	17	24	30	36	42	48	54	60	65	71	77	82	88
0.80	11	18	25	32	38	45	51	57	63	69	75	80	86	92
0.81	11	19	27	34	40	47	53	60	66	72	79	85	91	97
0.82	12	21	28	36	43	50	57	63	70	77	83	90	96	103
0.83	13	22	30	38	45	53	60	67	74	81	88	95	102	109
0.84	14	23	32	40	48	56	64	72	79	86	94	101	109	116
0.85	15	25	34	43	52	60	68	76	84	92	100	108	116	124
0.86	16	27	37	46	55	64	73	82	91	99	108	116	124	133
0.87	17	29	40	50	60	70	79	89	98	107	116	125	134	143
0.88	18	31	43	54	65	76	86	96	106	116	126	136	146	155

0.89	20	34	47	59	71	83	94	105	116	127	138	148	159	170
0.90	22	38	52	65	78	91	103	116	128	140	152	164	175	187
0.91	25	42	58	73	87	101	115	129	142	156	169	182	195	208
0.92	28	48	65	82	98	114	130	145	160	175	190	205	220	234
0.93	32	55	75	94	113	131	149	166	184	201	218	235	251	268
0.94	38	64	87	110	132	153	174	194	214	235	254	274	294	313
0.95	45	77	105	132	158	184	209	233	258	282	306	330	353	377
0.96	57	96	132	166	198	230	261	292	323	353	383	413	442	471
0.97	76	129	176	221	265	307	349	390	431	471	511	551	590	629
0.98	114	193	265	333	398	462	525	587	648	708	768	827	887	945

$$\alpha = 0.1$$

n_0 / r / q_1	0	1	2	3	4	5	6	7	8	9	10	11	12	13
0.85	1	4	8	13	17	22	27	33	38	43	49	54	60	65
0.86	1	4	9	14	19	24	29	35	41	46	52	58	64	70
0.87	1	5	9	14	20	26	31	37	44	50	56	62	69	75
0.88	1	5	10	16	22	28	34	40	47	54	60	67	74	81
0.89	1	6	11	17	23	30	37	44	51	58	66	73	81	88
0.90	1	6	12	19	26	33	40	48	56	64	72	80	89	97
0.91	2	7	13	20	28	36	45	53	62	71	80	89	98	107
0.92	2	7	15	23	32	41	50	60	70	80	90	100	110	121
0.93	2	8	17	26	36	46	57	68	79	91	102	114	126	137
0.94	2	10	19	30	42	54	66	79	92	106	119	133	146	160
0.95	2	11	23	36	50	64	79	95	110	126	142	159	175	192

0.96	3	14	28	45	62	80	99	118	138	157	177	198	218	239
0.97	4	18	38	59	82	106	131	157	183	209	236	263	290	318
0.98	6	27	56	88	123	159	196	234	273	313	353	393	434	476
0.99	11	54	111	176	244	317	391	467	545	624	704	785	867	949

$$\begin{cases} 1 - \sum_{i=0}^{r} \binom{n}{i} (1-q_0)^i q_0^{n-i} \le \alpha \\ \sum_{i=0}^{r} \binom{n}{i} (1-q_1)^i q_1^{n-i} \le \beta \end{cases}$$

式中：

q_0——测试性指标规定值；

q_1——测试性指标最低可接受值；

α——生产方风险；

β——使用方风险。

q_0、q_1、α 及 β 值是双方商定（或合同已规定）的，当知道 q_0（或 q_1）和鉴别比 d 时，可求出 q_1（或 q_0）值。其关系为：

$$d = \frac{(1-q_1)}{(1-q_0)}$$

根据给定的 q_0、q_1、α 及 β 值，解方程求出 n 和 r 值是很困难的，需要借助于计算机，

在常用的数值范围内制定了一组数据表（见表 9—10），可方便地查得所需的 n、r 值。其用法如下：

1. 按 β 和 q_1 值在对应的表上找到对应的 q_1 值的一行，可得到各 r 值所对应的 n_1 值；

2. 按 α 和 q_0 值在对应的表上找到对应的 q_0 值的一行，可得到各 r 值所对应的 n_0 值；

3. 比较 n_0 和 n_1，找出同一 r 值下，满足 $n_0 > n_1$ 的最小的 n_1 值，此值即为所求的样本数 n，它对应的 r 值即为所求合格判定数。试验方案可用（n_1，r）表示。

例如，取 $\alpha = 0.1$，$\beta = 0.1$，$q_0 = 0.95$，$q_1 = 0.85$（相当于鉴别比 d=3）时，查表 9—10 可得如下数据：

		r	0	1	2	3	4	5	6	···
$\beta = 0.1$	$q_1 = 0.85$	n_1	15	25	34	43	52	60	68	···
$\alpha = 0.1$	$q_0 = 0.95$	n_0	2	11	23	36	50	64	79	···

可见，当 $r=5$，满足 $n_0 > n_1$ 的最小的 n_1 值为 60，所以试验方案为（n，r）→（60，5）。

当 60 个样本试验中，如果测试失败次数少于或等于 5 时，则判定测试性设计合格；否则，判为不合格。

当只考虑使用方利益时，可按 β 和 q_1 值确定试验方案（即最低可接受值方案），同样可用表 9-10 查得所需 n 和 r 值，但这时有多组解。对于前面的例子有（n，r）→（15，0），（25，1），（34，2）······（100，10）等等。

此数据表的特点是可以取不同的 α 和 β 值，不受 $\alpha = \beta$ 的限制；可用于多种 q_1 和 q_0 量值，即不同的鉴别比；用法简单，只要是成败型试验均适用。如果规定 $\alpha = \beta$，d 值是特定值，也可用 GB 5080.5—85（IEC605—5—1982），成功率的验证试验方案。

六、虚警率评价

虚警率实际是故障指示失败的概率，其允许上限值对应于故障指示成功率下限值（$\gamma_{FAU} = 1 - q_L$），仍可用前面所述查表方法来估计 γ_{FA} 值或确定验证试验方案。但是，一般要求虚警率不超过 1%～2%。即要求故障指示成功率要高于98%～99%，这就需要大样本；而且虚警与多种因素有关，受环境条件影响较大，很难在实验室条件下模拟虚警。所以，为了评价和验证虚警率，生产方和使用方应协商确定获取虚警率数据来源。例如，记录可靠性试验、维修性试验、环境试验、性能（操作）试验、特别是初期使用中发生的虚警次数、故障指示次数、工作时间等。对虚警率评价可以采用如下几种方法。

（一）与可靠性一起评价

把要求的虚警率 γ_{FA} 转换为单位时间平均虚警数 λ_{FA}，纳入系统规定故障率（或 MTBF）之内，按可靠性要求来验证。在试验中每个确认的虚警都作为关联故障来对待。就虚警验证而言，如果统计分析结果满足可靠性试验规定的接受判据的话，则虚警率也认为是可以接受的；否则应拒绝。此方法简单易行，但没有估计出虚警率量值大小。

（二）估计虚警率大小

根据所取到的故障指示总次数和虚警次数，用表 9—10 可估计出 γ_{FA} 值。例如，故障指示总次数 $n=200$，其中指示失败（虚警）$r=3$，如规定置信度为 0.9 的话，则查表可知单侧置信下限 $R_L=0.9668$，所以虚警率为：$\gamma_{FA}=1-0.9668=0.0332$

当所用数据是从使用现场得到的情况下，估计的 γ_{FA} 值才是比较可靠的。

（三）近似方法

1．根据虚警率要求，求出系统累积工作时间 T 内的规定虚警次数 $N_{F0}=\lambda_{FA} \cdot T$。

2．根据试验记录统计在 T 内发生的虚警次数 N_F。在图 9—6 上标出 N_{F0} 与 N_F 交点。

3．按规定置信度（$C=1-\alpha$）判定是否合格。如交点落在接收区则判定合格，否则为不合格。由图上曲线可见，此方法要求 $N_{F0}=\lambda_{FAT} \geqslant 2$ 才好用。如 $\gamma_{FA}=1\%$、$\gamma_{FD}=0.95$、MTBF 为 100 的话，则要求累积工作时间 T≥20842h，这是很难实现的，也就是说此方法适用于 γ_{FA} 较大、MTBF 较小的情况。

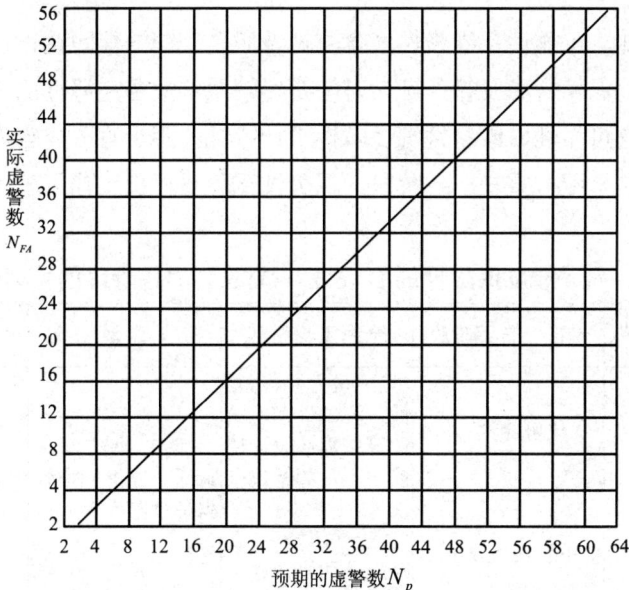

图9—6　虚警率评价

第十章 保障性试验与评价

保障性工程始于工程项目开始之前的任务需求分析，持续贯穿整个研制、生产过程，延伸到部署使用阶段。因此，保障性试验与评价也是装备整个试验与评价工作的一个重要组成部分，可分为涉及保障性的研制试验与评价和涉及保障性的使用试验与评价。

第一节 保障性设计特性的试验与评价

众所周知，可靠性、维修性（含测试性）是关键的保障性设计特性，可靠性、维修性、保障资源及管理延误时间是影响系统战备完好性的三大因素。为此，主要考虑可靠性、维修性等保障性设计特性，鉴于有关内容前面已进行了专题介绍，这里不再重复。各阶段的保障性试验与评价工作见表 10—1 所示。

表 10—1 涉及保障性的 DT&E，OT&E 的各阶段的主要任务

阶段试验与评价 类型	论证、方案阶段	全面工程研制	定型	生产/部署/使用
研制试验与评价	•优化可靠性、维修性方案和保障方案 •分析各保障资源对保障性的影响，提出解决办法	•发现可靠性、维修性、测试性、运输性等保障性设计特性的不足和解决办法 •评价保障资源的匹配性和协调性，并进行改进	验证（评价）是否满足合同要求	验证改进的充分性

使用试验与评价 保障性使用评估	评价并优选备选的设计方案和保障方案	•评价各保障资源的能力 •评价规划维修的效能	•估计使用 R&M •估计战备完好性 •评价保障资源的匹配性和协调性	•评估战备完好性 •评估使用的 R&M •评估保障系统及其资源的能力，及对战备完好性的影响

第二节　保障系统及其资源的试验与评价

一、试验与评价的目的

保障资源试验与评价的主要目的是：通过研制试验与评价，发现和解决保障资源存在的问题，评价保障资源与装备的匹配性以及保障资源之间的协调性；通过使用试验与评价，评估保障资源的利用和充足程度以及保障系统的能力是否与装备的战备完好性要求相适应。

二、试验与评价的内容

保障系统的试验与评价是评估由于保障资源不能按时到位和由于管理延误对系统战备完好性带来的影响，评估的主要内容是：保障延误时间和管理延误时间。

各保障资源的评价和评估内容如下：

1. 人力和人员。评价各维修级别配备的人员的数量、专业、技术等级等是否合理，是否符合订购方提出的约束条件（如人员编制、现有专业、技术等级、文化程度等），能否满足平时和战时使用与维修装备的需要。

2. 供应保障。评价各维修级别配备的备件、消耗品等的品种和数量的合理性，能否满足平时和战时使用与维修装备的要求，是否满足规定的备件满足率和利用率要求，评价承制方提出的备件和消耗品清单及供应建议的可行性。

某一维修级别的备件满足率是指在规定的时间周期内，在提出需求时能够提供使用的备件数之和与需求的备件总数之比。

某一维修级别的备件利用率是指在规定的时间周期内，实际使用的备件数量与该级别实际拥有的备件总数之比。

3. 保障设备。评价各维修级别配备的保障设备的功能和性能是否满足使用与维修装备的需要，品种和数量的合理性，保障设备与装备的匹配性和有效性，是否满足规定的保障设备满足率和利用率要求。

某一维修级别的保障设备满足率是指在规定的时间周期内，在提出需求时，能够提供使用的设备数之和与需求的设备总数之比。

某一维修级别的保障设备利用率是指在规定的时间周期内，实际使用的设备数量与该级别实际拥有的设备总数之比。

4. 训练和训练保障。评价训练大纲的有效性以及训练器材、设备和设施在数量与功能方面能否满足训练要求，受训人员按训练大纲、教材、器材与设备实施训练后能否胜任装备的使用与维修工作，设计更改是否已反映在教材、训练器材和设备中。

5. 技术资料。评价技术资料的数量、种类与格式是否符合要求，评价技术资料的正确性、完整性和易理解性，检查设计更改是否已反映在技术资料中。

6. 保障设施。评价保障设施能否满足使用、维修和贮存装备的要求，应对其面积、空间、配套设备、设施内的环境条件以及设施的利用率等进行评价。

7. 包装、装卸、贮存和运输保障。评价装备及其保障设备等产品的实体参数（长、宽、高、净重、芯重、重心）、承受的动力学极限参数（振动、冲击加速度、挠曲、表面负荷等）、环境极限参数（温度、湿度、气压、清洁度）、各种导致危险的因素（误操作、射线、静电、弹药、生物等）以及包装等级是否符合规定的要求，评价包装贮运设备的适用性和利用率。

8. 计算机资源保障。评价用于保障计算机系统的硬件、软件、设施的适用性，文档的正确性和完整性，所确定的人员数量、技术等级等能否满足规定的要求，关于软件升级及其保障问题是否得到充分考虑。

三、试验与评价的类型

保障资源试验与评价工作贯穿装备的整个寿命周期，研制阶段应尽早评价保障资源对系统战备完好性和费用的影响，以发现和解决存在的问题，评价保障资源与装备的匹配与协调性。而使用试验与评价主要是在部署使用阶段进行，进一步全面评价保障系统与装备的协调匹配程度，评估保障资源的满足和利用程度、评估保障系统的能力是否与装备系统战备完好性要求相适应。

（一）研制阶段的保障资源评价

从装备的论证开始，就需要不断地利用来自保障性分析、研制试验、实际使用或其他途径的信息，分析评价有关保障资源对装备设计、系统战备完好性和费用的影响，不断地解决保障资源存在的问题，这些早期的评价工作对最终获得与装备相匹配且能满足战备完好性要求的资源是必不可少的。然而评价工作的重点是在工程研制和定型阶段，此时许多评价工作是在样机上进行的，评价的结果具有更高的可信度。为做好评价工作，借鉴美国陆军 PAM700-50《综合后勤保障、研制保障性试验与评价指南》中给出的思路，提出如下可用于研制各阶段评价保障资源的步骤：

1．确定要评价的保障资源问题；

2．确定评价问题的方法和所需的数据、资料等；

3．确定获得数据、资料的途径；

4．进行评价、提出评价报告和解决措施。

在方案阶段结束前，主要的评价问题有：是否提出了有关保障资源的定量定性要求？定量要求是否与系统战备完好性和装备的可靠性、维修性相协调？定性要求是否与使用方案和保障方案相适应？采用通用化、标准化的程度如何？特殊的保障资源要求考虑了吗？等等。对于上述问题，主要采用分析评价的方法，其数据、信息的来源可以是："使用研究"、"对比分析"、"保障性设计因素"等保障性分析的结果，也可以是进行仿真模拟得到的数据，或者是其他一些途径获得的有效信息。在工程研制和定型阶段，主要的评价问题是保障资源与装备的设计是否匹配和协调，例如测试设备是否与被测单元的设计相适应？通用工具的配置是否便于维修？等等，这一阶段的评价问题，则需要更多地利用来自各种试验、专门的功能演示或评审获得的数据和信息进行评价，例如结合装备的维修性验证，可以评价部分保障资源是否匹配与协调，又如通过对技术资料的专项评审，可以评价其正确性和适用性等。

（二）部署/使用阶段的保障资源评价

保障资源和保障系统的评估是装备系统保障性使用评估的重要组成部分，与系统战备完好性评估同时进行（见下节保障性使用评估相关内容）。

第三节　保障性的使用评估

保障性的使用评估是装备使用试验与评价工作的重要内容，主要包括系统战备完好性评估，可靠性维修性使用评估和保障系统及其资源的评价与评估等内容。要在装备的初始使用评估、初始使用能力评估和后续使用能力评估中同步进行保障性的使用评估。

一、保障性的使用评估的类型和目的

保障性的使用评估的主要目的是评价、评估、验证装备的战备完好性（如可用度、能执行任务率）、使用可靠性与维修性、保障系统能力和各维修级别的保障资源配置等的满足使用要求的程度。

1. 装备保障性的初始使用评估或者称为初始使用试验与评价（IOT＆E），其目的是评价新研装备的使用效能和使用适应性，尽早发现新研装备的使用不足，为大批量生产提供决策支持。应充分利用从试验获得的信息和试验过程中暴露出的保障性问题，分析影响战备完好性的主要因素，提出在保障性方面的改进建议，并对部署后的装备保障性水平做出初步估计。

2. 装备的初始使用能力评估通常是在装备部署并达到初始使用能力后开始进行，目的是验证、评估全系统的能力。保障性使用评估将作为全系统能力评估的一部分。评估的主要目的是验证装备系统是否满足规定的保障性使用要求（门限值），评价在初始使用评估中暴露的保障性问题是否已经解决，进一步发现有关保障性方面的不足并提出改进建议。保障性评估一般在装备部署一个基本的作战单位，例如飞机、装甲车辆是一个团；使用维修人员经过规定的培训；保障资源按要求配备到位后，在规定的时间内（一般2～3年）按规定的程序和方法进行评估。

3. 装备的后续使用能力评估装备的类型和特点在恰当的时间间隔内进行，一般是在装备使用大约5～10年内进行。保障性后续评估的主要目的是评估装备系统是否达到了规定的保障性目标（值），进一步调整并完善保障结构，为装备的改型和新一代装备研制提供信息。后续评估，由于参与评估的装备数目可以更多，持续的时间可以更长，所以能获得更高的相对精度和置信水平。

二、保障性使用评估的内容和方法

（一）评估的主要内容

评估的内容包括对装备研制总要求中规定的使用参数进行度量，还包括对装备的战备完好性、使用可靠性维修性的影响因素、各保障资源要素及其保障结构，以及使用中出现的保障性问题进行分析评价。例如规划维修确定的各维修级别的维修任务是否恰当、备件供应是否满足战备完好性要求等。参数度量示例如下：

1. 系统战备完好性参数

$$使用可用度（A_0）= \frac{能工作时间（TU）}{能工作时间（TU）+不能工作时间（TD）}$$

式中 TU——包括工作时间、不工作（能工作）时间、待命时间等；

TD——包括预防性和修复性维修时间、管理和保障资源延误时间。

能执行任务率 MC=FMC+PMC

式中 FMC——能执行任务率；

PMC——能执行部分任务率。

$$出动架次率（SGR）= \frac{每天出动总架次数}{在编装备数}$$

2. 使用可靠性维修性参数度量示例

$$平均不能工作事件间隔时间（MTBDE）= \frac{装备寿命单位总数}{不能执行任务事件总数}$$

$$平均维修间隔时间（MTBM）= \frac{装备寿命单位总数}{计划与非计划维修事件总数}$$

$$平均系统恢复时间（MTTRS）= \frac{系统修复性维修总时间}{不能工作事件总数}$$

$$平均原位修理时间（MRT）= \frac{总的原位修复性维修时间}{原位维修事件总数}$$

3. 保障系统及其保障资源的参数度量

有关保障系统及其保障资源的参数度量见本章第二节内容。

（二）评估的方法

1. 结合装备的 OT＆E 一起进行

通过收集受试装备在实际训练、演习等实际使用环境中的使用维修、供应等有关数据进行评估。为了获得可信的结果，必须在给定的置信水平和精度情况下，保证一定的装备数量和试验时间。通常应在以上几个之间进行权衡以得到满意的结果。例如，以单个部件的维修更换率估算为例，说明精度、置信水平和所要求的工作小时数（即试验时间）之间的关系（见图10-1）。

2. 安排专门的演示

为进行部署后的维修性评价，由于在评价期间，来自实际使用和维修的信息，不能完全满足评价的需要，就需要通过安排专门的演示，模拟故障以补充在评价期间不可能发生的维修作业。维修性评价的重点是基层级维修的维修性水平，其次是中继级，在需要时，也可评价基地级的维修性。

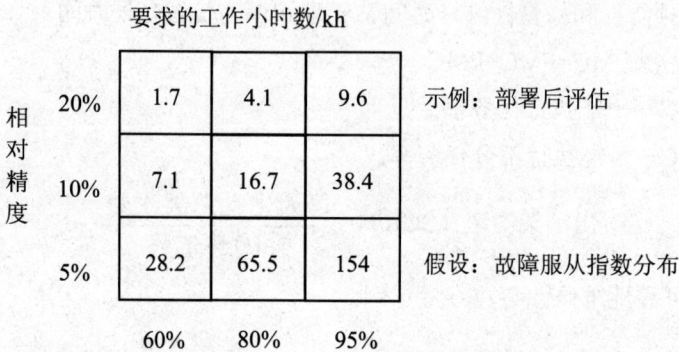

要求的工作小时数/kh

相对精度				
20%	1.7	4.1	9.6	示例：部署后评估
10%	7.1	16.7	38.4	
5%	28.2	65.5	154	假设：故障服从指数分布
	60%	80%	95%	

图10—1 置信水平、相对精度与所需工作小时数的关系

第四节 保障性试验与评价的原则与管理

一、保障性试验与评价的原则

保障性试验与评价应遵循，但不限于以下原则：

1. 保障性试验与评价应尽可能结合装备的研制试验与使用试验进行，保障性范畴内的试验也尽可能结合进行。例如：保障性使用评估结合装备部署后的试验与评价进行，某些产品的可靠性试验与耐久性试验结合进行，保障资源匹配性、协调性评价可以结合维修性验证进行等。

2. 保障性试验与评价应尽可能在模拟实际的使用条件下进行。例如：可靠性试验应尽可能模拟实际的使用环境，维修性验证应尽可能反映实际的保障条件，以提高试验结果的可信程度。

3．涉及保障性的研制试验与评价工作应尽早安排。例如，可靠性研制/增长试验、维修性核查和资源的评价等，以便暴露并解决存在的问题和修改设计。

4．进行保障性试验与评价时必须综合利用其他的有关信息。例如来自其他试验的有关数据、来自 FMECA、FRACAS 等工作的信息等。

5．保障性试验与评价应尽可能在有代表性的产品上进行，以获得可信和有效的评价结果。可靠性维修性的验证试验应尽可能在更高的产品层次上进行，以节省经费。

6．为尽早地发现和解决保障性问题，可能需要单独安排一些有关的演示和评价活动。例如维修性演示、技术资料的评审等。

7．保障性试验与评价也是一项系统化的工作，必须对寿命周期中有关保障性试验与评价的项目和项目顺序进行优化，以充分地利用数据并节省费用。

二、保障性试验与评价的管理

保障性试验与评价是装备试验与评价的一部分，对保障性试验与评价的安排应纳入试验与评价的总计划（TEMP）。美军中有关保障性试验与评价计划是由项目办公室主管保障性或综合后勤保障的经理负责的。其中涉及保障性的研制试验与评价工作可由承制方制定计划，但经订购方认可。对保障性试验与评价的管理还涉及法规体系、机构职责、监督控制以及评审等方面，这些内容将在保障性过程管理中一并考虑，这里不再单独叙述。

第五节　保障性评审

保障性评审是保障性管理中的主要监督和控制手段，其目的是检查订购方和承制方及转承制方保障性工作的开展情况、工作结果和存在的问题，提出解决措施建议，并为决策提供依据。保障性评审要求和安排应分别列入保障性总计划和保障性工作计划。可以按项目的进展情况，在一定的节点上进行综合评审。

GJB 3872 以及 GJB 368A、GJB 450A、GJB 3273 等都规定了与保障性工作相联系的评审或审查，如果合同中同时引用了这些标准，则在工作说明中应规定是否和如何合并进行。合同中应规定最少的综合的全面的评审。

由于各项保障资源的工作进展情况不可能同步，对每一保障资源的评审可根据需要分别进行评审。评审的时机，可以根据各保障资源的特点确定，如对保障设备，可以按提出清单、研制结束、定型试验等时机进行；对技术资料，则可进行技术资料纲目评审、技术内容初步评审、最终评审等或按编写工作量的 30%、60%、100%评审等。

一、评审的类型

保障性的评审类型主要有：型号评审、设计评审和保障性专题评审。

1. 型号评审。型号评审是按型号研制进度进行的阶段评审，评审的问题是讨论装备型号管理中的重大设计技术问题。保障性应是评审的内容之一，如在方案阶段后期的系统要求评审时应进行保障性要求评审，在工程研制阶段前期的初步设计评审时应进行保障性初步设计评审和保障方案评审等。这些评审工作在研制的早期进行较多，当装备设计比较固定后，则评审周期较长。保障性工作负责人一定要积极参与型号评审，由于这类评审不是专门从保障性问题出发进行的，因此容易忽视对保障性工作的评审。

2. 设计评审。装备研制期间，承制方应开展一系列设计评审活动，设计评审是控制保障性分析工作输入到装备设计过程的最好机会，所有的设计评审应涉及满足各项保障性工作的进展情况，其重点是重新设计没有满足保障性要求的问题，在评审中应避免将性能要求作为设计评审讨论的惟一主题，必须将性能与保障性的有关的设计问题给予同等的重视。

3. 保障性专题评审。保障性专题评审是为评审装备保障性工作而进行的专题评审，评审的问题比型号评审和设计评审更深入而具体。主要包括保障性分析工作评审、保障性设计进展评审、保障资源要求及研制情况评审等。

二、保障性评审应注意的问题

在规划保障性评审时应注意如下事项：

1. 订购方应在保障性总计划中规定评审要求及安排。对于订购方主持的评审或订购方内部的评审应明确评审项目、目的、内容、主持单位、参加人员、评审时间等；对于承制方内部评审应明确评审工作的总体要求，特别是对评审意见的处理要求等；

2. 承制方应制定保障性评审计划，并纳入保障性工作计划，在该计划中应引用订购方保障性总计划中有关订购方主持的评审的内容，同时规定承制方内部评审的项目、目的、内容、主持单位、参加人员、评审时间等；

　　3.订购方应根据保障性总计划的安排开展或主持评审工作,作出评审结论,提出处理意见；

　　4.承制方应根据保障性工作计划的安排开展或参加评审工作,做好评审准备，对评审提出的处理意见进行处理；

　　5.承制方应在保障性工作计划中明确对转承制方的评审。

第十一章　检验数据的处理与表示

　　检验是借助于某种手段或方法，测量产品的质量特性值，获取质量数据后与标准要求进行对比和判定的活动。由于测量的不确定度，一个检验员用同一种方法，在同样的条件下，对同一产品的某种质量特性进行多次检验，每次检验所得到的数值不会完全相同。而质量检验或试验的结果是以对取得的质量数据（测定值）的统计计算结果为依据的，所取得的所有质量数据是否符合实际，将直接影响检验结果表达的正确性和有效性。因此，检验数据的处理和检验结果的表示是质量检验工作中的重要内容。

第一节　检验误差

一、误差的定义

　　检验实质上是借助于某种手段或方法，测量产品的质量特性值，获取质量数据后与标准要求进行对比和判定的活动。

　　由于测量具有不确定度，一个检验员用同一种方法，在同样的条件下，对同一产品的某种质量特性进行多次检验，每次检验所得到的数值不会完全相同。即便是技术很熟练的检验员，用最完善的方法和最精密的仪器测量，其结果也是如此。检验的结果在一定范围内波动，说明检验过程的测量误差是客观存在的。随着科学技术水平的不断提高，人们的经验、知识不断丰富和测量方法、手段的不断提高和完善测量误差可以被控制得愈来愈小，但不可能完全把测量误差消除。

误差可定义为绝对误差和相对误差。

（一）绝对误差

定义：某量值的给出值与真值之差称为绝对误差。

绝对误差=给出值－真值

式中：给出值——包括测量值、实验值、标称值、计算近似值等。

真值——指某特性值的真实值。

真值是一个理想的概念，一般来说真值是未知的，因此绝对误差也就是未知的。但是，在某些情况下，从相对意义而言，真值是可知的，如：

1．理论真值：三角形内角之和等于180°；理论设计值和理论公式值等。

2．约定真值：由国际计量大会定义的单位称为约定真值。

3．相对真值：高一级标准器与低一级标准器的误差，相对而言可认为前者是后者的真值。标准物质证书上所给出的标准值也是相对真值。

绝对误差是有名数（有单位）。测量结果大于真值时误差为正；测量结果小于真值时误差为负。误差的大小是衡量测量结果准确性的尺度。

（二）相对误差

定义：相对误差表示的是绝对误差与真值的比值。

$$相对误差 = \frac{绝对误差}{真值}$$

相对误差不仅能反映误差大小，而且能反映测量的准确度。相对误差越小，表示测量的准确度越高。

二、误差的产生原因

（一）计量器具、测量设备及试剂误差

由于测量设备本身不精确而产生的误差，如刻度不准确、未经校准、稳定性、精确度、灵敏度不够而导致检验中产生的误差。

（二）环境条件误差

测试环境（如温度、湿度、气压、振动、磁场、风、尘等）达不到要求而

造成的测量误差。

（三）方法误差

检验方法不正确而造成的检验误差。

（四）检验员误差

检验员的不正确操作或生理缺陷造成的检验误差。

（五）被检产品误差

抽样检验时由于批质量的均匀性、稳定性而影响抽样的代表性差异所造成的检验误差。

三、误差的分类

（一）系统误差

定义：在同一条件下多次测量同一量值时，误差的绝对值和符号保持恒定，或在条件改变时，按某种确定规律变化的误差。

当系统误差方向和绝对值已知时，可以修正或在测量过程中加以消除。加大测量次数不能使系统误差减小。

（二）随机误差

定义：在相同条件下多次测量同一量值时，误差的绝对值和符号的变化不确定，以不可预定的方式变化的误差。

引起随机误差的因素是无法控制的，因此随机误差不能修正。随机误差具有统计规律，可应用统计学的数学知识进行估计。也可通过增加测量次数的办法在某种程度上减小随机误差。

（三）粗大误差

定义：超过规定条件下所能预计的误差。

粗大误差是由于人为的读错、记错、算错，或实验条件未达到规定指标而草草进行所造成的误差。在误差分析时只能估计系统误差和随机误差，对由于粗大误差而产生的数据称为离群数据或坏值，必须从测量数据中将其剔除。

（四）测量不确定度

测量不确定度是建立在误差理论基础上的一个新概念。误差的数学指标称为不确定度，它表示由于测量误差的存在而对被测量值不能确定的测量分散度。一个测量结果，只有知道它的测量不确定度时才有意义。一个完整的测量结果不仅要表示其量值大小，还必须指出其测量不确定度。

测量数据分布的标准偏差 σ_m 是测量不确定度的主成分，称为标准不确定度。

测量结果含有其它量值时，应计算合成标准不确定度。

合成标准不确定度乘以覆盖因子得到的是扩展不确定度（展伸不确定度），也称为总不确定度。

覆盖因子也称为置信因子。理论上认为只有对某一量值经无穷多次测量，数据的分布才符合正态分布，当测量次数越少时其覆盖范围（分散性）必然大于理想情况下的正态分布。覆盖因子是考虑到分散性变化的系数，覆盖因子可以从表 11—1 中查得。

综合以上所述，图 11—1 以统计概念描述系统误差、随机误差、准确度、精确度和测量部确定度。

分布中心与真值的差称为偏移量 ε，是系统误差的表现，表征了测量的准确度，偏移量越小其测量准确度越高。分布的标准偏差 σ_m 为测量不确定度的主成分（标准不确定度），$6\sigma_m$ 表征测量的精确度，在计量检定的合格判定中要求 $6\sigma_m \leqslant 2v$。正态分布是由于测量随机误差而使测量值不确定所形成。

表 11—1　覆盖因子数表

f＼P%	68.26	90	95	*95.44	99	*99.33
1	1.84	6.31	12.71	13.97	63.66	235.80
2	1.32	2.92	4.30	4.53	9.92	19.21
3	1.20	2.35	3.18	3.31	5.84	9.22
4	1.14	2.13	2.78	2.87	4.60	6.62
5	1.11	2.02	2.57	2.65	4.04	5.51

6	1.09	1.94	2.45	2.52	3.71	4.90
7	1.08	1.89	2.36	2.43	3.50	4.53
8	1.07	1.86	2.31	2.37	3.36	4.28
9	1.06	1.83	2.26	2.32	3.25	4.09
10	1.05	1.81	2.23	2.28	3.17	3.96
11	1.05	1.80	2.20	2.25	3.11	3.85
12	1.04	1.78	2.18	2.23	3.05	3.76
13	1.04	1.77	2.16	2.21	3.01	3.69
14	1.04	1.76	2.14	2.20	2.98	3.64
15	1.03	1.75	2.13	2.18	2.95	3.59
16	1.03	1.75	2.12	2.17	2.92	3.54
17	1.03	1.74	2.11	2.16	2.90	3.51
18	1.03	1.73	2.10	2.15	2.88	3.48
19	1.03	1.73	2.09	2.14	2.86	3.45
20	1.03	1.72	2.09	2.13	2.85	3.42
25	1.02	1.71	2.06	2.11	2.79	3.33
30	1.02	1.70	2.04	2.09	2.75	3.27
35	1.01	1.70	2.03	2.07	2.72	3.23
40	1.01	1.68	2.03	2.06	2.70	3.20
45	1.01	1.68	2.01	2.06	2.69	3.18
50	1.01	1.68	2.01	2.05	2.68	3.16
100	1.005	1.660	1.984	2.025	2.626	3.077
∞	1.000	1.645	1.960	2.000	2，576	3.000

p 置信概率　f 自由度　＊ 正态分布 k=1，2，3 时 $\mu\pm k\sigma$ 的概率

根据正态分布理论，测量值分布可用特征值 $\overline{X}$（平均值）和 s（标准偏差）表征。

$$\overline{X} = \frac{\sum_{i=1}^{n} X_i}{n}$$

$$s = \sqrt{\frac{\sum_{i=1}^{n}(X_i - \overline{X})^2}{n-1}}$$

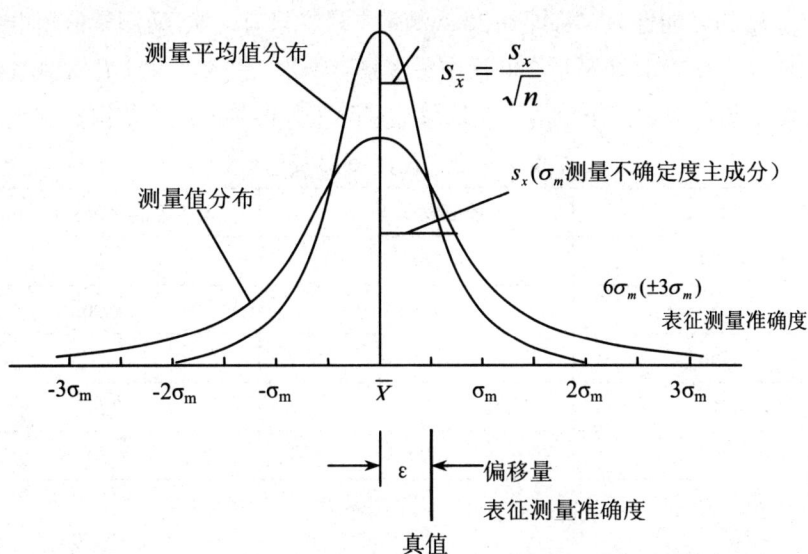

图 11—1　测量准确度、精确度、不确定性的统计概念

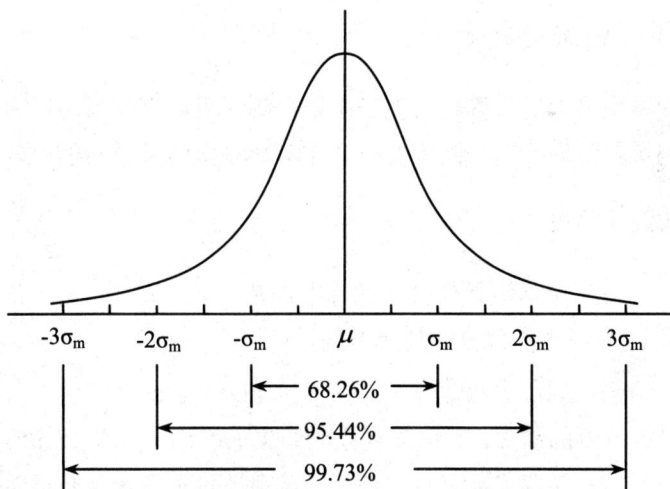

图 11—2　受随机误差影响测量值分布的概率

一般计算标准偏差 s，要求 $n \geqslant 10$，此时可以用 s，推断 σ_m。

测量数据的分布概率符合正态分布的结论，图 11—2 所表示的是各区间内的概率分布值，即置信区间和置信概率（见表 11—2）。这些概率值表明，测量值超出±2σ_m的可能性为 5%，即在 20 次测量中最多只有一次，而测量值超出±3σ_m的可能性只有 0.3%，即测量 330 次中最多只有一次。那么，在十几次测量中是不可能发生的，应设法予以清除。这就是剔除粗大误差的理论依据。

表 11—2　置信概率及区间

风险度 α	置信概率 $1-\alpha$	k（置信区间）[±$k\sigma_m$]
0.3174	0.6826	1
0.05	0.95	1.96
0.0456	0.9544	2
0.01	0.99	2.58
0.0027	0.9973	3

第二节　检验结果准确度的提高

一、平均值的精密度

（一）等精密度测量

在消除系统误差后，等精密度多次平行测量可以有效提高检验结果的准确度。多次测量的平均值的分散程度一定比单次测定结果分布的分散程度要小。

从正态分布的计算可知：$s_{\bar{x}} = \dfrac{s_x}{\sqrt{n}}$

式中：s_x——单次测量值分布的标准偏差；

$s_{\bar{x}}$——平均值分布的标准偏差；

n——测量次数。

增加平行测量的次数，能够提高检验结果的准确度。表 11-3 给出二者的关系，并可用图 11—3 直观地表达。当然，过多地增加测量次数虽然可以提高精密度，但需付出很大代价，耗费过多的时间和精力，一般要求 $n \geq 10$ 即可。

表 11—3　$s_{\bar{x}}$ 随测量次数的变化

次数	1	4	9	16	25
$s_{\bar{x}}$	0.006	0.003	0.002	0.0015	0.0012

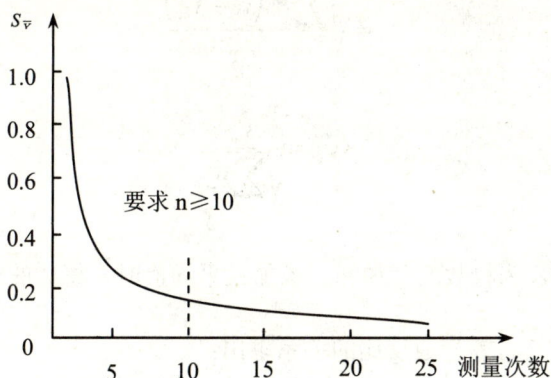

图 11—3　$s_{\bar{v}}$ 与测量次数的关系

（二）不等精密度的平均值及标准偏差

等精密度测量是指每次测量都是在完全相同的条件下进行，其数据处理比较简单。若每次测量条件不相同，如不同人不同时在不同的实验室，用不同的测量设备和不同的方法测量，得到不同精密度的数据，其数据处理就需要予以加权。

例如：测量某零件的厚度，得到以下结果：

条件 1：$\bar{X}_1 = 1.53\text{mm}$，$s_1 = 0.06\text{mm}$

条件 2：$\bar{X}_2 = 1.47\text{mm}$，$s_2 = 0.02\text{mm}$

*注意：此时该零件的厚度绝不可以计算为：

$$\bar{X} = \frac{\bar{X}_1 + \bar{X}_2}{2} = 1.50\text{mm}$$

处理这些数据时，必须引入"加权"的概念。如在检验中，测量值为 x_1、x_2、$x_3 \cdots x_n$，其对应的权分别为 W_1、W_2、$W_3 \cdots W_n$，其加权平均值和加权标准偏差为：

$$\bar{X}_w = \frac{W_1 x_1 + W_2 x_2 + W_3 x_3 + \cdots + W_n x_n}{W_1 + W_2 + W_3 + \cdots + W_n} = \frac{\sum W_i x_i}{\sum W_i}$$

$$s_w = \sqrt{\frac{\sum W_i(x_i - \overline{X}_w)^2}{n-1}}$$

$$s_{\overline{X}_w} = \frac{s_w}{\sqrt{\sum W_i}}$$

式中，$\sum W_i$ 为权数的累加和，求加权平均值时，权数的计算可按权数与精密度 s 的平方（方差）成反比的关系求出：

$$W = \frac{1}{s^2}$$

本例

$$W_1 = \frac{1}{s_1^2} = \frac{1}{0.06^2} = 277$$

$$W_2 = \frac{1}{s_2^2} = \frac{1}{0.02^2} = 2500$$

$$\frac{W_1}{W_2} = \frac{277}{2500} \approx \frac{3}{25}$$

$$\overline{X}_w = \frac{W_1\overline{X}_1 + W_2\overline{X}_2}{W_1 + W_2} = \frac{3 \times 1.53 + 25 \times 1.47}{3 + 25} = 1.48\text{mm}$$

二、如何提高检验结果的准确度

（一）系统误差的消除

系统误差对测量结果的影响往往比随机误差的影响还要大。所以，通过实验的方法消除系统误差的影响是非常必要的。

1. 对照检验

所谓对照检验是以标准样品（或标准器）与被检样品一起进行对照检验。若检验结果符合公差要求，说明操作和设备没有问题，检验结果可靠。若不符合，则以标准量的差值进行修正。

2. 校准仪器

通过计量检定得到的测定值与真值的偏差，对检验结果进行修正。

3. 检验结果的校正

通过各种试验求出外界因素影响测量值的程度，之后从检验结果中扣除。

4．选择适宜的测量方法

（二）控制检验环境和测量条件

正确选择测量设备和检验方法，都是保证检验结果的重要因素。

（三）对检验员的要求

1．检验员误差

由于主观因素的影响，检验员的素质条件不同会造成不同程度的检验误差，必须加以高度重视。只有对检验员严格要求，选择训练有素的检验员，才能高质量完成检验任务。

（1）技术性误差。技术性误差是由于检验员缺乏检验技能而造成的误差。

（2）粗心大意误差。粗心大意误差是由于检验员责任心不强，工作马虎而造成的误差。

（3）程序性误差。程序性误差是由于工作程序混乱，检验员精神压力过大而造成的误差。

2．技术性误差的影响因素及防止措施

（1）影响技术性误差的因素

①缺乏必要的技术、生产工艺知识，对生产中出现的质量问题不了解；

②检验技术不熟练，对检验设备不能正确操作；

③生理上的缺陷，如视力不佳等；

④检验工作经验不足。

（2）防止发生技术性误差的措施

①根据岗位要求的应知应会标准，选择适合担任检验员的人；

②加强岗位练兵和技术业务培训，提高检验员的素质；

③加强对检验员的工作考核，淘汰不适宜从事检验工作的人员；

④对有生理缺陷的人应及时调离检验岗位；

⑤经常总结经验，推广先进工作方法。

3．粗心大意误差的影响因素及防止措施

（1）影响粗心大意误差的因素

①检验员的情绪或精神状态不良；

②检验员的责任心不强，对检验工作抱着满不在乎、不重视的态度；

③检验项目的精度要求高、难度大，检验员的精神过于紧张；

④生产任务重、时间紧，生产车间或调度人员频繁催促，造成检验员放松检验要求。

（2）防止粗心大意误差的措施

①简化检验方法或内容，减少检验员的手忙脚乱的现象；

②采取不易发生差错的检验方法；

③采用自动化检验装置；

④感官检验时，采取放大装置；

⑤建立标准件或样板；

⑥采用通用量具、检具；

⑦合理安排检验工作时间，规定合理的间歇时间，防止检验员过度疲劳。

4. 程序性误差的影响因素及防止措施

（1）影响程序性误差的因素

①生产不均衡，前松后紧，检验任务过度集中；

②管理混乱，产品放置混乱，标识不清，造成不合格产品的误用。

（2）防止程序性误差的措施

①加强生产管理，实行三、四、三均衡生产；

②实行定置管理，严格产品分区堆放。要有明显的界限和明确的标识；

③严格调运手续，建立调度人员责任制，防止误调、误用。

第三节　检验数据的处理和检验结果的表示

质量检验、试验的结果将以对取得的质量数据（测定值）的统计计算结果为依据。但是，所取得的所有质量数据是否符合实际，将直接影响检验结果表达的正确性和有效性。因此，检验数据的处理和检验结果的表示是质量检验、试验工作中的主要问题。

例如：

用零级千分尺测量某零件尺寸（轴径），得到以下测定值（单位：mm）：
7.969，7.972，7.964，7.975，7.972，7.968，7.970，7.967，7.969，7.974。

测量次数：$n=10$

测量结果：$X_{max}=7.975$

$\quad\quad\quad\quad X_{min}=7.964$

经计算　$\bar{X}=7.970$

$\quad\quad\quad s_x=0.003$

$\quad\quad\quad s_{\bar{x}}=0.001$

要求应用误差理论对检验数据进行处理，并正确表示出检验结果。

一、粗大误差的剔除

对所取得的检验数据，首先应判断有没有因粗大误差而取得的异常数据。剔除异常数据是质量检验、试验工作中对数据进行处理的一个最基本的问题。对质量特性的测量，经多次测量后得到一系列测定数据，数据间存在一定的散差是正常现象。但是，有时在检验数据中会出现一个或另一个明显偏高或明显偏低的数据。对这种情况，在未经查明原因不知是否属于异常数据时，不可以轻易取舍。无论是保留了异常数据，还是剔除了正常数据，都会影响检验、试验结果的真实性。

事实说明，异常数据往往表现在一系列检验数据中的最大值或最小值上，为处理方便要求将测定值（数据）排列为顺序统计量，即 $x_1 \le x_2 \le x_3 \le \cdots \cdots \le x_n$。单纯判断最小值 x_1 或最大值 x_n 是否为异常值时，称为单侧检验（判断）；若同时判断最小值 x_1 和最大值 x_n 是否为异常值时，称为双侧检验（判断）。

本例测量数据排列顺序统计量为：7.964，7.967，7.968，7.969，7.969，7.970，7.972，7.972，7.974，7.975。

以下讨论几种检验（判断）异常值的方法。

（一）3σ 原则检验法

由正态分布的重要结论可知，在一定条件下，多次重复测量其得到的测量值，落在[μ-3σ，μ+3σ]范围内的概率为 99.73%。若有个别数据超出这个范围，根据小概率事件原理，则有理由认为属于异常数据，应予以剔除。

在本次测量中，有 $\overline{X} = 7.970$，$s_x = 0.03$，

则　$\overline{X} - 3s_x = 7.970 - 0.009 = 7.961$

　　$\overline{X} + 3s_x = 7.970 + 0.009 = 7.979$

观察所取得的测量值，全部落在[7.961，7.979]范围之内，说明测量过程正常，没有因粗大误差而造成的异常数据。

应注意，应用 3σ 原则检验法时是以样本分布的标准偏差 s_X 代替。作为估计值，当样本量较小时会造成较大的误差。一般规定，$n \geq 10$ 时才能应用。

（二）狄克逊检验法

以下介绍的几种判断异常值的方法需设置风险度（小概率 α），称为检验水平。通常设 $\alpha = 5\%$ 称为检出水平，作为判断是否有异常值的水平。当判断有异常值之后，应尽可能查明造成异常值的原因（如测试错误、记录错误等），采取措施消除异常值（如重新测量、根据原始记录更正等）。若无法查明原因，应设 $\alpha^* = 1\%$ 称为剔除水平，判断该异常值是否应当从数据中剔除。当判断为异常值而又达不到剔除水平时，应以剔除和不剔除的两种统计结果相比较，看哪种结果更接近实际情况。

当给定检出水平 α 和剔除水平 α^* 后，从相应的临界值表中查得临界值[实际是以置信度 $(1-\alpha)$ 为查表依据]与所计算的统计量相比较，作出判断和剔除的决定。

狄克逊检验法的统计量计算：根据样本量 n 的不同值，在表 11—4 中查得统计量计算公式，计算 D 或 D'。

表 11—4　狄克逊检验法的临界值表

n	统计量	90%	95%	99%	99.5%
3		0.886	0.941	0.988	0.994
4	$D = \dfrac{x_{(n)} - x_{(n-1)}}{x_{(n)} - x_{(1)}}$ 或 $D' = \dfrac{x_{(2)} - x_{(1)}}{x_{(n)} - x_{(1)}}$	0.679	0.765	0.889	0.926
5		0.557	0.642	0.780	0.821
6		0.482	0.560	0.698	0.740
7		0.434	0.507	0.637	0.680
8		0.479	0.554	0.683	0.725
9	$D = \dfrac{x_{(n)} - x_{(n-1)}}{x_{(n)} - x_{(2)}}$ 或 $D' = \dfrac{x_{(2)} - x_{(1)}}{x_{(n-1)} - x_{(1)}}$	0.441	0.512	0.635	0.677
10		0.409	0.477	0.597	0.639
11	$D = \dfrac{x_{(n)} - x_{(n-2)}}{x_{(n)} - x_{(2)}}$ 或 $D' = \dfrac{x_{(3)} - x_{(1)}}{x_{(n-1)} - x_{(1)}}$	0.517	0.576	0.679	0.713
12		0.490	0.546	0.642	0.675

13		0.467	0.521	0.615	0.649
14		0.492	0.546	0.641	0.674
15		0.472	0.525	0.616	0.647
16		0.454	0.507	0.595	0.624
17		0.438	0.490	0.577	0.605
18		0.424	0.475	0.561	0.589
19		0.412	0.462	0.547	0.575
20		0.401	0.450	0.535	0.562
21	$D=\dfrac{x_{(n)}-x_{(n-2)}}{x_{(n)}-x_{(3)}}$ 或 $D'=\dfrac{x_{(3)}-x_{(1)}}{x_{(n-2)}-x_{(1)}}$	0.391	0.440	0.524	0.551
22		0.382	0.430	0.514	0.541
23		0.374	0.421	0.505	0.532
24		0.367	0.413	0.497	0.524
25		0.360	0.406	0.489	0.516
26		0.354	0.399	0.486	0.508
27		0.348	0.393	0.475	0.501
28		0.342	0.387	0.469	0.495
29		0.337	0.381	0.463	0.489
30		0.332	0.376	0.457	0.483

注：表头中的百分数为置信度 $1-\alpha$。

在单侧检验的情况下：

1. 判断最大值 $x_{(n)}$ 是否为异常值

查狄克逊检验法的临界值表，得临界值 $D_{1-\alpha}$ 和 $D_{1-\alpha}{}^{*}$。

若 $D>D_{1-\alpha}$ 则判断 $x_{(n)}$ 为异常值：若 $D>D_{1-\alpha}{}^{*}$，则应剔除 $x_{(n)}$。

2. 判断最小值 $x_{(1)}$ 是否为异常值

查狄克逊检验法的临界值表，得临界值 $D_{1-\alpha}$ 和 $D_{1-\alpha}{}^{*}$。

若 $D'>D_{1-\alpha}$ 则判断 $x_{(1)}$ 为异常值：若 $D'>D_{1-\alpha}{}^{*}$ 则应剔除 $x_{(1)}$。

在双侧检验的情况下，应查表 11-5 双侧狄克逊检验法的临界值表，得临界值 $D_{1-\alpha}$ 和 $D_{1-\alpha}{}^{*}$。以统计量 D 和 D' 中较大者与临界值相比较，判断和剔除相应的异常值。

表 11—5　双侧狄克逊检验法的临界值表

N				n			
3	D 和 D' 中的较大者	0.970	0.994	17	D 和 D' 中的较大者	0.529	0.610
4		0.839	0.926	18		0.514	0.594
5		0.710	0.821	19		0.501	0.580
6		0.628	0.740	20		0.489	0.567
7		0.569	0.680	21		0.478	0.555

8	D 和 D' 中的较大者	0.608	0.717	22		0.468	0.544
9		0.564	0.672	23		0.459	0.535
10		0.530	0.635	24		0.451	0.526
11	D 和 D' 中的较大者	0.619	0.709	25		0.443	0.517
12		0.583	0.660	26		0.436	0.510
13		0.557	0.638	27		0.429	0.502
14	D 和 D' 中的较大者	0.586	0.670	28		0.423	0.495
15		0.565	0.647	29		0.417	0.489
16		0.546	0.627	30		0.412	0.483

注：表头中的百分数为置信度 $1-\alpha$。

若反复应用各种检验法（以后亦同）时，因剔除数据后样本量 n 发生变化，应重新计算统计量。

本例测量数据 $n=10$，故统计量为：

$$D = \frac{x_{(n)} - x_{(n-1)}}{x_{(n)} - x_{(2)}} = \frac{7.975 - 7.972}{7.975 - 7.967} = 0.375$$

$$D' = \frac{x_{(2)} - x_{(1)}}{x_{(n-1)} - x_{(1)}} \frac{7.967 - 7.964}{7.972 - 7.964} = 0.375$$

给定 $\alpha=5\%$，$\alpha^*=1\%$，查表得临界值 $D_{1-\alpha} = 0.477$，$D_{1-\alpha}{}^* = 0.597$，则可判断监测数据中没有异常值。

（三）格拉布斯检验法

应用格拉布斯检验法判断检验数据中是否有异常值时，首先应计算 $\bar{X}$ 和 s_x。之后计算判断统计量：

在单侧检验的情况下：

1. 判断最大值 $x_{(n)}$ 是否为异常值

$$G_{(n)} = \frac{x_{(n)} - \bar{X}}{s_x}$$

2. 判断最小值 $x_{(1)}$ 是否为异常值

$$G'_{(n)} = \frac{\bar{X} - x_{(1)}}{s_x}$$

当给定 $\alpha=5\%$，$\alpha^*=1\%$ 后，查表 11—6 格拉布斯检验法的临界值表，得到临界值 $G_{1-\alpha}(n)$ 和 $G_{1-\alpha}{}^*(n)$。判断和剔除方法同前所述。

表 11—6　　格拉布斯检验法的临界值表

N	90%	95%	97.5%	99%	99.5%	n	90%	95%	97.5%	99%	99.5%
						26	2.502	2.681	2.841	3.029	3.157
						27	2.519	2.698	2.859	3.049	3.178
3	1.148	1.153	1.155	1.155	1.155	28	2.534	2.714	2.876	3.068	3.199
4	1.425	1.463	1.481	1.492	1.496	29	2.549	2.730	2.893	3.085	3.218
5	1.602	1.672	1.715	1.749	1.764	30	2.563	2.745	2.908	3.103	3.236
6	1.729	1.822	1.887	1.944	1.973	31	2.577	2.759	2.924	3.119	3.253
7	1.828	1.938	2.020	2.097	2.139	32	2.591	2.773	2.938	3.135	3.270
8	1.909	2.032	2.126	2.221	2.274	33	2.604	2.786	2.952	3.150	3.286
9	1.977	2.110	2.215	2.323	2.387	34	2.616	2.799	2.965	3.164	3.301
10	2.036	2.176	2.290	2.410	2.482	35	2.628	2.811	2.979	3.178	3.316
11	2.088	2.234	2.355	2.485	2.564	36	2.639	2.823	2.991	3.191	3.330
12	2.134	2.285	2.412	2.550	2.636	37	2.650	2.835	3.003	3.204	3.343
13	2.175	2.331	2.462	2.607	2.699	38	2.661	2.846	3.014	3.216	3.356
14	2.213	2.371	2.507	2.659	2.755	39	2.671	2.857	3.025	3.228	3.369
15	2.247	2.409	2.549	2.705	2.806	40	2.682	2.866	3.036	3.240	3.381
16	2.279	2.443	2.585	2.747	2.852	41	2.692	2.877	3.046	3.251	3.393
17	2.309	2.475	2.620	2.785	2.894	42	2.700	2.887	3.057	3.261	3.404
18	2.335	2.504	2.651	2.821	2.932	43	2.710	2.896	3.067	3.271	3.415
19	2.361	2.532	2.681	2.854	2.968	44	2.719	2.905	3.075	3.282	3.425
20	2.385	2.557	2.709	2.884	3.001	45	2.727	2.914	3.085	3.292	3.435
21	2.408	2.580	2.733	2.912	3.031	46	2.736	2.923	3.094	3.302	3.445
22	2.429	2.603	2.758	2.939	3.060	47	2.744	2.931	3.103	3.310	3.455
23	2.448	2.624	2.781	2.963	3.087	48	2.753	2.940	3.111	3.319	3.464
24	2.467	2.644	2.802	2.987	3.112	49	2.760	2.948	3.120	3.329	3.474
25	2.486	2.663	2.822	3.009	3.135	50	2.768	2.956	3.128	3.336	3.483

注：表头中的百分数为置信度 $1-\alpha$。

在双侧检验时，以 $\alpha/2$ 代替 α 查临界值。

本例测量数据中：$n-10$，$\overline{X}=0.970$，$s_x=0.003$。计算过统计量：

$$G'_{(10)}=\frac{\overline{X}-x_{(1)}}{s_x}=\frac{7.970-7.964}{0.003}=2.0$$

$$G_{(10)}=\frac{x_{(n)}-\overline{X}}{s_x}=\frac{7.975-7.970}{0.003}=1.67$$

查表得临界值 $G_{1-\alpha}(10)=2.176$，$G_{1-\alpha*}(10)=2.410$，则可判断所有测量数据中没有异常值。

（四）奈尔检验法

若在常规测量中已知在正常情况下数据总体分布的标准偏差 σ 时，可应用奈尔检验法判断和剔除异常值。

应用奈尔检验法时，因为 σ 已知所以首先计算样本均值 $\overline{X}$，之后计算统计量：

1. 单侧检验

（1）判断最大值 $x_{(n)}$ 是否为异常值

$$\text{统计量 } R_n = \frac{x_{(n)} - \overline{X}}{\sigma}$$

（2）判断最小值 $x_{(1)}$ 是否为异常值

$$\text{统计量 } R'_{(n)} = \frac{\overline{X} - x_{(1)}}{s_x}$$

给定 α 和 α^* 后查表 11—7 奈尔检验法的临界值表，得临界值 $R_{1-\alpha}(n)$ 和 $R_{1-\alpha}^{\ *}(n)$。

表 11—7　　奈尔检验法的临界值表

N	90%	95%	97.5%	99%	99.5%	n	90%	95%	97.5%	99%	99.5%
						26	2.602	2.829	3.039	3.298	3.481
						27	2.616	2.843	3.053	3.310	3.493
3	1.497	1.738	1.955	2.215	2.396	28	2.630	2.856	3.065	3.322	3.505
4	1.696	1.941	2.163	2.431	2.628	29	2.643	2.869	3.077	3.334	3.516
5	1.835	2.080	2.304	2.574	2.764	30	2.656	2.881	3.089	3.345	3.527
6	1.939	2.184	2.408	2.679	2.870	31	2.668	2.892	3.100	3.356	3.538
7	2.022	2.267	2.490	2.761	2.952	32	2.679	2.903	3.111	3.366	3.548
8	2.091	2.334	2.557	2.828	3.019	33	2.690	2.914	3.121	3.376	3.557
9	2.150	2.392	2.613	2.884	3.074	34	2.702	2.924	3.131	3.385	3.566
10	2.200	2.441	2.662	2.931	3.122	35	2.712	2.934	3.140	3.394	3.575
11	2.245	2.484	2.704	2.973	3.163	36	2.722	2.944	3.150	3.403	3.584
12	2.284	2.523	2.742	3.010	3.199	37	2.732	2.953	3.159	3.412	3.592
13	2.320	2.557	2.776	3.043	3.232	38	2.741	2.962	3.167	3.420	3.600
14	2.352	2.589	2.806	3.072	3.261	39	2.750	2.971	3.176	3.428	3.608
15	2.382	2.617	2.834	3.099	3.287	40	2.759	2.980	3..184	3.436	3.616
16	2.409	2.644	2.860	3.124	3.312	41	2.768	2.988	3.192	3.444	3.623
17	2.434	2.668	2.883	3.147	3.334	42	2.776	2.996	3.200	3.451	3.630
18	2.458	2.691	2.905	3.168	3.355	43	2.784	3.004	3.207	3.458	3.637
19	2.480	2.712	2.936	3.188	3.374	44	2.792	3.011	3.215	3.465	3.644
20	2.500	2.732	2.945	3.207	3.392	45	2.800	3.019	3.222	3.472	3.651

21	2.519	2.750	2.963	3.224	3.409	46	2.808	3.026	3.229	3.479	3.657
22	2.538	2.768	2.980	3.240	3.425	47	2.815	3.033	3.235	3.485	3.663
23	2.555	2.784	2.996	3.256	3.440	48	2.822	3.040	3.242	3.491	3.669
24	2.571	2.800	3.011	3.270	3.455	49	2.829	3.047	3.249	3.498	3.675
25	2.587	2.815	3.026	3.284	3.468	50	2.836	3.053	3.255	3.504	3.681

注：表头中的百分数为置信度 $1-\alpha$。

2．在双侧检验时，以 $\alpha/2$ 代替 α 查临界值。

判断和剔除方法同前所述。

二、检验数据的有效数字及修约规则

（一）有效数字

测量仪器本身具有一定的精度，如百分表能度量准确至±0.01mm，千分尺能度量准确至±0.001mm，万分之一的分析天平能称准至 0.0001 克。因此，所用测量仪器的精度决定了检验数据的有效数字，即有效数字是指在检验工作中实际能测量到的数字。记录数据和计算结果保留几位有效数字，应根据检验方法和使用的测量仪器的精度来决定。一般只保留最后一位可疑数字，当有效数字确定后，其余数字（尾数）应一律舍去。

（二）数据的修约规则

当有效数字位数确定之后，要决定后面多余的数字的舍弃。过去对数值的修约采用"四舍五入"，但其进舍概率不均衡，会造成修约后的测量值系统偏高。因此，现在采用"四舍六入"规则。

"四舍六入"修约规则的口诀是：

4 要舍，6 要入。

5 后有数进一位，5 后无数看奇偶。

5 前为奇进一位，5 前为偶全舍光。

数字修约有规定，连续修约不应当。

如：要求对以下各测量值修约为三位有效数字时，结果为：

2.3241→2.32（4 舍）

2.3262→2.33（6 入）

2.3251→2.33（5 后非零进一位）

303

13.35→13.4（5 前为奇进一位）

13.25→13.2（5 前为偶全舍光）

13.05→13.0（5 前为偶全舍光）

7.354546→7.35（4 舍）

不允许对数据连续修约，如下例为不正确的做法：

7.354546→7.35455→7.3546→7.355→7.36

三、测量不确定度评定

（一）标准不确定度

1. A 类评定

若被测量 X 有 n 个可测量 x_1，x_2，……，x_n，则 x_1，x_2，……，x_n 为测量的输入量。

x 称为测量的输出量。

对每一个测量的输入量 x_i 在相同条件下作独立测量，可得：x_{i1}，x_{i2}，……，x_{in}

则可测量的最佳估计值为：$x_i = \dfrac{1}{n} \sum_{k=1}^{n} x_{ik}$ 实际为 x_i 多次测量的平均值。

其标准不确定度为：

$$u_{(x_i)} = s_{(x_i)} = \sqrt{\frac{1}{n(n-1)} \sum_{k=1}^{n} (x_{ik} - x_i)^2}$$

实际测量不确定度的 A 类评定为测量平均值的标准偏差 $s_{\bar{x}} = \dfrac{s_x}{\sqrt{n}}$

本例 $s_{\bar{x}} = 0.001$

2. B 类评定

标准不确定度的 B 类评定，往往是用估计方法得到的，所依据的有关信息可以是：

（1）以前的测量数据；

（2）有关材料和测量仪器的性能；

（3）制造说明书；

（4）校准或其它证书提供的数据；

（5）手册给出的参考数据的不确定度。

如本例的测量器具为零级千分尺，估计其标准不确定度的 B 类分量 $u_b \approx 0.001$。

（二）合成标准不确定度

合成标准不确定度由其 A 类分量与 B 类分量合成。

$$u_c = \sqrt{u_a^2 + u_b^2}$$

式中：u_c 为合成标准不确定度；

u_a 为 A 类评定标准不确定度；

u_b 为 B 类评定标准不确定度。

本例

$$u_c = \sqrt{u_a^2 + u_b^2} = \sqrt{0.001^2 + 0.001^2} = 0.0014$$

（三）扩展不确定度

扩展不确定度等于合成标准不确定度 u_c 乘以覆盖因子 k。

覆盖因子 k 可查表。

$$u = ku_c$$

本例设要求的置信概率为 0.95，则可查表，得覆盖因子 k=2.26

则扩展不确定度

$$u=2.26 \times 0.0014=0.003$$

四、检验结果的表示

在确定的置信概率的情况下，检验结果可以表示为：测量值的算术平均值附加（减）测量结果的扩展不确定度。

本例检验结果表示为：

$$（7.970 \pm 0.003）\text{mm} \quad [P=95\%]$$

第十二章 质量评估与评估指标体系

质量评估是对产品质量过程控制结果的量化检验，它与过程质量控制密不可分。若过程控制方法科学，产品实物质量好，则评价结果结论就好；反之，若过程控制方法不够科学，产品实物质量不好，则评价结果结论就差。同时，通过质量指标评定，得出产品质量究竟差在哪个方面，到底差到什么程度，从而为过程控制的调整提供参数。

第一节 质量评估的目的和作用

建立与健全科学、合理的军品质量评估指标体系，并对军品质量进行量化评定，是为达到以下目的：

1. 对不同军工产品、同种车工产品、同类军工产品的质量水平进行横向、纵向比较，完成对军工生产质量水平的综合评定和预测，使军品订货部门能在总体上掌握军工产品的质量状况；

2. 按同种或不同种军工产品对承制单位之间的质量水平、综合能力进行比较，为军品订货部门开展军品生产质量的宏观调控提供科学的决策依据；

3. 评价与确定军品质量等级，为优质优价提供决策依据；

4. 揭示并描述承制单位质量管理的薄弱环节，为各级管理机关制定军品质量工作方针、政策和加强军品质量控制提供科学依据；

5. 引导军品承制单位增强质量竞争意识，促进质量持续改进，不断完善质量管理体系，提高军品的生产质量水平；

6. 为装备订货部门开展军品生产质量监督工作提供科学依据，便于军事代表确定军品质量工作重点，提高军品生产质量监督工作的科学性、针对性和有效性，提供质量评定的定量描述方法；

7. 为部队军工产品的储存、使用提供决策依据。

第二节　质量评估指标体系的建立

一、指导思想

根据军品质量评定目的和指标体系建立的基本原则，对军品的生产质量特点进行详细的论证分析，找出影响军品生产质量的各层次评定因素，按照递阶层次结构建立具有产品特点的指标体系结构，进行指标体系相关性分析，构建科学合理的军品质量评定指标体系，并准确定义评定指标的内涵、范围和计算方法。

二、基本原则

从评定目标出发，建立军品质量评定指标体系应遵循以下基本原则：

（一）立足现实、着眼发展的原则

建立指标体系和选择评定方法应立足于军事代表业务工作的实际状况、承制单位的实际质量管理水平和产品实际质量状况。要适应军品采办机制和军事代表工作模式的转变，促进承制单位和军事代表质量工作向深层次和高水平方向发展。

（二）科学性原则

科学性原则是指评定指标体系的设计和评定指标的设定，要符合客观对象本身的性质、特点、关系及其运动变化规律，评定指标要能从本质上揭示客观对象的运动变化规律及其特点。因此，在设定每一项产品的生产质量评定指标时，都必须经过科学论证，使每项指标都有科学依据，都能直接反映产品某一方面的生产质量特性，各个指标的名称和定义要科学、确切，应尽量采用现有

307

国际和国内标准、法规上的规定。建立的评定数学模型要科学合理，要充分运用现代科学技术进行定量评定。

（三）系统性、可比性原则

军品质量状况是通过多方面特性来反映的，对军品质量进行评定是一个很复杂的问题。评定指标体系的设计必须首先明确评定目标，在此前提下按评定目标进行全面系统的设计，确定评定原则和评定要素。有时，某一项评定指标从不同的方面看，对生产质量的影响程度是不同的。如果不系统地进行分析，就很可能漏掉某个指标。所以，必须要用系统的观点从不同层次、不同角度确定产品生产质量的评定要素，使设计的指标体系具有完整性，以免出现疏漏的情况。同时，评定结果应具有横向可比性和时间序列上的纵向动态可比性。

（四）可操作性、真实性原则

在设定各项评定指标时，必须充分考虑指标的检查项目应能实施，指标定义和计算范围应该明确，不能含糊其词，以便于指标数据的采集和使采集的数据相对真实可靠。评定方法的选择要合理，使评定结果能反映真实结果。

（五）综合性原则

指标体系是由若干个指标构成的有机整体，每个指标都从一个侧面反映产品的生产质量状况，各独立指标之间相互联系、相互制约、相互补充、相互完善，形成指标的最佳组合，从而使指标体系优化。

（六）主成分性原则

这是指在设定评定指标时不能包罗万象，而要根据研究目的和评定目标，将能够直接反映产品生产质量变化规律的主要关键指标尽可能纳入，而摒弃那些与生产质量相关性较小的指标。

此外，在选定评定指标时还应注意以下几点：

1. 指标之间应尽可能避免明显的包含关系。对隐含的相关关系，要在模型中以适当方法加以消除；

2. 指标应尽可能定量化。定量指标便于准确描述评定对象的客观状态，便于使用数学模型进行处理，能尽可能地排除人为因素的影响，并可以定量评定产品生产质量的总体状况。有些定性评定指标确实对产品生产质量评定有重要影响，必须尽可能将其转化为定量描述方式。

三、建立指标体系的方法和步骤

指标体系是评定对象各个评定因素之间关系的综合。在明确了评定指标体系结构模型之后，应按以下步骤和方法建立评定指标体系。

（一）明确评定目的和目标

任何评定工作都是针对某一评定目的和目标进行的。因此，首先必须明确评定目的和目标，即为什么评定、评定哪一方面、说明什么问题等，才能决定评定的对象、内容、采用的指标和具体的评定方法。

（二）选择指标体系结构模型

建立指标体系结构模型的过程，实际上就是在充分理解评定目标，并在其指导下对评定对象进行详细分析研究而建模的过程。它要找出影响评定目标的评定项目（或评定子指标），并在此基础上建立全面反映评定对象状态的评定指标体系。实际上，它是评定目标的一个分解模型。指标体系结构一般采用层次结构模型加以表述。在结构模型中，复杂的评定对象被分解为一系列指标，这些指标又按其属性分成若干组，形成不同的层次。同一层次的指标作为准则对下一层次的指标起支配作用，同时它又受上一层次指标的支配。而每一个指标又作为一个子项目，可进行分解。因此，我们可以按照"自上而下、逐步求精"的办法来建立结构模型。

为了使所建立的结构模型能够正确地达到评定目的，一般要求所建立的模型应该在满足确定功能的前提下尽可能简单。但是，一个过于简单的模型常常因为不具有所要求的功能而不足取；如果建立一个过分精细和复杂的模型，则不但会大大增加建模和后续工作的工作量，而且还会因为所要求的基础数据和信息过多而增加工作的复杂度。此外，这样的模型还往往因不能反映被评定对象的主要特征而降低模型的灵敏度，反而不能提供有效的决策信息。

评定对象的结构模型取决于评定对象指标间的依存关系。被评定对象中存在两种依存性：功能依存性和结构依存性。功能依存性是指评定对象中层次间和指标间的结构关系，而结构支配关系对评定对象的分析与设计起着决定作用，它将影响功能依存性的定量方法（即权重与组合方法的确定）。结构依存性包括外部依存性与内部依存性。外部依存性又分为两类：一类是递阶层次关系，另一类是反馈支配关系。递阶层次结构是仅有外部递阶层次支配关系而不存在内部层次依存关系的一种最简单的系统结构形式。这种结构形式决定了它的功能依存性可以表现为单准则排序规则下的排序和递阶层次中的合成排序。在递阶层次结构中，每个层次都有自己的功能和形式，整个系统的功能就是通过递阶层次结构各层次间的相互关系来实现的。因为递阶层次结构具有简单实用的特点，因而在实践中得到了广泛的应用。因此，我们主要采用递阶层次结构模型来建立评定指标体系。

内部独立的递阶层次结构形式的指标体系需要满足以下几个条件：

1. 评定对象中的指标能聚合为属性基本相同的层次或指标组，层次之间不存在相互影响或支配作用，或者这种作用很弱，可以忽略不计；

2. 层次之间存在自上而下的支配作用，存在一个最高层指标，它不受任何层次指标支配，同时也存在一个子指标层，它不对任何层次指标起支配作用；

3. 层次之间不存在反馈支配作用。

（三）分析影响因素，确定评定项目

评定指标的确定是一项技术性和艺术性极强的工作，要求评定者依据评定目标对评定对象进行深入细致地分析和研究，按一定的程序在全面分析系统的基础上拟定指标草案，广泛征求专家意见，反复交流信息，进行统计处理、综合归纳与权衡，最后得到科学的评定指标体系。一般采用"逐层展开、逐步逼近"的方法进行。

首先，要对评定目标进行分析，消除评定目标的二义性，搞清楚评定目标的内涵与外延。其次，评定者要针对评定目标确定评定项目，即评定子指标。评定项目的确定需遵循下述几条原则：

1. 要能全面反映评定目标；

2. 评定项目要具有一定的概括性；

3. 评定项目不宜太多，以 1 项～4 项为宜，最好不超过 10 项；

4. 各项目之间要具有较大的独立性，尽量避免其外延相互交叉。

然后，要在确定评定项目的基础上对各评定项目逐层进行分析，直到评定指标是可以直接观测的数据，或者是评定者可以直接给出的评定值为止。

进行这种分析的常用方法有系统调查、Delphi 法和头脑风暴法等。

（四）确定指标之间的关系

指标之间的关系一般可统称为支配关系。支配关系是一种二元关系。若指标 A 可由指标 B 通过综合而获得，则称指标 A 对指标 B 具有支配关系，即指标 A 可通过指标 B 加以反映。指标之间的关系主要有以下两种：

1. 隶属关系：指标 B 和指标 A 的内涵相同，但外延不同，指标 B 的外延是指标 A 外延的一部分。

2. 包含关系：指标 A 包含指标 B，指标 B 是指标 A 内涵的精细化。

此外，指标之间还有交互重叠关系。

（五）建立指标体系结构模型

在确定了评定结构模型中各评定指标之间的关系后，我们就可以着手建立递阶层次结构。对于较为简单的层次结构，当然比较容易确定指标体系的层次结构。但是，当评定指标较多而它们之间的关系又较为复杂时，建立递阶层次结构就不太容易了。这时，单凭主观上的逻辑判断难以得到较为合理的层次结构。一般来说，确定层次结构的数学方法有测度聚类法（即根据指标相互接近的程度来划分层次或评定指标）和可达性矩阵确定法（即由评定者或专家提供评定对象指标之间的支配关系对评定对象进行分层）两类。可达性矩阵确定法比较容易确定，一般情况下采用这种方法。

四、指标体系的确定和构成

确定指标体系是实现质量评定的关键所在。评定产品质量的目的，概括起来有两点：一是进行水平比较，即进行产品质量水平的纵向、横向比较以及承制单位质量管理水平的比较，从而为择优订货、优质优价和制定行业法规提供依据，为促进公平竞争营建良好的氛围；二是揭示产品生产质量中存在的问题和薄弱环节，促使承制单位进行持续的质量改进，也为军事代表开展质量监督工作提供依据，为竞争机制提供标准，为监督机制提供手段，为激励机制提供依据。因此，评价体系的建立应确保产品订购中各项权利的合理运用，最大限度地使用有限的资源，发挥最佳效益。这就要求所选指标体系一要客观，即评价结果应真实反映评价对象的水平；二要可操作，即反映指标体系要素的有关数据要有可靠的来源并易获取。显然，指标范围越宽，数量越多，从理论上说就越能反映产品质量和承制单位的质量管理水平，但其可操作性将受到严重影响，反过来将影响到评定结果的客观性，从而使评价体系的建立和运行受到挫折。

在装备采购的竞争中，承制单位和产品是竞争的主体，采购管理方是客体，因此应围绕竞争的需要建立生产质量评定指标体系模型。总之，为了实现建立产品生产质量评定指标体系的目的，应结合产品的专业特点，从产品采购的全过程和产品质量及生产过程质量控制的特点出发，参照国内外的成功做法，并要多次经同行专家评审。

五、评定指标与计算方法

（一）技术状态受控率

技术状态受控率是指评定期内按照 GJB 9001A－2001 和承制单位质量管理体系文件的规定，对被评定产品的技术状态控制情况进行抽查、审核的合格项次数占抽查、审核总项次数（样本量）的百分比，体现了承制单位对技术状态的控制程度。

（二）生产设备满足率

生产设备满足率是指评定期内对被评定产品有加工要求的生产设备进行检查其满足加工要求的程度，以满足加工要求的生产设备台数占检查生产设备总台数的百分比表示，反映了承制单位的生产设备满足加工需求的能力。

（三）测量设备受控率

测量设备受控率是指评定期内按照 GJB 9001A－2001 和承制单位质量管理体系文件的规定，对被评定产品的测量设备（含测量仪器、仪表、量检具、试验装置等）监督、审核的合格台（件）数占监督、审核总台（件）数（样本量）的百分比。该指标体现承制单位对测量设备的控制程度。

（四）环境条件合格率

环境条件合格率是指评定期内按照被评定产品工艺文件的规定，对被评定产品的生产、试验环境条件监督、审核的合格项次数占监督、审核的总项次数（样本量）的百分比。该指标反映承制单位对产品生产、试验环境条件的控制程度。

（五）人员操作合格率

人员操作合格率是指评定期内按照被评定产品工艺文件或作业指导书的规定，对有关人员的操作程序和生产质量进行监督、审核的合格人次数占监督、审核的总人次数（样本量）的百分比，反映承制单位对人员操作能力的控制程度。

（六）检验准确率

检验准确率是指评定期内承制单位在被评定产品的进货检验、过程检验和最终检验中未发生错、漏检的产品数占已检验产品总数的百分比，反映了承制单位对产品检验的控制程度。该指标由承制单位提供，分进货检验准确率、过程检验准确率和最终检验准确率。其计算公式为：

$$A = \frac{1}{3}\sum_{i=1}^{3} A_i, A_i = \frac{\sum_{j=1}^{k} A_{ij}}{k}$$

式中 A_{ij}——进货检验、过程检验和最终检验中第 j 种产品的检验准确率；

A_i——进货检验、过程检验和最终检验的准确率；

k——进货检验、过程检验和最终检验的产品品种数。

（七）综合良品率

综合良品率是指评定期内被评定产品的零部件的良品率（合格数占生产总数的百分比），以零部件价格为权重系数的加权平均值表示。其计算公式为：

$$A = \frac{\sum_{i=1}^{K} \left(\frac{\sum_{j=1}^{l} (P_{ij} N_{ij})}{\sum_{j=1}^{l} N_{ij}} M_i \right)}{\sum_{i=1}^{k} M_i}$$

式中 P_{ij}——第 i 种第 j 批零部件的良品率；

N_{ij}——第 i 种第 j 批零部件的数量；

M_i——第 i 种零部件的价格；

k——零部件的品种个数；

l——第 i 种零部件总批数。

（八）器材代用率

器材代用率是指评定期内被评定产品代用器材的品种数（不含以高代低）占该产品采用器材品种总数的百分比。该指标反映了承制单位对器材代用的控制程度。

（九）让步使用率

让步使用率是指评定期内产品装配中让步使用零部件（处理品）总数占该产品中所用零部件总数的百分比，体现了承制单位零部件质量对产品质量的保证能力，其计算公式为：

$$A = \frac{\sum_{i=1}^{k} n_i}{N \sum_{i=1}^{k} M_i}$$

式中 N——承制单位被评定产品采用的零部件总数；

n_i——第 i 批被评定产品中让步使用零部件（处理品）的总数；

M_i——第 i 批被评定产品的批量；

k——评定期内被评定产品的总批数。

（十）重大质量问题发生率

重大质量问题发生率是指评定期内被评定产品发生重大质量问题并按质量问题处理程序进行处理的整机或零部件的项（件）数占该整机或零部件总项（件）数的百分比。该指标反映了承制单位对产品重大质量问题的控制能力。

其统计计算公式为：

$$A = \begin{cases} \sum_{i=1}^{n} A_i, A < 1 \\ 1, A \geq 1 \end{cases}$$

式中 A——评定期内被评定产品的重大质量问题发生率；

　　A_i——评定期内第 i 次重大质量问题发生率；

　　n_i——评定期内发生第 i 次重大质量问题所处理的整机或零部件项（件）数；

　　N_i——评定期内发生第 i 次重大质量问题的整机或零部件总项（件）数；

　　n——被评定产品在评定期内发生重大质量问题的频次。

（十一）功能满足度

功能满足度是指评定期内产品满足预期功能要求的程度，体现了承制单位实现产品功能的能力。根据功能验收项目数据的特点，功能验收项目一般分为计量型和计数型两种，其中计量型又分为单边要求和双边要求。

下面介绍每种类型的功能验收项目满足率的统计计算方法。

1. 计量型功能验收项目

对于计量型功能验收项目其统计计算方法：

（1）对于单边要求值，其功能满足率的分布，如图 12—1 所示。设 X_{0i} 为第 i 项功能验收项目规定的指标值，X_{1i} 为产品第 i 项功能项目在设计定型时的结果，X_i 为产品第 i 项功能项目的验收结果。我们规定第 i 项功能项目的验收结果等于技术指标值时，该项功能满足率为 $y_{0i}=0.6$，再规定产品第 i 项功能设计定型值 X_{1i} 对应的满足率为 $y_{0i}=0.6+p_{0i}$，其中规定 $p_{0i} = \left| \dfrac{x_{1i} - x_{0i}}{x_{0i}} \right|$ 为第 i 项功能项目设计裕度，若 $y_{0i} \geq 1$，则 y_{0i} 取 1。由两个点可决定一条直线方程。因此，对于单边要求值的功能验收项目 X_i，即要求 $X_i \geq X_{0i}$ 或者 $X_i \leq X_{0i}$，则统计计算公式为：

$$B_i = \frac{y_{1i} - 0.6}{x_{1i} - x_{0i}}(x_i - x_{0i}) + 0.6$$

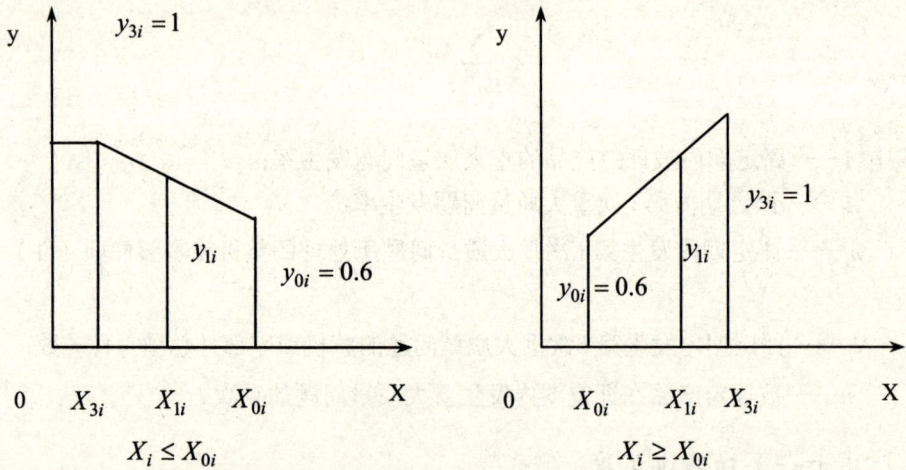

图 12—1　单边要求值时功能满足率的分布

（2）对于双边要求值，如图 12—2 所示。设 X_{01i}、X_{02i} 为第 i 项功能验收项目的技术指标值，X_{1i} 为产品第 i 项功能项目的设计定型结果，X_i 为产品第 i 项功能验收结果。若规定第 i 项功能验收结果等于技术指标值时，该项功能满足率为 $y_{01i} = 0.6$；若规定第 i 项功能验收结果等于最佳值 X_{3i}（一般

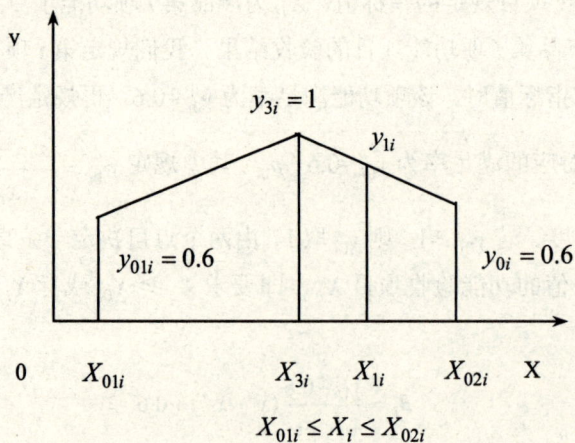

图 12—2　双边要求值时功能满足率的分布

$x_{3i} = \dfrac{x_{01i} + x_{02i}}{2}$ ）时，该项功能满足率为 $y_{3i} = 1$。因此，对于双边要求值的试

验项目， $X_{01i} \leqslant X_i \leqslant X_{02i}$，故其功能满足率的统计计算公式为：

$$\begin{cases} B_i = \dfrac{0.4}{x_{3i} - x_{01i}}(x_i - x_{01i}) + 0.6, x_i \leq x_{3i} \\ B_i = \dfrac{0.4}{x_{3i} - x_{02i}}(x_i - x_{02i}) + 0.6, x_i > x_{3i} \end{cases}$$

2. 计数型功能验收项目

对于计数型功能验收项目，功能满足率以有效作用发数与试验样本量之比来表示。

（十二）一次军验合格率

一次军验合格率是指评定期内第一次提交军验合格的产品的累计数与第一次提交军验产品的累计数的百分比。其计算公式为：

$$B_4 = \dfrac{n}{N}$$

式中　B_4——一次军验合格率；

　　　n——第一次提交军验合格产品的累计数；

　　　N——第一次提交军验的产品的累计数。

（十三）售后服务满足率

售后服务满足率是指评定期内按照 GJB 9001A－2001A 和承制单位质量管理体系文件的规定，对产品售后服务进行抽查、审核的合格项次数占抽查、审核总项次数（样本量）的百分比，体现了承制单位对产品使用提供技术服务和保障的程度。

（十四）质量损失率

质量损失率是指评定期内被评定产品的质量损失费用占产品总产值的百分比。该指标反映了承制单位因质量问题受到损失的程度。

第三节　质量评估数学模型

一、概述

产品质量指标体系的权重反映了质量指标之间数量的联系，它对于军工产品生产质量的评定具有极为重要的意义。权重是指标评定过程中各个指标的相对重要性的一种主观评定和客观测度，在一定程度上反映了各个指标贡献率的差异。权重具有随机性和模糊性，因此权重具有非惟一性，我们不可能求得权重值的精确，而只能获得满足一定精度的权重估计值。同时，权重又是一个相对量，为了研究的方便，一般要对权重进行归一化处理。但是，归一化处理并不改变元素的相对重要程度，所以归一化处理并不减少权重提供的信息量。

一般而言，指标间的差异是由以下几个方面所造成的：

1. 评定者对各个指标的主观重视程度不同，即评定者对各个指标重要程度的主观度量不同。它反映出各个指标在评定者心目中的主观差异，这种权重称为主观权重。

2. 各个指标在评定中所起的作用不同，本质上就是各指标对质量评定所提供的信息量不同。它反映了指标在评定过程中的客观性差异，这种权重称为客观权重。

3. 各指标的信息其正确程度不同，由于在评定过程中我们获得的各指标信息的可靠程度不同，因此反映在评定中其作用也有差异。这部分权重称为可靠性权重。

我们一般对上述三方面的权重进行综合称为综合权重。综合权重较为全面地反映了指标间的差异，可以作为确定指标权重的基础。综合权重的具体形式因评定者的主观偏好不同而有所不同，一般采用线性加权函数和指数加权函数加以确定。其中，采用线性加权函数确定综合权重是采用各项权重的线性组合，各项权重间并无本质差别，它们之间具有线性补偿关系。而指数加权函数则突出各项权重之间的差别，认为三者之间并不存在线性补偿关系。

二、指标体系权重的确定方法

（一）主观权重的确定方法

目前，确定主观权重的方法主要有头脑风暴法、优序法、Delphi 法、二元对比排序法和层次分析方法等。层次分析方法具有坚实的理论基础和完善的方法体系，在实践中得到极为广泛的运用，是目前使用最多的主观权重确定方法。

层次分析法英文简称 AHP 法，是由美国匹兹堡大学教授 T.L.Saaty 在 20世纪 70 年代初提出的一种多目标决策评定方法，其核心是对决策行为、方案和决策对象进行评定和选择，对它们进行优劣排序，从而为决策者提供定量形式的决策依据。运用 AHP 方法的评判排序思想在指标赋权理论中，可以建立有序梯阶的指标系统，运用主观两两指标比较对系统各个指标进行比较评判，并对这种比较评判的结果进行计算处理，最后通过一致性检验，并获得反映各指标重要性大小的排序系数，即指标权重系数。具体来说，确定权重系数主要步骤如下：

1. 构造判断矩阵

判断矩阵是以矩阵形式表示的同一层次各个指标的相对重要性的判断值，它是由专家判定的。由于无法确定统一的标度而直接给出指标的重要性系数，因此引入了表示相对重要性的比例标度。对两个指标相对重要性的比较可引入九分位的比率标度，由专家在任何两个指标间形成判定值。全部指标经两两判定后形成一个判断矩阵 B，如表 12-1 所示。其中，b_{ij}（i，j=1，2，…，5）是 B_i 与 B_j 的比较结果，B_{ij} 为 B_i 指标比 B_j 指标的相对重要程度。我们可按重要程度用 1~9 标度或它们的倒数来表示，各标度值的含义见表 12—2。

表 12—1　判断矩阵

指标	B_1	B_2	B_3	B_4	B_5
B_1	b_{11}	b_{12}	b_{13}	b_{14}	b_{15}
B_2	b_{21}	b_{22}	b_{23}	b_{24}	b_{25}
B_3	b_{31}	b_{32}	b_{33}	b_{34}	b_{35}
B_4	b_{41}	b_{42}	b_{43}	b_{44}	b_{45}
B_5	b_{51}	b_{52}	b_{53}	b_{54}	b_{55}

表 12—2 判断矩阵各指标标度及其含义

B_{ij} 标度	含　义	备　注
1	i 与 j 相比同等重要	
3	i 与 j 相比稍微重要	否则取其倒数
5	i 与 j 相比明显重要	否则取其倒数
7	i 与 j 相比强烈重要	否则取其倒数
9	i 与 j 相比极端重要	否则取其倒数
说明	i 与 j 相比居其中间取 2、4、6、8	否则取其倒数

根据判断矩阵中指标两两比较的特点，很明显有：

$$b_{ij} > 0, \quad b_{ii} = 1, \quad b_{ij} = \frac{1}{b_{ji}}, \quad i, j = 1, 2, \cdots, n$$

因此，判断矩阵是一个正互反矩阵。

2．计算指标权重系数

（1）计算判断矩阵 B 的每一行元素的积 M_i，其公式为：

$$M_i = \prod_{j=1}^{n} b_{ij} \quad (i = 1, 2, 3, \cdots, n)$$

（2）计算各行 M_i 的 n 次方根值，公式为：

$$\overline{W_i} = \sqrt[n]{M_i}$$

（3）对向量 $\overline{W_i} = \left(\overline{W_1}, \overline{W_2}, \ldots, \overline{W_n}\right)^T$ 的每一元素作归一化处理，即求

$$W_i = \frac{\overline{W_i}}{\displaystyle\sum_{j=1}^{n} \overline{W_j}}$$

W_i 就是要求的各个指标的权重系数。

3．对 AHP 判断矩阵作一致性检验

为了保持评定的一致性，还需要进行一致性检验。数学原理证明：判断矩阵具有一致性的条件是其最大特征根 λ_{max} 值与阶数相等。为了检验其一致性，应建立一致性指标 CI 和 RI，以判断矩阵偏离一致性的程度。其计算步骤：

（1）求判断矩阵 B 的最大特征根 λ_{max}。首先用判断矩阵 B 右乘列向量 W_i，

得各行（BW_i），再代入下列公式得到 λ_{max}：

$$\lambda_{max} = \frac{1}{n} \sum_{i=1}^{n} \frac{(BW^T)_i}{W_i}$$

（2）运用矩阵知识，计算一致性评定指标 CI，其计算公式为

$$CI = \frac{(\lambda_{max} - n)}{(n-1)}$$

（3）计算一致性比率 CR

$$CR = \frac{CI}{RI}$$

RI 为同阶平均随机一致性指标，其值由表 12—3 给出。当 $n>2$ 时，判断矩阵的一致性指标 CI 与同阶平均随机一致性指标 RI 相比，求得 CR。

表 12—3　平均随机一致性指标 RI 的取值范围

矩阵阶数	3	4	5	6	7	8	9	10	11	12	13
推荐 RI 值	0.58	0.90	1.12	1.24	1.32	1.41	1.45	1.48	1.49	1.51	1.56

一般认为，当 CR 值小于 0.1 时，判断矩阵具有满意的一致性，否则应调整判断值，直到通过一致性检验为止。

在多个专家分别给出判断矩阵后，应进行并通过一致性检验，若未通过一致性检验则应重新判断。此后，在多个专家给定的判断矩阵通过一致性检验的基础上，再运用几何平均法将专家确定的判断矩阵予以平均，这也应进行并通过一致性检验，否则也要重新给出判断。在以上两种一致性检验都通过之后，再计算各评定指标的权重系数。

上面介绍的计算指标权重的方法是一种较为科学合理的方法。同一层次所有指标对其他层次的相对重要性的排序权值，称为层次的合成权重系数，也可按照上述方法分层次进行计算。

由于确定主观权重时要考虑指标信息来源的真实或正确程度，因此不再单独确定可靠性权重。

（二）客观权重的确定方法

确定客观权重的方法主要有信息熵法、线性主成分法等。目前，线性主成分法在综合评定中得到广泛的应用，确定权重就是其中之一。因此，我们在主成分分析的基础上采用线性主成分法来确定客观权重系数。同时，利用线性主成分法所得的协方差矩阵进行指标体系的相关性分析。

主成分分析方法是一种将多个指标化为少数几个不相关的综合指标（即所谓主成分）的统计分析方法。比如，从样本的相关阵出发求得主成分，然后取相关阵的前 m 个特征根和主成分的组合系数来构造评估函数的权重，这种方法我们称之为线性主成分法。具体做法如下：

设指标 $x' = (x_1, \cdots x_p)$ 的统计结果为 $\tilde{x}_i' = (x_{i1}, \cdots, x_{ip})$，$i=1, 2, \cdots, n$。令

$X = (\tilde{x}_1, \cdots, x_n')'$，这里"′"表示矩阵的转置。将 p 个指标的原始观测指标值标准化，以消除量纲的影响。$\sum = (\sigma_{ij})_{p \times p}$ 是其样本协方差阵，其中

$$\sigma_{ij} = \frac{1}{n-1} \sum_{k=1}^{n} (x_{ki} - \bar{x}_i)(x_{ki} - \bar{x}_j), \bar{x}_i = \frac{1}{n} \sum_{i=1}^{n} x_{ki}$$

设 $R(\Sigma) = p$ $\lambda_1 \geq \lambda_2 \geq \cdots \geq \lambda_p > 0$ 是 Σ 的 p 个特征值，$\mu_1 \geq \mu_2 \geq \cdots \geq \mu_p$ 为相应的标准正交特征向量。y_i，$1 \leq i \leq p$，为随机向量 x 的第 i 个主成分。记

$\lambda_{(p)}' = (\lambda_1, \lambda_2, \cdots, \lambda_p)$，$U = (\mu_1 \geq \mu_2 \geq \cdots \geq \mu_p) \triangleq (U_{(m)}, \cdots, U_{(p-m)})$，其中 $U_{(m)}, U_{(p-m)}$ 分别是 Σ 的前 m 个、后 p-m 个标准正交特征向量，则由定义知

$y_k = \mu_k' x, y_{(p)} \triangleq (y_1, y_2, \cdots, y_p)' = U'x$。我们取前 m 个主成分的线性组合

$$\sum_{k=1}^{m} \lambda_k y_k(x) = \lambda_{(m)}' y_{(m)} = \lambda_{(m)}' U'x = \lambda_{(m)}' U_{(m)}' x$$

作为评估的综合指标。其中，m 的取法要满足下面两个条件：

1. m 个主成分的方差贡献率不应小于某个值（一般取 85%）；

2. 由于综合评分和各评估指标都是正相关，所以要求权系数均为正，即

向量 $\lambda_{(m)}{}'U_{(m)}{}' > 0$（我们约定：矩阵 $A > 0$，则表示 A 中的每个指标都大于零）。

当后一条件不满足，即向量 $\lambda_{(m)}{}'U_{(m)}{}'$ 中至少有一个分量是负值时，可以作适当的正交旋转使之满足。

正交旋转方法如下：

记 $S = \left\{ T : \lambda_{(m)}{}'U_{(m)}{}'T' > 0, T'T = I_p \right\}$，理论上，由线性代数有：若 $\lambda_{(m)}{}'U_{(m)}{}'$ 中至少有一个小于零的分量，则 S 为非空，且 T 有无穷多个。令 $y_{(p)}^* = \left(y_1^*, y_2^*, \cdots, y_p^*\right)' = U'T'x$，其中 $T \in S$，则 $y_{(m)}^* = U_{(m)}{}'T'x$。把 $\lambda_{(m)}{}'y_{(m)}^* = \lambda_m{}'U_m{}'T'x$ 作为新的综合指标。因为 $x = TUy_{(p)}^*$，故取 $x \approx \hat{x} \triangleq \left(\hat{x}_1, \hat{x}_2, \cdots, \hat{x}_p\right)' = TU_{(m)}y_{(m)}^*$。我们希望前 m 个 $y_1^*, y_2^*, \cdots, y_m^*$ 对每一个 $\hat{x}_i$ 的方差贡献率都不太小，即要求 $\sum\limits_{i=1}^{p} \mathrm{var}(\hat{x}_i)$ 最大。为使这样的正交阵唯一，我们取下列准则：求正交阵 $T \in S$，使 $\sum\limits_{i=1}^{p} \mathrm{var}(\hat{x}_i)$ 为最大。

在 $\lambda_{(m)}{}'U_{(m)}{}'$ 正交旋转之后，对其进行标准化，使其和为 1，这样便求得我们所需的权值。类似地，把 Σ 换成相关系数矩阵 R，也可以得到另一组权重。

（三）综合权重的确定方法

1. 线性加权综合权重计算

$$W_i = W_{i1} * c_1 + W_{i2} * c_2$$

式中 W_i、W_{i1}、W_{i2} 分别为综合权重、主观权重和客观权重；c_1、c_2 分别为主观权重、客观权重在综合权重中所占的比例，且 $c_1 + c_2 = 1$。

2. 指数加权综合权重的计算

$$W_i = \exp\left[\ln(W_{i1})c_1 + \ln(W_{i2})c_2\right]$$

式中 W_i、W_{i1}、W_{i2} 分别为综合权重和主观权重和客观权重；c_1、c_2 分别为主观权重、客观权重在综合权重中所占的比例，且 $c_1 + c_2 = 1$。

第四节　评定数学模型

一、单指标评定数学模型

（一）评定准则

评定准则是指如何把将评定尺度不同、不具有公度性的众多指标转换为相对于评定目标的实现程度，或评定者的主观满意程度的单指标的评定问题。由于评定尺度不一样，不同的指标很难在一起进行比较。因此，必须根据指标所反映要素的状况，将指标体系中的指标规范化，制定出评定准则。而评定目标不同，评定准则也各不相同，评定准则应根据评定目标和指标属性加以确定。确定评定准则要按照以下四条原则：

1. 当评定的目的是进行方案排序时，建议采用重要度、优先度和关联度等转换原则；

2. 当评定的目的是对被评对象进行分类时，建议采用模糊相似度、灰色关联度和灰色聚类等转换原则；

3. 当评定的目的是确定被评对象的状态且指标属性中灰指标较多时，可用灰色转换原则；当模糊指标较多时，可以采用模糊隶属度转换原则；当难以确定时，可采用可能满意度等转换原则；

4. 效用函数转换原则是通过效用函数将指标转化为评定者的主观效用，作为指标进行比较和处理的基础。

（二）单指标评定模型

对于评定尺度不一样的指标，存在着极大型指标（指标取值越大越好）和极小型指标（指标取值越小越好）。我们将采用极大型效用函数对所有极大型底层指标统计值进行转换，采用极小型效用函数对所有极小型底层指标统计值进行转换，以便将所有底层指标统计值都转换为极大型指标评定值，作为进行指标比较和处理的基础。

1. 极大型效用函数

对于任一极大型底层指标统计值，按照下列公式进行转化：

$$y = \begin{cases} y_1 & x \le x_1 \\ \dfrac{x - x_1}{x_3 - x_1}(y_3 - y_1) + y_1 & x_1 \le x \le x_3 \\ y_3 & x \ge x_3 \end{cases}$$

式中 y——极大型底层指标统计值转换后的评定值，即极大型效用函数；

　　x——极大型底层指标的实际统计值；

　　x_1——极大型底层指标的规定最小值，一般取 0；

　　x_3——极大型底层指标的规定最大值，一般取 1；

　　y_1——极大型底层指标转化后的最小值，取 0；

　　y_3——极大型底层指标转化后的最大值，取 1。

2. 极小型效用函数

对于任一极小型底层指标统计值，按照下列公式进行转化：

$$y = \begin{cases} y_1 & x \ge x_3 \\ \dfrac{x - x_1}{x_3 - x_1}(y_1 - y_3) + y_3 & x_1 \le x \le x_3 \\ y_3 & x \le x_1 \end{cases}$$

式中 y——极小型底层指标统计值转换后的评定值，即极小型效用函数；

　　x——极小型底层指标的实际统计值；

　　x_1——极小型底层指标的规定最小值，一般取 0；

　　x_3——极小型底层指标的规定最大值，一般取 1；

　　y_1——极小型底层指标转化后的最小值，取 0；

　　y_3——极小型底层指标转化后的最大值，取 1。

二、定量综合评定数学模型

（一）选择评定方法的一般原则

1. 根据评定目标与评定准则选择合适的评定方法，所选评定方法必须既能实现预定的评定目标，又能实现评定准则所确定的价值转换原则；

2. 评定方法必须有坚实的理论基础，并经过实际检验，在类似系统的评定中有成功的经验；

3. 评定方法应能为决策者提供充分的系统状态信息，作为决策者进行决策的依据；

4. 评定结果必须易于检验、易于处理；

5. 评定所需数据应该便于收集，不宜采用那些对环境要求较为严格的评定方法；

6. 评定方法应简洁明了、易于处理，尽量降低算法的复杂性；

7. 应尽量使用评定者较为熟悉的评定方法。

（二）综合评定数学模型

1. 加权综合方法

加权综合法是评定领域内最常采用的一种评定方法，主要有算术加权方法和几何加权方法。算术加权方法适用于各指标相互独立，每一个指标都要采用同一评定尺度，对父指标的评定结果只有程度上而无本质上的区别，从而可以进行线性补偿的情形。几何加权方法则适用于各指标相互独立，每一个指标都要采用同一评定尺度，其作用仅有程度上的区别而无本质差异，相互补偿作用甚弱的情形。

（1）算术加权综合评定模型

$$f(x_i) = \sum_{j=1}^{n} w_{ij} x_{ij}$$

其中 W_{ij} 为指标体系权重系数，且 $W_{ij} \geq 0$，$\sum_{j=1}^{n} w_{ij} = 1$。

（2）几何加权综合评定模型

$$f(x_i) = \prod_{j=1}^{n} x_{ij} w_{ij}$$

其中 W_{ij} 为指标体系权重系数，且 $W_{ij} \geq 0$，$\sum_{j=1}^{n} w_{ij} = 1$。

因此，我们将根据军工产品的生产质量评定指标特点和评定要求灵活地选用算术加权、几何加权或它们的混合综合评定模型。

2．评定结果的趋势分析

为了形象直观地反映单指标评定结果和综合评定结果的变化趋势，可以运用柱形图表示不同产品或不同承制单位关于某一评定目标评定结果的变化趋势。柱形图的横坐标表示产品种类或承制单位，纵坐标表示某一评定目标的评定结果，如图 12—3 所示。我们也可以用折线图表示某一评定目标评定结果随不同评定期或批的变化趋势，其横坐标表示评定期或批，纵坐标表示某一评定目标的评定结果，如图 12—4 所示。

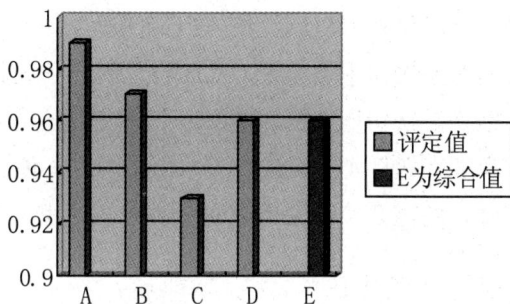

图 12—3　评定结果的柱形表示

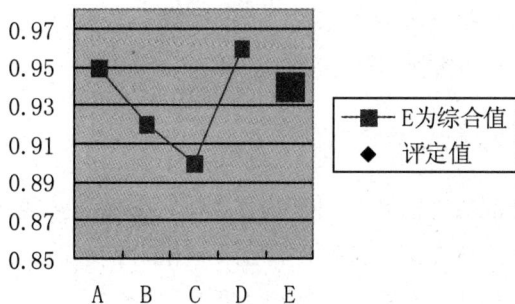

图 12—4　评定结果的折线表示

三、分类评定数学模型

分类是综合评定中经常采用的一种评定方法，目的是为了对评定对象分等定级并区分优劣，为产品认可和选优服务。分类主要有绝对分类和相对分类。绝对分类的特点是，先为评定对象制定统一的客观标准，然后以评定对象达到客观标准的程度作为判断评定对象价值依据的高低，其优点是可使评定对象知道自己与客观标准的具体差距，缺点是难以制订出对所有评定都客观、公平的统一标准。相对分类的特点是，它不制定统一的客观标准，而是判断评定对象在集体中的相对位置，其优点是适应性强。我们总是可以排出评定对象在集体中的相对位置，使评定对象知道自己与集体中其他对象的差距，而缺点是没有客观标准，总会有些对象排在中下位置，从而容易引起争议。生产质量评定工作主要是为军方订购产品决策服务的，也是为军代表开展质量监督工作提供科学依据的。因此，为了客观真实地反映实际水平，同时又便于查找存在的薄弱环节，我们将根据评定的需要，既采用相对分类方法，也采用绝对分类方法。

（一）相对分类评定方法

最优分割法是相对分类方法中一种较为科学的方法，在评定领域内得到广泛的运用。其明显特点是所分的级别数可以事先给定，样品是有序的，所分段内各样品之间差异最小，而各段之间差异最大。因此，在定量评定的基础上，采用一维变量最优分割法，将评定对象由大到小排序，进行最优分割，从而确定出薄弱对象，为军事代表开展质量工作提供依据，有利于承制单位不断进行质量改进，提高生产质量水平。

（二）一维变量最优分割法

在分类有序样品时，需要找出一些分点，将它们划分成几段，每一段为一类，这称为分割。分点在不同位置便得到不同的分割。而最优分割要求各段内各样品之间的差异最小，而各段之间差异最大。当各分段内部差异达到最小时，各段变差的总和为最小，这就是决定分割点的依据。下面，我们对一维变量的最优分割法进行介绍。

1. 最优二分割

设有序样品数据为：$X = (x_1, x_2, \cdots, x_N)$。

对上述样品数据进行二分割,其分法有 $N-1$ 种,它们分别以 $x_1, x_2, \cdots, x_N$ 为分点。现在要在这 $N-1$ 种分法中找出最优者的分法。即找出总变差最小,记 $S_N(2; j)$ 为 N 个样品数据在第 j 点进行二分割的总变差,其中 2 表示分割数,j 表示以第 j 个样品数据为分割点,N 表示样品数据的总数。记 $d_{ij} = \sum_{k=1}^{j} \left(x_k - \bar{x}_{ij} \right)^2$ 为段内样品数据的变差,其中 $\bar{x}_{ij} = \dfrac{1}{j-i+1} \sum_{k=1}^{j} x_k$,计算下列总变差:

$$S_N(2;1) = d_{11} + d_{2N}$$
$$S_N(2;2) = d_{12} + d_{3N}$$
$$\cdots \qquad \cdots \qquad\qquad 其中 \; d_{11} = d_{22} = \cdots = d_{NN} = 0$$
$$S_N(2; N-1) = d_{1N-1} + d_{NN}$$

设 $j = k_1$ 时,总变差为最小值,故最优二分割为满足:
$S_N(2; k_1) = \min\limits_{1 \le j \le N-1} S_N(2; j)$ 的分类。

2. 最优三分割

记 $S_N(3; k_1; j)$ 为三分割总变差,其中 k_1、j 为两个分割点（$1 \le k_1 \le j-1$, $2 \le j \le N-1$）,则

$$S_N(3; k_1, j) = d_{1k_1} + d_{k_1+1j} + d_{j+1N} = S_j(2; k_1) + d_{j+1N}$$

因此,欲求最优三分割,应先求前 j（$j = N-1$, $N-2$, $\cdots$, 2）个样品数据的最优二分割点 $k_1(j)$。由此,三分割的总变差为:
$$S_N(3; k_1(j), j) = S_j(2; k_1(j)) + d_{j+1N}, \qquad (j = N-1,\ N-2,\ \cdots,\ 2)$$

若 $j = k_2$ 使 $S_N(3; k_1, k_2) = \min\limits_{2 \le j \le N-1} S_N(3; k_1(j), j)$,则最优三分割为:

$$\{x_1, \cdots, x_{k_1}\} \{x_{k_1+1}, \cdots, x_{k_2}\} \{x_{k_2+1}, \cdots, x_N\}$$

3. 最优 m 分割

依此类推,先找出前 j 个样品数据的 $m-1$ 个最优分割,其总变差为
$$S_j(m-1; k_1(j), \cdots, k_{m-2}(j)) \qquad (j = N-1,\ \cdots,\ m-1)$$
其中 $k_i(j)$（$i = 1,\ \cdots,\ m-2$）表示前 j 个样品数据的第 i 个分割点。

再求出 $j = k_{m-1}$ ，使总变差

$$S_N(m; k_1(j), \cdots, k_{m-2}(j)) = S_j(m-1; k_1(j), \cdots, k_{m-2}(j)) + d_{j+1N}$$

$$(j = N-1, \cdots, m-1)$$

达到最小。此时可得到最优 m 分割。

综上所述，求最优分割的计算，就是反复计算分割为 2，3，…的总变差最小值，直至达到所要求的分割数 m 为止。

鉴于一维变量最优分割法所分段内评定对象的数量难以事先确定，为了更好地确定各个级别内评定对象的数量，我们可以在定量评定值的基础上，将评定对象的定量评定值由大到小顺序排列，事先规定各级别占总样品的百分比，由此划分等级，将评定对象分成相应的级别。

（三）绝对分类评定方法

表 12—4 列出了在定量综合评定值的基础上，统一规定的评定对象综合评定值的客观分类标准。

表 12—4　绝对分类评审方法的客观分类标准

客观标准 判定对象	≥0.9	≥0.8，且<0.9	≥0.7，且<0.8	<0.7
质量	优	良	中	差

同样，对单指标评定值也可依据绝对分类方法的客观标准进行绝对分类评定。一般规定，处于最差级别（小于 0.7）的评定对象为薄弱对象。

在实际评定工作中，将根据实际需要综合采用上述分类评定方法。

四、数据检验方法

为了确保统计录入数据和评定结果的准确性、真实性，避免统计录入中的错报、漏报和虚报及评定指标体系结构和评定模型不可靠，需对统计录入数据和评定结果进行检验分析。根据评定指标体系结构、评定指标数据特点和定量评定数学模型分析，对统计录入数据和评定结果提出如下数据检验方法：

（一）统计录入数据检验方法

统计录入数据是装备生产质量定量评定的基础，评定用数据的准确性和真

实性直接关系到评定结果的准确性和真实性，对最终决策具有重要意义。在数据统计录入时，一般存在错报、漏报和虚报现象，根据统计录入数据的特点，统计计算用的原始数据和统计计算的结果数据主要是规则性数据，且多为连续性变量。为了防止错报、漏报和虚报，采用以下方法进行检验：

1. 对于规则性指标数据的录入，在开发评定软件时，要先规定录入数据和统计计算结果的数据大小范围和精度。其中，对于重要性指标数据的录入，采用"确认"方式进行提醒。

2. 上报统计数据时，需由填报人和单位负责人签名确认，以确保统计录入数据的可准确性和追溯性。

3. 指标统计时，由两位评定者对指标数据进行统计赋值（或由一位评定者两次对指标数据赋值）。如果两位评定者对指标赋值的一致性甚好，则认为该指标统计数据比较可靠。检验一致性的具体方法如下：

先计算甲、乙两位评定者的指标赋值之间的样本相关系数

$$r_{ij} = \frac{\sum_{i=1}^{n}(x_i - \bar{x})(y_i - \bar{y})}{\sqrt{\sum_{i=1}^{n}(x_i - \bar{x})^2 \sum_{i=1}^{n}(y_i - \bar{y})^2}}$$

或利用斯皮尔曼等级相关公式

$$r_s = 1 - \frac{6\sum_{i=1}^{n} d_i^2}{n(n^2 - 1)}$$

计算两位评定者赋值之间（或一位评定者两次赋值之间）的相关系数 r_s，式中 r_s 为等级相关系数，n 为评定指标个数，d_i 是两位评定者对第 i 个评定指标的给定值的等级之差。如果 r_{ij}、r_s 值都比较大（大于 0.8），则认为指标赋值一致性好，反之亦然。

4. 对多个评定对象的底层指标统计计算结果进行相关性判断。如果底层指标变量之间的相关性较大，说明指标之间存在内容重叠或因果关系，致使重复指标被评定，既加大了评定工作量，又影响评定结果的真实性。因此，应对评定指标作相关性分析，以便对冗余指标进行删减和合并。具体做法是：先计

算底层指标变量之间的相关系数矩阵，其中

$$r_{ij} = \frac{\sum_{i=1}^{n}(x_i - \bar{x})(y_i - \bar{y})}{\sqrt{\sum_{i=1}^{n}(x_i - \bar{x})^2 \sum_{i=1}^{n}(y_i - \bar{y})^2}}$$

再判断相关系数矩阵主对角线上方元素的绝对值，如果绝对值大于 0.8，则认为底层指标变量之间的相关性较大。

（二）评定结果的检验方法

通过评定结果的检验，不仅可以发现数据统计录入中是否存在错报、漏报和虚报，还可以检验评定指标体系结构、指标体系权重系数和评定模型是否可靠。评定结果的检验方法主要有以下两种：

1. 观察法

通过观察，从主观上定性地分析过程质量定量评定结果和成品质量定量评定结果之间的关系。如果两种评定结果值相差较大（大于 0.3），则认为统计录入数据可能存在错报、漏报和虚报，这时应组织专人复查情况是否属实。如果情况不属实，则认为评定指标体系结构、指标体系权重系数和评定模型可能不可靠，这时应及时调整评定指标体系结构、指标体系权重系数和评定模型。

2. 计算法

计算多个评定对象的过程质量定量评定结果和成品质量定量评定结果之间的相关系数矩阵，也可计算等级相关系数 r_s（参照上述统计录入数据的第三种检验方法）。如果相关系数矩阵主对角线上方元素的绝对值或 r_s 值都小于 0.8，则认为评定期内的统计录入数据可能存在错报、漏报和虚报，这时应组织专人选择若干评定对象进行抽查，检查情况是否属实。如果情况属实，则认为评定指标体系结构、指标体系权重系数和评定模型可能不可靠，这时应及时调整评定指标体系结构、指标体系权重系数和评定模型。

第十三章 质量检验文书编写

质量检验文书是质量检验工作的重要组成部分。质量检验文书如实地记录了产品质量检验过程和最终状态，为正确、有效地控制和评价产品质量提供了客观证据。检验文书还保证了产品的可追溯性得以实现，为采取预防和纠正措施提供了重要依据，同时也为评价和验证质量改进活动提供信息。与质量检验相关的文书主要包括军品承制单位的程序文件、质量记录、检验作业指导书、质量分析报告等。

第一节 程序文件

一、概述

程序是为完成某项活动所规定的方法。通常情况下，程序必须形成文件。程序文件是质量体系文件的重要组成部分。一个承制单位要确保所提供的产品满足军方规定或潜在的质量要求，建立健全质量体系，就必须全面、系统地编制程序文件并有效地付诸实施。

程序是针对质量活动而指定的，而质量活动是由形成质量的过程逐级展开的。因此，可以针对一组相关的质量活动制定程序，即质量体系程序，也可针对一个能独立操作的活动制定程序，即作业指导书。这里只对前者的编写作介绍。

每一个程序文件都应包括质量体系的一个逻辑上独立的部分，诸如一个完整的质量体系要素或其中一部分，或（涉及）一个以上质量体系要素并相互有关的一组活动。质量体系程序文件一般不应涉及纯技术性的细节，这些细节通常在作业指导书中规定。

每一个程序通常以相同的结构和格式编排，以便于使用者熟悉适合于每项要求的固定方法，也增进了系统地满足标准要求的可能性。

二、程序文件的编制

（一）对现行文件的分析

承制单位现行的各种企业标准、制度和规定等文件，很多都具有"程序"性质，但也都有其不足之处。应该以保证质量体系有效运行为前提，以程序文件的要求为尺度，对这些文件进行一次清理和检查。

（二）编制程序文件明细表。

根据质量体系总体设计对质量体系要素逐级展开的质量活动和细化活动，明确应具备的程序文件明细表。对照已有的各种文件，确定需新编、改写和完善的程序文件，制定计划按轻重缓急逐步编制。

（三）程序文件的结构和格式

程序文件一般包括：
1．文件编号和标题；
2．目的和适用范围；
3．相关文件和术语；
4．职责；
5．工作流程；
6．报告和记录表格。

（四）程序文件内容与编制要求。

1．文件编号和标题。编号可以根据活动的层次进行编排，以便识别。标题应明确说明开展的活动及其特点。

2．目的和适用范围。一般简单说明为什么要开展这项活动，涉及哪些方面以及禁止事项。

3．相关文件和术语。本文件需引用的有关文件及术语。

4．职责。明确由哪些人实施此项程序，他们的权责及其相互关系。

5．工作流程。一步步地列出开展此项活动的细节，保持合理的编写顺序。明确输入、转换的各环节和输出的内容；其中物资、人员、信息和环境等方面应具备的条件，与其他活动接口处的协调措施；明确每个环节转换过程中各项因素，即由谁干、干什么、干到什么程度、怎么干、如何控制，以及所要达到的要求，所需形成的记录和报告及其相应的签发手续。注明需要注意的任何例外或特殊情况。必要时辅以流程图。

6．报告和记录表式。明确使用该程序时所产生的记录表式和报告，记录的保存和期限，写明表式的编号和名称。

程序文件应得到本活动有关负责人员同意和接受，并让所有与其作业有接口关系人员理解，必须经过审批，注明修订情况和有效期。

第二节 质量记录

一、概述

质量记录是为完成的活动或达到的结果提供客观证据的文件。

质量记录是质量体系文件的组成部分，在质量体系运行过程中发挥着极其重要的作用。质量记录如实地记录了产品质量形成过程和最终状态，为正确、有效地控制和评价产品质量提供了客观证据。质量记录还保证了产品的可追溯性得以实现，为采取预防和纠正措施提供了重要依据，同时也为评价和验证质量改进活动提供信息。

在产品质量形成过程中，对需要控制的质量记录可分为下列两种类型：

1．与质量体系运行有关的记录，包括：①质量体系审核报告；②质量成本报告；③设计评审报告；④设计验证记录；⑤设计更改记录；⑥工艺更改记录；⑦合同评审记录；⑧质量培训、考核记录等。

2．与产品有关的记录，包括：①产品鉴定报告；②产品审核报告；③产品验证报告；④质量检验记录；⑤产品试验记录；⑥不合格品处置报告；⑦产品回用记录等。

二、质量记录编制与要求

质量记录的设计应与编制程序文件同步进行，以使质量记录与程序文件协调一致、接口清楚。在编制过程中，应考虑以下几个方面的要求。

（一）质量记录的充分性和有效性

为有效地开展质量管理和质量保证工作，作为基础性和依据性文件，质量记录应尽可能全面地反映产品质量形成过程和结果以及质量体系的运行状态和效果，为质量管理和质量保证工作提供必要的信息。但是这并不意味着质量记录越多越好。在编制质量记录时，既要从总体上评价质量记录的充分性，也要对每一质量记录的必要性进行评审，确保全面、有效地记录质量信息。

（二）质量记录应标准化

标准化的质量记录既便于填制，也便于统计和分析，同时也为进一步使用计算机进行信息管理打下了基础。

（三）质量记录的实用性

在确定每一质量记录的内容时，应考虑质量记录的实用性，切忌摆花架子，对那些不能为质量管理和质量保证提供依据的信息，不应体现在质量记录中。

（四）质量记录的真实性和准确性

质量记录应真实准确地记载质量信息，这样才能为开展质量管理和质量保证提供科学的依据。为此，在确定质量记录的格式和内容时，应考虑填写的方便性并保证在现有条件下能准确地获取所需质量信息。在填写质量记录时，应严肃认真、实事求是。必要时，可对有关人员进行培训。

（五）质量记录应便于管理

不论使用何种载体记录质量信息，都应易于储存、查阅、分析和控制。应对质量记录的标识做出明确规定，必要时应制定质量记录的管理程序。

关于质量记录的格式和内容很难给出一个统一的模式，主要应结合企业实际确定质量记录的格式和内容。质量记录的数量因承制单位的性质和规模不同也存在差异。通常需下列质量记录：

1．质量体系评审记录；

2．合同评审记录；

3．设计评审记录；

4．合格的分供方记录；

5．需方提供物资的丢失、损坏或不适用记录；

6．产品标识记录；

7．工序、设备和人员的鉴定记录；

8．进货检验和试验记录；

9．紧急放行物资记录；

10．工序检验和试验记录；

11．最终检验和试验记录；

12．检验、测量和试验设备的校准记录；

13．试验硬件和软件检验记录；

14．检验和试验状态记录；

15．不合格品记录；

16．不合格品评审和处置记录；

17．内部质量审核记录；

18．培训记录；

19．文件修改记录。

质量记录的编制，应做到：

1．统一规划。根据质量手册和程序文件以及质量可追溯性要求，应对质量体系中所需要的质量记录进行规划，同时对表卡的标记、编目、表式、表名内容、审批程序以及质量记录要求做出统一规定。

2．表卡设计。在编制程序文件的同时，分别制定与各程序相适应的记录表卡，必要时可将表卡附在程序文件后面。

3．校审和批准。汇总所有记录表卡，组织有关部门进行校审。校审应从质量体系的整体性出发，校审重点在于各表卡间的内在联系和协调性、表卡的统一性和内容的完整性。校审并作修改后，报主管领导批准。

4．汇编成册。将所有表卡统一编号，汇编成册发布执行。必要时，对某些较复杂的记录表卡要规定填写说明。

第三节 检验作业指导书

质量检验作业指导书又称检验工艺规程，它相当于我国传统管理中的"检验卡片"。一般对关键和重要的零件及工序都应编制"检验作业指导书"，在检验指导书上应明确详细规定需要检验的质量特性及其技术要求，规定检验方法、检验基准、检测量具、子样大小以及检验示意图等内容。为此，编制质量检验作业指导书的主要要求如下：

1. 对所有质量特性，应全部逐一列出，不可遗漏。对质量特性的技术要求要明确、具体，使操作和检验人员容易掌握和理解。此外，它还可以包括缺陷的严重性分级、尺寸公差、检测顺序、检测频率、样本大小等有关内容。

2. 必须针对质量特性和不同精度等级的要求，合理选择适用的测量工具或仪表，并在指导书中标明它们的型号、规格和编号，甚至说明其使用方法。

3. 当采用抽样检验时，应正确选择并说明抽样方案。根据具体情况及缺陷严重性分级确定 AQL 值，正确选择检查水平，抽样方案应尽量采用 ISO 2859 国际标准或国家标准 GB 2828。

质量检验作业指导书的主要作用，是使检验人员按检验作业指导书规定的内容、方法和程序进行检验，保证检验工作的质量，有效地防止错检、漏检等现象发生。

检验作业指导书包括以下几类：

1. 企业中的原材料、外购件、外协件以及配套产品的入厂检验；

2. 生产工序的检验；

3. 装配检验及成品检验等。

检验作业指导书的格式，应根据企业的不同生产类型、不同工种等具体情况进行设计。表 13—1 为××厂的检验作业指导书。

表13-1　××厂的检验作业指导书

XX厂	检验作业指导书	产品代号 N67	零(部)件图号		M67.8-7	共2页
		产品名称 **炮	零(部)件名称	前托架套筒		第1页
作业单位 检验处	工序号 40	工序名称 成检	特殊特性	制造标准 产品图	材料标识	工程等级(日期)	文件编号

检验内容

项目	技术要求	监测手段	量具(检具)	检验频次%	检查水平	样本量	A_c/R_c	特性标识	反应计划
	外观:	目视							
	零件表面应光滑;无飞边、毛刺、裂纹、划伤、麻点、腐蚀。				II			0/1	隔离标识
	表面应涂有水质防锈剂膜;涂膜应均匀,不能太多。								
	尺寸: $\phi25\pm0.13$ $\phi10^{0}_{-6}$ 10^{1}_{-1}		卡尺(0—125/0.02)						
	H8-6G		通止螺纹塞规		S-4			0/1	

				设计/日期	审核/日期	标准化/日期	审定/日期
标记	处数	更改文件号	签字/日期	标记	处数	更改文件号	签字/日期

第四节　质量缺陷严重性分级

凡是不符合技术标准、工艺文件、图纸上所规定的任何一点要求，都构成产品的一个缺陷。缺陷按其影响大小或严重程度可以分成不同的等级。质量缺陷分级的作用是：

1. 通过分级可以明确重点。通过质量分级明确各种缺陷对产品适用性影响的严重程度，就可使检验工作把握重点，把主要力量放在主要特性的检验上，以便更好地保证产品质量和提高检验效率。

2. 有利于对产品验收选择更好的抽样方案。在使用国际标准 ISO 2859、国家标准 GB 2828、以及许多国际或国家标准时，对于 AQL 值的确定，以及不合格批的判断和处理，都必须根据缺陷严重性的级别做出相应的规定。

3. 便于对产品质量进行综合评价。通过产品缺陷的分级，可以对产品多个质量特性的缺陷进行总的评价。例如，将产品的检查结果进行记录统计，以最低一级（即轻微缺陷）缺陷为基数，其余各级按严重程度以倍数计算，用这种方法可以把某个生产工人或某一产品（包括零、部件）所产生的实际缺陷，用同一基数为准，进行综合比较。过去只控制废品率，据此可扩大到不良品率，使检验工作更加科学和细致，有利于保证和提高产品质量。

此外，对质量缺陷进行严重性分级还有利于加强计划、简化管理工作。

质量缺陷的严重性分级最早是由美国贝尔电话公司首先创导的，通常是在设计人员对质量特性严重性分级基础上进一步划分的，并在一个跨部门组织指导下进行。分级除考虑功能性质量特性外，还必须包括外观、包装等因素。

一、缺陷严重性分级的依据

如前所述，产品质量缺陷的分级是在产品设计人员对质量特性重要性分级的基础上进行的。但是，在具体划分等级时，应特别着重考虑对用户（消费者）使用的影响。此外，还要根据企业的实际情况和不同的产品工艺。一般说来，分级不宜过多过繁，通常分为 3～5 级就足够了。目前较为普遍的是把缺陷严重性分为四级，但我国不少企业把缺陷严重性分为三级。每一级都规定了相应的缺陷值，缺陷值的划分如下表。

表 13—2　常用缺陷值划分表

分　　级	缺　陷　值		
A级（致命缺陷）	100 ↓	100 ↓	240 ↓
B级（严重缺陷）	50 ↓	50 ↓	10 ↓
C级（一般缺陷）	25 ↓	10 ↓	4 ↓
D级（轻微缺陷）	5	1	1

　　其中，最常用的是 100→50→10→1。这种人为的划分虽然比较硬性，也不够科学和合乎逻辑，但却非常实用。

二、缺陷严重性分级的原则

　　我国机械工业，质量缺陷一般分为四级（也有分为三级的），其代号分别为 A、B、C、D。其分级原则如表 13—3 所示。当分为三级时，往往把 C 级与 D 级统称为轻微缺陷。

表 13—3　××厂质量缺陷的分级原则

缺陷等级代号	缺陷等级	对安全、性能的影响	对精度、性能影响	对最终产品可靠性的影响	对产品外观的影响	对信誉和经济性的影响
A	致命缺陷	造成对人身、产品危害或不安全，导致零、部件报废、人身伤亡	影响严重	对某些产品在使用期造成重大故障，丧失工作能力	影响严重	应承担法律责任
B	严重缺陷	造成故障、降低单位产品预定的使用性能	有严重影响	对使用期可靠性有较大影响	引起用户不满或索赔	造成信誉和经济损失
C	一般缺陷	不会严重降低产品预定使用性能、或使产品偏离标准	有影响	对使用期内可靠性有轻微影响	外观质量引起用户不满，但不会索赔	用户有意见，可能造成信誉和经济损失
D	轻微缺陷	对产品性能无影响	影响不大	没有影响	不会引起用户不满	不会造成信誉损失

表 13-4 是美国贝尔电话公司系统关于缺陷严重性分级的规定,把它列在这里,是为了方便读者在实际工作中进行参考。

表 13—4　缺陷的严重性分级（贝尔系统）

A级——非常严重（缺陷值100）

a.必然会造成部件在使用中运转失灵，并在现场难以纠正，如继电器线圈的断开，或

b.必然会造成间歇的运转故障，在现场难以确定其位置，例如，连接下紧；或

c.会使部件完全不合用，例如，拨号指盘在运转后不回复到正常状态；或

d.在正常使用情况下，易于造成人员伤害或财产损失，例如，露出部分有锐利边缘

B级——严重（缺陷值50）

a. 可能会造成部件在使用中运转失灵，并在现场难以纠正，例如，同轴插塞的保护涂层缺损；或

b. 必然会造成部件在使用中运转失灵，但在现场易于纠正，例如，继电器接触不良；或

c. 必然会造成那种尚未严重到运转失灵程度的麻烦，向词语标准运转之类麻烦，例如，保安器组不能在特定电压之下运转；或

d. 必然会导致增加保养次数或减短寿命，例如，单接点圆盘缺漏；或

e. 造成大大增加顾客安装上的困难，例如，安装孔错位；或

f. 极严重的外形或涂层上缺陷，如涂层颜色与其他部件不能匹配——需要重涂

C级——中等严重（缺陷值10）

a. 可能会造成部件在使用中运转失灵，例如，接触低于最低限度；或

b. 可能造成那种尚未严重到运转失灵程度的故障，像词语标准运行之类故障，例如，振铃不在特定范围内运转；或

c. 可能导致增加保养次数或减短寿命，如接触肮脏；或

d. 造成顾客安装上的小困难，如安装托座歪曲；或

e. 较大的外观、涂层或工艺缺陷，例如，涂层有明显的划痕。标志漏缺或模糊

D级——不严重（缺陷值1）

a. 不影响部件在使用时的运转、保养或寿命（包括对工艺要求上的小偏差），例如，套管太短；或

b. 外形、涂层或工艺上小毛病，例如涂层轻微划痕

质量缺陷等级的划分，对不同行业、不同产品将有所不同，应根据具体情况决定。

表 13—5 是某厂产品质量特性缺陷分级的实例。

表 13—5　××厂产品缺陷分级的具体规定

序号	缺陷内容	缺陷分级 A	B	C	D
一	包装质量				
1	纸板箱有缺陷：紧固错误，缺少侧面支撑等			×	×
2	包装缺陷：箱内物品受压、倾斜、标牌短缺		×	×	
3	电压与型号不符	×		×	×
4	其他缺陷：标记模糊、撕破等	×		×	×
5	电压的标记错误	×	×	×	
6	坚固不牢				
二	外观质量				
1	壳体、后遮板、手柄架、撬板安装不良、缺使用说明书		×	×	×
2	在集尘室内有污物			×	×
3	清洁工作室（尘土、指印、色斑等）			×	×
4	表面缺陷（锈斑、擦伤等）如：				
①	塑料压制品（扩散器护棚、手柄架、前罩、后遮板、电器开关制动按钮等）		×	×	×
②	压铸件（前环、钩、锁紧螺栓）			×	×
③	镀铬零件（厂标框、撬板）			×	×
三	壳体总成				
1	外罩壳：有气泡或有可见的点焊疤痕		×	×	×
2	外罩壳：其他缺陷（损坏、安装错误）		×	×	×
3	壳体变形（凹陷等）		×	×	×

第五节　质量特性分析表

为了使检验人员充分了解和掌握产品的各项质量特性要求及其与整机的关系，了解产生缺陷的主要因素，应该在生产流程图的基础上，由检验部门根据产品图纸、工艺资料、特别是"工序质量表"的规定，编制"质量特性分析表"，以指导检验部门的检验活动。"质量特性分析表"是按产品（包括零件或部件）编制，表中应详列各道工序所需检验的质量特性，并指出影响这些特性的主要因素，作为检验人员进行检验的依据。制定"质量特性分析表"的主要参考资料有：

1. 产品图纸或技术规格；

2. 工序质量表及工艺规范；

3. 工序管理点明细表；

4. 用户或下道工序要求变更质量指标的资料。

表 13—6 就是一张质量特性分析示例。

表 13—6　质量特性分析表

车间		产品名称		编订日期				
生产线或部门		零件号及名称		编订者				
工　序		缺　陷	影响因素				备注	
			设备	工装	材料	操作者		
10　下料		材料及成份、厚度			×	×		
		尺寸		×				
		毛刺	×					
20　铣齿		齿距		×				
		齿深		×				
		毛刺	×					
		齿尖锐度	×					

30	锉齿	齿面是否全部锉出	×	×		×	
		是否有露锉的齿	×	×		×	
40	抛光	表面粗糙度				×	
50	腐蚀印字	字体是否清晰		×			
		打印位置是否正确		×			
60	冲压	尺寸		×			
		毛刺	×				
70	齿部错位	错位是否一致		×			
		划份		×			
80	清洗涂塑	是否有未涂到处	×				

第六节　试验方法

试验方法是对产品再现技术要求规定出统一的、定量测量的鉴定方法，其目的是保证方法的一致性和测试结果的可比性。试验方法中的评定或评价以及试验所得的结果，只为判定产品合格与否提供依据，而不是对产品是否合格、接收不接收进行判定。后者属于检验规则的内容，二者应严格区分清楚。

一、基本要求

试验方法标准属于量大面广的一类标准，对各种金属或非金属材料的理化检验，化工产品、化学试剂的化学分析方法，食品卫生检验方法，基础性重点工业产品的测试方法等，国家已制定了大量的国家标准、国家军用标准和行业标准，编写产品标准应尽量选用和符合现行的方法标准，以保证测试方法的科学性、准确性和统一性，并可减少标准的编写工作量。

试验方法与技术要求要保证一一对应的关系，即前面有一项技术要求，后面就要规定一项相应的试验方法，做到不漏项、不多项。

一项技术要求，应只限定一种试验方法，如规定出几种试验方法，则应确定出择优选用的次序并规定那一种方法作为发生争议时的仲裁依据。

试验中使用的测试仪器、设备、量具、标准物质等均应规定精度等级，以保证测量结果的一致性。

二、试验方法的主要内容

试验方法的主要内容及顺序如下：

1. 简述试验方法或试验原理，如有必要，应绘制试验原理图；

2. 对所用试验设备、仪器、量具、标准物质的要求，如型号、精度等级、量程、台数、工作能力等；

3. 对试剂或试验介质的要求；

4. 对试验装置的设计，有必要可绘制试验装置布局图；

5. 对试验环境条件的要求以及对被测产品准备的要求；

6. 对试验程序的规定，特别试验项目的先后顺序影响到测试结果时，应对测试程序做出明确限定，否则可不作要求；

7. 给出试验结果的评定计算公式，规定精密度或允差。

三、试验方法中的几个常用术语

标准中的试验方法，经常涉及到精密度、重复性、再现性等几个名词术语，以下给出这几个术语的定义。

1. 精密度。精密度是指在确定条件下，将测试方法实施多次所得结果之间的一致性。精密度反映了测量误差。随机误差越小，测试的精密度就越高。

2. 重复性。定性定义：用相同的方法，同一试验材料，在相同的条件下获得的一系列结果之间的一致程度。相同的条件指同一操作者、同一设备、同一实验室和短暂的时间间隔。

定量定义：指一个数值在上述条件下得到两次实验结果之差的绝对值以某个指定的概率低于这个数值。一般来说，如无特殊规定，指定的概率为 0.95。用数学式表示为：

$$P\{|A-B|\le C\}\ge 0.95$$

3. 再现性。定性定义：用相同的方法，同一试验材料，在不同条件下获得的两个结果之间的一致程度。不同的条件指不同的操作者、不同的设备、不同实验室、不同或相同的时间。

定量定义：指一个数值，用相同的方法，同一试验，在上述的不同条件下得到两次试验结果之差的绝对值以某个指定的概率低于这个数值。一般来说，如无特殊规定，指定的概率为 0.95，用数字式表示为：

$$P\{|A-B| \leq C\} \geq 0.95$$

第七节　型式试验报告

为了察验某种科技产品的性能及功用，在规定的条件下采用一定的方法对产品进行检验，称为型式试验。型式试验是检验科技产品质量、规格、指标的必不可少的环节，记录这种结果的文体即为型式试验报告。

若充分发挥试验的效能，应在尽可能少的试验次数下取得必要的、足够有效的信息，从而得到尽可能准确可靠的结论。这就需要在试验进行之前进行试验设计，以便运用科学方法求取试验的最佳方案，使试验得到令人满意的结果，达到检验产品的目的。所以，从这一角度来看，试验是对产品的技术条件是否达到预定指标的验证，是对认识的检验，其意义是重大的。

1．试验任务的来源。说明试验任务是上级安排的，还是根据自己开发完成的科技项目而设计的，要把试验任务的来源说清楚。

2．试验工作情况。着重叙述试验的工作过程，包括试验方案的设计，试验方案的实施情况以及取得的数据。

3．数据分析、整理。经过试验取得数据之后，要进行认真的分析。首先，从读数到计算数据，都要一步步整理，然后再进行分析，将零星、片面的测试信息上升为完整、系统、具有规律性的东西。这里可以采用多种方法，比如采用计算、绘图和列表等方法。

4．结论。就是根据分析的结果，经过判断得出试验结论。在这里必须明确指出经过试验得出的结论意见，其中包括根据试验设计得到肯定意见或否定意见。由于试验的结果意见在很大程度上将影响科技项目的成败，因此，一定要实事求是，老老实实，来不得半点虚假。

型式试验报告要求从事试验测试工作的人员工作必须绝对认真，一丝不苟，具有良好的职业道德。这一阶段的工作如果出现任何微小疏漏都有可能给将来的工作带来巨大的损失。

第八节　新产品质量分析报告

新产品批量投产前的质量分析报告，是企业质量管理部门，对生产准备阶段完成后的小批量试制产品，通过生产检验、型式试验、用户试用，对企业产品质量管理进行综合分析的报告文件。主要是分析研究生产工艺中影响产品质量的问题，以及设计中潜在的质量问题，为进一步提高产品质量提出改进意见。

质量分析报告分全面质量分析报告和专题质量分析报告两种。全面质量分析报告，要对各项重要的技术、质量和经济指标作分析；专题质量分析报告，则要针对专题的要求展开分析。

一、写作特点

1. 数字多。一份新产品质量分析报告，要对新产品质量的各项指标、质量等级品率指标进行分析，运用数字的数量是相当多的。

2. 情况多。在新产品试制活动中，受着物资、劳力、设备、动力、运输、资源、物价、国内外市场以及技术、管理等多方面因素的影响和制约，而这些因素又是非常活跃，千变万化的。只有更多地掌握大量的经济、技术和管理情况，才有写好新产品质量分析报告的基础。

3. 分析多。对质量进行分析，是报告的关键部分。它的内容要求也是多方面的。例如，通过对新产品质量几个时间的最高水平、最低水平、平均水平等，来考察、分析影响新产品质量水平的各种因素和主客观原因，从中可以看出新产品研制的过程及其规律。

二、篇章结构

新产品质量分析报告的结构，根据分析的内容和目的而定。一般的分析都要有情况、数据分析、针对性的意见。

（一）标题

有的直接标明什么单位或部门对什么问题的分析。如《5124 厂 WS—1 型开关质量分析报告》；有的只标明分析内容，如《数控机床外观质量分析报告》。

（二）开头

质量分析报告的开头，多是概括介绍产品情况，针对分析的问题，说明一些基本情况，或提出问题，说明分析的目的。

（三）正文

1. 检验产品质量的依据。①产品设计图样及技术条件；②产品标准和企业产品质量验收技术规范（企业内控标准）；⑧工艺规程。

2. 产品质量控制方法。①进厂原材料复验；②半成品、零部件的检查；③加工工序抽查；④外购件、外协件人厂和装配前的复验、筛选；⑤装配过程检验，成品检验。

3. 产品质量状况。①主要零部件加工质量检验情况（列表包括图号、项目、允许值、实测结果）；②主要外购件、外协件质量检验情况（列表同上）；③铸件、锻件、涂覆件质量情况（列表）；④关键零件、部件临界值试验，可靠性试验情况（列表）；⑤整机出厂检验质量情况（列表）。

4. 试验情况。①利用企业检验手段，抽取后作出的型式试验（列表）；②有关法定检验部门的型式试验（列表或附检验报告）。

5. 综合分析。①综合分析生产加工装配过程可以肯定的问题；②生产过程存在的问题及今后改进的意见；③产品设计中潜在的问题及改进意见；④企业检测工具、仪器设备及检验制度建设情况及存在的问题和改进意见。

6. 质量分析结论意见。即综上检验和分析，质量部门提出可否转入正式生产的意见。

正文的分析既要分析新产品质量的优点，又要揭示矛盾，找出产品的问题及产生问题的主客观原因，分析论证各项主要质量指标时，要分清主次，抓住主要矛盾，突出重点。

正文往往有文字说明和数据说明，可以先列数据，后做分析说明，也可以先做分析说明，后列数据，也有的两者互相穿插。

写正文要注意：一是必须依据国家的某种产品技术标准来分析问题；二是要有理有据，数据充分，说理透彻，揭示出问题的本质；三是数据要准确、完整；四是对比要合乎规定和注重可比性。

（四）结尾

结尾部分要提出改进建议或措施。对新产品进行质量分析的目的，不仅是为了给新产品的质量以正确评价和鉴定，更主要的是为了解决问题，因此必须在分析的基础上提出措施，并把这些措施纳入计划，纳入制度，加以贯彻。

三、新产品质量分析报告的写法

写新产品质量分析报告是为了正确分析和评价新产品，总结新产品开发中的成绩和问题，在认真总结经验教训的基础上，有针对性地提出一些建议和改进方法。因此，应做好如下工作：

制定分析计划，明确分析的目的要求。制定计划在于有目的、有步骤地开展新产品质量分析工作。因此，要根据新产品质量分析报告的目的和要求，拟订一个简要的提纲和计划，再依照提纲或计划有步骤地搜集和使用各种资料，从而有程序地开展分析工作。

新产品质量分析报告的提纲或计划的内容，一般包括：分析目的、内容和要求，分析时间和地点，以及组织工作等。这样使分析工作有计划地进行，以达到预期的目的。

搜集资料，掌握数据。开展新产品质量分析，要搜集和占有大量的资料，才能保证分析质量。搜集资料，必须遵循实事求是的原则，对所搜集的资料和情况，一定要进行认真的审查、核实，并进行科学的分类整理，使之条理化、系统化。

围绕军事、经济效益，进行分析研究。对新产品进行质量分析，既要注重外观质量，更要注重内在质量，这就要多从指标、数字入手，从各项战术技术和经济指标的相互联系中，进行有系统的分析对比，正确评价新产品的质量。

抓住关键，提出报告。通过以上工作，还必须一分为二地分析总结新产品开发单位及其新产品完成计划情况。在分析总结新产品研制单位及其新产品完成计划情况时，要抓住关键问题，不仅要总结新产品研制单位及其新产品的主要经验和存在的问题，而且要说明产生问题的原因。

参考文献

[1] 周星茹. 军工质量管理[M]. 北京：国防工业出版社，2003.

[2] 王毓芳，肖诗唐. 质量检验教程[M]. 北京：中国计量出版社，2003.

[3] 杨为民. 可靠性维修性保障性总论[M]. 北京：国防工业出版社，1995.

[4] 张公绪，孙静. 新编质量管理学第二版[M]. 北京：高等教育出版社，2003.

[5] 高峻等. 军品质量检验技术[M]. 北京：国防工业出版社，2004.

[6] 龚源. 军品质量工程[M]. 北京：国防工业出版社，2008.

[7] 陈学楚. 现代维修理论[M]. 北京：国防工业出版社，2003.

[8] 刘光庭. 质量检验[M]. 北京：北京理工大学出版社，1990.

[9] 陈学楚. 装备系统工程[M]. 北京：国防工业出版社，1995.

[10] 席宏卓. 产品质量检验技术[M]. 北京：中国计量出版社，1992.

[11] 徐吉辉. 军品质量监督与检验验收[M]. 西安：空军工程大学，2010.

[12] 赵生禄，张林，张五一. 军事代表业务技术工作概论[M]. 北京：国防工业出版社，2008.

[13] 高俊峰，江劲勇. 装备质量与可信性管理[M]. 北京：国防工业出版社，2007.

[14] 顾德均等. 航空电子装备修理理论与技术[M]. 北京：国防工业出版社，2001.

[15] 章国栋、陆廷孝、屠庆慈等. 系统可靠性与维修性的分析与设计[M]. 北京：北京航空航天大学出版社，1990.

[16] 陆廷孝，郑鹏洲. 可靠性设计与分析[M]. 北京：国防工业出版社，1995.

[17] 甘茂治. 维修性工程[M]. 北京：国防工业出版社，1991.

[18] 甘茂治. 维修性设计与验证[M]. 北京：国防工业出版社，1995.

[19] 马绍民. 综合保障工程[M]. 北京：国防工业出版社，1995.

[20] 宋太亮. 装备保障性工程[M]. 北京：国防工业出版社，2002.

[21] 何国伟. 可靠性试验技术[M]. 北京：国防工业出版社，1995.

[22] 刘广第. 质量管理学[M]. 北京：清华大学出版社，1996.

[23] 武小悦，刘琦. 装备试验与评价[M]. 北京：国防工业出版社，2008.

[24] 王淑君. 常规控制图与累积控制图[M]. 北京：国防工业出版社，1990.

[25] 刘源张. 质量管理和质量保证系列国际标准宣贯教材[M]. 北京：中国标准出版社，1992.

[26] 秦英孝. 质量管理与质量管理体系[M]. 北京：解放军出版社，2004.

[27] 孙金立. 无损检测及在航空维修中的应用[M]. 北京：国防工业出版社，2004.

[28] 张公绪. 新编质量管理学[M]. 北京：高等教育出版社，1997.

[29] 总装综合计划部. 军品质量监督与检验验收[M]. 北京：中国人民解放军总装备部综合计划部，2001.

[30] 林日其. 数理统计方法与军工产品质量控制[M]. 北京：国防工业出版社，2002.

[31] 王汉功，徐远国，张玉民等. 装备全面质量管理[M]. 北京：国防工业出版社，2003.

[32] 国防科工委军用标准化中心译. 系统工程管理指南[M]. 北京：宇航出版社，1992.

[33] 梅启智，廖炯生，孙惠中. 系统可靠性工程基础[M]. 北京：科学出版社，1987.

[34] 张建华. 空军装备的可靠性和维修性管理[M]. 北京：国防工业出版社，1993.

[35] 李葆文. 设备管理新思维新模式[M]. 北京：机械工业出版社，2001.

[36] 武器装备可靠性与维修性管理规定[M]. 北京：国防科学技术工业委员会，1993.

[37] GJB/Z 9000～9004 质量管理和质量保证军用标准[S]. 北京：国防科工委军标出版发行部，1997.

[38] GJB 1909.1 装备可靠性维修性参数选择与指标确定要求（总则）[S].1993.

[39] GJB 1909.5 装备可靠性维修性参数选择与指标确定要求（飞机）[S]. 1993.

[40] GJBz 20365 军事装备维修基本术语[S].

[41] GJB 368A 装备维修性通用大纲[S].

[42] GJB 451A 可靠性维修性保障性术语[S].

[43] GJB 450A 装备可靠性工作通用要求[S].

[44] GJB 899 可靠性鉴定和验收试验[S].

[45] GJB 1378 装备预防性维修大纲的制订要求与方法[S].

[46] GJB 1391 故障模式、影响及危害性分析[S].

[47] GJB 2072 维修性试验与评定[S].

[48] GJB 2547 装备测试性大纲[S].

[49] GJB/Z 91 维修性设计技术手册[S].

[50] GJB 3872 装备综合保障通用要求[S].

[51] GJB 1371 装备保障性分析[S].

[52] B.S.Blanchard Logistics Engineering and Management[M]，5thed. New York: Prentice Hall,1998.

[53] B.S.Blanchard. 后勤工程与管理[M]. 王宏济译. 北京：展望出版社，1987.

[54] 朱麟章. 检测理论及其应用[M]. 北京：机械工业出版社，1997.

[55] 程宪平等. 产品质量检验[M]. 武汉：华中理工大学，1992.

[56] 徐旭森，王宏济，甘茂治. 军用装备维修工程学[M]. 北京：国防工业出版社，1994.

[57] 屠庆慈，陆廷孝. 系统可靠性分析与设计[M]. 中国航空学会科普与教育工作委员会，1983.

[58] GJB 368. 装备维修性通用规范维修性管理大纲[S]. 总后勤部、国防科学技术工业委员会，1987.

[59] Gaertner J P.Demonstration of Reliability-Centered Maintenance[R]. Palo Alto，1989.

[60] Maintenance Steering Group-3 Task Force. Maintenance Program Development Document MSG-3. Washington DC，1988.

[61] Moubray J M. Maintenance and Product Quality[C]，International Conference on Total Quality. Hong Kong，1989.

[62] John Moubray. Reliability-Centered Maintenance[M]. Oxford，1997.

[63] Nowlan F.S and Heap H.P. Reliability-centered Maintenance，AD/A066579，1978.